WISSENSCHAFT UND KUNST

Herausgegeben von
SABINE COELSCH-FOISNER
DIMITER DAPHINOFF

Band 31

Funktionen der Fantastik

Neue Formen des Weltbezugs
von Literatur und Film nach 1945

Herausgegeben von
SONJA KLIMEK
TOBIAS LAMBRECHT
TOM KINDT

Universitätsverlag
WINTER
Heidelberg

Bibliografische Information der Deutschen Nationalbibliothek

Die Deutsche Nationalbibliothek verzeichnet diese Publikation
in der Deutschen Nationalbibliografie;
detaillierte bibliografische Daten sind im Internet
über *http://dnb.d-nb.de* abrufbar.

Gedruckt mit finanzieller Unterstützung der Schweizerischen Akademie
der Geistes- und Sozialwissenschaften (SAGW) als Sonderheft der Zeitschrift
„Colloquium Helveticum – Jahrbuch der Schweizerischen Gesellschaft für
Allgemeine und Vergleichende Literaturwissenschaft" (SGAVL)
sowie des „Fakultären Aktionsfonds" der Philosophischen Fakultät der
Universität Freiburg i. Üe.

UNI
FR
■
UNIVERSITÉ DE FRIBOURG
UNIVERSITÄT FREIBURG

Unterstützt durch die Schweizerische Akademie
der Geistes- und Sozialwissenschaften
www.sagw.ch

UMSCHLAGBILD

Michael Sowa, *Besuch* (1991)
mit freundlicher Genehmigung

ISBN 978-3-8253-6620-9

© 2017 Universitätsverlag Winter GmbH Heidelberg
Imprimé en Allemagne · Printed in Germany
Umschlaggestaltung: Klaus Brecht GmbH, Heidelberg
Druck: Memminger MedienCentrum, 87700 Memmingen

Gedruckt auf umweltfreundlichem, chlorfrei gebleichtem
und alterungsbeständigem Papier

Den Verlag erreichen Sie im Internet unter:
www.winter-verlag.de

"This happens.
This is something that happens."

aus *Magnolia* (1999)
von *Paul Thomas Anderson*

Inhaltsverzeichnis

8

Vorwort

Sonja Klimek, Tobias Lambrecht und Tom Kindt (Freiburg/CH)

Weltbezug durch Fantastik?

Etwa seit den 1980er Jahren ist das Phänomen der Selbstreferenz (vgl. z. B. Scheffel 1997, Nöth/Bishara/Neitzel 2011), auch unter anderen Begriffsnamen wie „metafiction" (Waugh 1984), „metareference" (vgl. Wolf 2009, 2011) oder „autoreflexivité" (vgl. Herman 2010), international ins Zentrum der Literatur-, Medien- und Kulturwissenschaften gerückt. Denkanstöße kamen dabei häufig aus der Romantik- und Postmoderne-Forschung und/oder von poststrukturalistischer Seite (vgl. etwa Gleize 2005). Im Fokus der Reflexionen stand oft die epistemologische Grundfrage nach der Referenzfunktion von Sprache und nach der grundsätzlichen ‚Erkennbarkeit' der ‚Welt' für den Menschen. Seit einigen Jahren wird nun jedoch vermehrt eine Gegentendenz in der Forschung deutlich, nämlich ein neuerwachtes Interesse an der *Fremdreferenz*, am Weltbezug von Literatur und anderen darstellenden Medien und Kunstformen.

Mit diesem neuen Forschungsinteresse korrespondiert ein international starker Vormarsch von Textsorten und Medienformaten, die sich gerade durch einen ausgeprägten Wirklichkeitsbezug einzelner Textinhalte auszeichnen, welche jedoch nicht selten in einem deutlich ausgestellten Spannungsverhältnis zur Fiktionalität anderer der dargestellten Sachverhalte stehen, wie in der „Autofiktion" (vgl. Zipfel 2009, Wagner-Egelhaaf 2013, Grell 2014) oder „Dokufiktion" (vgl. von Tschilschke 2012, Wiegandt 2016). Bei diesen Textsorten und Medienformaten handelt es sich nicht einfach um ein Rückfallen der Autorinnen und Autoren in ein ‚vor-modernes', als ‚naiv' zu diskreditierendes Realismus-Verständnis. Vielmehr haben sich durch das Verfügen über die literarischen und darstellerischen Traditionen sowie die Erkenntnis- und Sprachskepsis sowohl der Moderne als auch der Postmoderne in den letzten Jahren und Jahrzehnten offenbar neue Konzepte des Bezugs von Literatur und anderen darstellenden Kunstformen auf außerliterarische bzw. außerkünstlerische Bereiche herausgebildet. Im Prinzip handelt es sich bei diesem neuen „Wirklichkeits- und Gegenwartsbezug der Literatur" (Herrmann 2014: 48) somit um eine parallele Entwicklung zur von Förster (1999) konstatierten „Wiederkehr des Erzählens" in die ästhetisch ambitionierte Literatur gegen Ende des 20. Jahrhunderts. Gleichzeitig ist jedoch – blickt man einmal in die Populärkultur – das Paradigma des Fantastischen sehr stark: *Harry Potter*, *Herr der Ringe*, *Star Wars* und *Tintenwelt* werden medienübergreifend inszeniert und erreichen ein Millionenpublikum (vgl. Herrmann 2014: 49). Doch lässt sich eine klare Trennung zwischen Fantastischem in der Populärkultur, Realismus in der ‚ernsthaften‘ Literatur bei weitem nicht aufrechterhalten. Während seit Jahrzehnten boomende Genres wie der Krimi oder die Familiensaga traditionell durch das Einhalten der dem Rezipienten als real erscheinenden Wirklichkeitsordnung gekennzeichnet sind, gehört Fantastik nicht erst seit dem Erscheinen oder gar der erfolgreichen Verfilmung von Tolkiens *The Lord of the Rings* – teilweise als Unterströmung – zur Literatur- und Filmproduktion des gesamten 20. Jahrhunderts, auch in Zeiten, in denen das Paradigma ‚Selbstreferenz‘ herrschte – oder eben neuerdings das des ‚Realismus‘.

Das Pendant zum wiedererstarkten Interesse der Literatur an ihrer Umwelt (und an ihrem Verhältnis zu dieser Umwelt) ist das neuerdings nun ebenfalls stärker werdende Interesse der Literatur- und Kulturwissenschaft am Welt- oder Wirklichkeitsbezug künstlerischer Darstellungen generell. Diese Neuausrichtung äußert sich sowohl in vermehrter Grundlagenforschung in der Allgemeinen Literaturwissenschaft (in den Bereichen der Ästhetik, der Fiktionstheorie sowie der Mimesis-Forschung, vgl. etwa Bareis/Nordrum 2015) als auch im Bereich der Vergleichenden Literaturwissenschaft in vielen historisch angelegten Einzelfallstudien zum Weltbezug der Literatur in bestimmten Epochen (vgl. etwa Moser/Simonis 2014), in Forschungsverbünden wie dem Konstanzer Graduiertenkolleg „Das Reale in der Kultur der Moderne“ sowie generell in höchst vielfältigen Untersuchungen zu „Raum- und Zeitkonzepten“ in der Literatur (etwa bei Huber u. a. 2012, Pause 2012, Weixler/Werner 2015) und im Film (z. B. Rüffert u. a. 2004, Blödorn/Brössel/Kaul 2016).

Der vorliegende Sammelband beruht im Kern auf den Vorträgen einer komparatistischen Tagung zu den neuen Konzepten des ‚Weltbezugs‘ von Literatur und Film seit 1945. Die Tagung fand im Dezember 2013 an der Universität Freiburg/CH statt. In einzelnen thematischen Beiträgen wird aus unterschiedlicher Perspektive der Weltbezug untersucht, der nach dem Zweiten Weltkrieg zunehmend auch und gerade in fantastischen Medien und Textsorten gesucht wird. Dabei wird ‚Fantastik‘ hier vorerst in einem weiteren Sinne verstanden. Der vorliegende Band versammelt Einzelinterpretationen zu Texten und Filmen, welche zwar zumeist von einer realistischen Erzählwelt ausgehen, diese aber durch diverse Verfahren oder Ereignisse destabilisieren und so – zumindest vorübergehend – das „Zwei-Welten-Kriterium“ (vgl. Wünsch 2000, Kindt 2011) der Fantastik erfüllen. Der Fokus richtet sich dabei auf die Fremd- bzw. Heteroreferenz (d. h. die Bühler'sche „Darstellungsfunktion“) dieser Texte in der zweiten Hälfte des 20. Jahrhunderts bis in die unmittelbare Gegenwart hinein. Die zeitliche Eingrenzung ergibt sich aus der diesem Band zugrunde liegenden Annahme, dass die Aussage- oder die Darstellungsfunktion von Fantastik in diesem weiten Sinne einem starken historischen Wandel unterliegt:

Phantastisches Erzählen formiert sich im 20. Jahrhundert und in der aktuellen Gegenwart unter noch näher zu charakterisierenden, veränderten Rahmenbedingungen, sowohl was den impliziten Gesellschafts- und Realitätsbezug angeht, als auch was die immanenten Entfaltungsbedingungen der fiktionalen Entwürfe selbst betrifft. (Simonis 2005: 286)

Die kanonischen und stilbildenden Texte der Fantastik, an denen Todorov oder Wünsch ihre für die Literaturwissenschaft klassischen Begriffsverständnisse herausgearbeitet haben, entstammen dagegen auffälligerweise gerade solchen Epochen, in denen fantastische Verfahren eher gesellschaftlich subversive oder erkenntniskritische Funktionen hatten. Die fantastischen Texte um 1800 etwa wurden später oft gedeutet als romantischer Eskapismus bis hin zur unpolitischen Weltflucht, deren Anliegen es war, „Tabubrüche und markante Abweichungen von soziokulturellen Konventionen [zu] inszenieren" (Simonis 2005: 17). Während ihrer zweiten Blütezeit – in der Moderne um 1900 – wurde die Fantastik auch als Weiterverarbeitung der Destabilisierung tradierter Wirklichkeitssysteme und als Zeichen der typisch modernen „epistemologischen Verunsicherungen und Desorientierungen" (Simonis 2005: 207) gelesen. Hierzu besteht die These, die Fantastik werde „[h]istorisch [...] offenbar immer nur im Rahmen von Literatursystemen relevant, deren Denk- und Wissenssystem – um 1800 ebenso wie um 1900 – sich okkultistische Diskurse herausgebildet haben, die [...] den majoritären Realitätsbegriff in Frage zu stellen suchen [...]" (Wünsch 2000: 73).

Für fantastische Darstellungsformen und Schreibweisen in Literatur und Film nach 1945 gilt all dies aber – so die Ausgangsthese des vorliegenden Sammelbandes – nur noch bedingt oder gar nicht mehr. „[O]kkultistische Diskurse" spielen in der direkten Nachkriegszeit, in der Postmoderne und in der Gegenwart keine vergleichbare kulturelle Rolle mehr. Dennoch gibt es für diesen Zeitraum eine große, evtl. sogar phasenweise ‚boomende‘ Fantastik-Produktion in Film und Literatur, für die diese hier schematisch skizzierten ‚klassischen‘ Funktionen nicht mehr im gleichen Maße relevant zu sein scheinen.

Dies bestätigt ein Blick auf die vorliegenden Beiträge: Während frühe Texte durchaus noch in der Tradition psychoanalytisch lesbarer Fantastik stehen (vgl. die Beiträge von Klimek und Leine) und die analysierten Filme der 1970er Jahre sich auf die klassische Konfrontation und Destabilisierung von aufgeklärten gegenüber kultisch geprägten Glaubenssystemen beziehen (vgl. den Aufsatz von Sarkhosh), erscheint Fantastik dagegen später auch als Verfahren, welches als Vehikel von Medienkritik eingesetzt wird (vgl. Chihaia, Ertel / Köppe, Lambrecht, in gewissem Sinne auch Simonis und Tomkowiak), oder mit welchem die Folgen von unbewältigten Schuldgefühlen auf moralischer und politischer Ebene thematisiert werden (vgl. Brauneis).

Welche weiteren Entwicklungen der Verfahren und Funktionsweisen lassen sich für fantastische Literatur bzw. Filme in der näheren Vergangenheit also beobachten? In exemplarischen Einzelanalysen bietet der vorliegende Band mit

Fokus auf den neuen Weltbezug der Fantastik nach 1945 einige Denkanstöße und mögliche Antworten auf diese Frage.

Zum Begriff der „Fantastik"

In der Fantastik-Forschung ist es seit einiger Zeit üblich, zwischen zwei verschiedenen Verwendungsweisen des Begriffs „Fantastik" zu unterscheiden: Zum einen kann der Begriff „Fantastik" in einer maximalistischen, zum anderen in einer minimalistischen Weise verstanden werden. Der maximalistische Fantastik-Begriff umfasst alle Artefakte, die Erzählwelten hervorbringen, in denen erkennbar wunderbare und übernatürliche Elemente vorkommen. Der minimalistische Fantastik-Begriff bezeichnet dagegen – seit Todorov (1970) in der Forschung etabliert – als Fantastik im engeren Sinn nur Artefakte mit solchen Erzählwelten, in denen „das Aufeinandertreffen zweier Welten *im Mittelpunkt* der Schilderungen steht, wobei mit ‚Welten' hier ‚Seinsordnungen' gemeint sind, also „Systeme des Möglichen, Notwendigen und Wahrscheinlichen" (Kindt 2011: 46). Dieses Aufeinandertreffen zweier „Seinsordnungen" führt laut Todorov (1970: 29) zu einem Konflikt, einer Unschlüssigkeit („hésitation") darüber, welches Wirklichkeitssystem für die dargestellte Welt nun eigentlich verbindlich ist.

Neben dieser grundsätzlichen Unterscheidung von minimalistischem und maximalistischem Fantastik-Begriff hat sich in der Forschung mittlerweile eine etwas erweiterte Fassung der Todorov'schen Minimaldefinition etabliert. Nach diesem leicht erweiterten minimalistischen Begriffsverständnis wird die Aufrechterhaltung von Unentscheidbarkeit nicht mehr als notwendige Bedingung für das Vorliegen von Fantastik formuliert; es ist vielmehr „ohne Belang, ob das Resultat dieses Aufeinandertreffens in der Todorov'schen Unschlüssigkeit, in der Behauptung der natürlichen Seinsordnung oder in der Durchsetzung einer übernatürlichen Seinsordnung besteht" (Kindt 2011: 51). Nach diesem Begriffsverständnis kann am Schluss der dargebotenen Geschichte also durchaus eindeutig sein, welche Seinsordnung nun als gültig zu betrachten ist. Um von Fantastik zu reden, muss lediglich für eine gewisse Weile der Erzählung „Unschlüssigkeit" über die Gültigkeit der einen oder anderen „Seinsordnung" bestanden haben.

Wie die beiden aufeinandertreffenden Welten beschaffen sein müssen, damit sinnvollerweise von Fantastik zu sprechen ist, wird allerdings von verschiedenen Befürworterinnen und Befürwortern des „Zwei-Welten-Kriteriums" der Fantastik unterschiedlich bestimmt. Die beiden hier skizzierten minimalistischen Positionen unterscheiden sich wesentlich in einem Punkt: Durst proklamiert, dass das textinterne „Realitätssystem" der Primärwelt, in welche dann die davon abweichenden Ereignisse einbrechen, prinzipiell beliebig von den Gesetzmäßigkeiten unserer aktualen (d. h. textexternen) Welt abweichen dürfe. Entscheidend seien nicht die Regeln und Gesetze unserer Erfahrungswelt, sondern nur diejenigen, die textintern in der Erzählwelt etabliert werden. Demzufolge wäre es nicht nur möglich, Fantastik auf der Grundlage realistischer, sondern auch auf der Grundlage märchenhafter (übernatürlicher) Primärwelten entstehen zu lassen (vgl. Durst 2001: 80–83). Demgegenüber steht Kindts Auffassung, dass die Primärwelt, in welche eine andere „Seinsordnung" einbricht, weitgehend nach den Regeln und Gesetzen dessen beschaffen sein müsse, „was sich vereinfachend als die ,Alltagswelt' der Rezipienten bezeichnen lässt" (Kindt 2011: 46f.).

Was Dursts Modell nicht berücksichtigt und was von Kindt (2011) noch nicht explizit gemacht wird, ist der Umstand, dass mit dem Kernkriterium der „Unschlüssigkeit" ursprünglich offenbar nur solche Texte erfasst werden sollten, denen ein ästhetischer Effekt auf der affektiven Ebene der (bei Todorov: impliziten) Rezipientinnen und Rezipienten gemeinsam ist: Nämlich die Wirkungsdisposition, dass sich ein Gefühl der Unschlüssigkeit hinsichtlich der Gesetzmäßigkeiten unserer Alltagswelt einstellt – wenn auch nur im Rahmen des fiktionalen Kommunikationsspiels. Eine realistische Primärwelt begünstigt dagegen diesen emotiven Effekt viel stärker als Texte mit einer ohnehin schon übernatürlichen Primärwelt. Diese rezeptionsorientierte Wirkungsdisposition hat Durst mit seiner Variante des minimalistischen Fantastik-Begriffs offenbar nicht im Blick. Sie soll jedoch im vorliegenden Sammelband bewusst in die Betrachtung miteinbezogen werden können.

Literaturverzeichnis

J. Alexander Bareis u. Lene Nordrum (Hg.): *How To Make Believe. The Fictional Truths of the Representational Arts*. Berlin, Boston 2015.

Andreas Blödorn, Stephan Brössel u. Susanne Kaul (Hg.): *Zeitreflexionen in Literatur und Film*. Münster, Berlin 2016 [im Druck].

Uwe Durst: *Theorie der phantastischen Literatur*. Basel 2001 (Aktualisierte, korrigierte u. erweiterte Neuausgabe. Münster 2010).

Nikolaus Förster: *Die Wiederkehr des Erzählens. Deutschsprachige Prosa der 80er und 90er Jahre*. Darmstadt 1999.

Mélanie Gleize: *Julia Kristeva. Au carrefour du littéraire et du théorique: modernité, autoréflexivité et hybridité*. Paris 2005.

Isabelle Grell: *L'autofiction*. Paris 2014.

Jan Herman u. a. (Hg.): *L'assiette des fictions. Enquêtes sur l'autoréflexivité romanesque*. Louvain 2010.

Leonhard Herrmann: Andere Welten – fragliche Welten. Fantastisches Erzählen in der Gegenwartsliteratur. In: *Poetiken der Gegenwart. Deutschsprachige Romane nach 2000*. Hg. v. Silke Horstkotte u. Leonhard Herrmann. Berlin, New York 2014, S. 47–65.

Martin Huber u. a. (Hg.): *Literarische Räume. Architekturen – Ordnungen – Medien*. Berlin 2012.

Tom Kindt: ,Das Unmögliche, das dennoch geschieht'. Zum Begriff der literarischen Phantastik am Beispiel von Werken Thomas Manns. In: Thomas Mann Jahrbuch 24 (2011), S. 43–56.

Christian Moser u. Linda Simonis (Hg.): *Figuren des Globalen. Weltbezug und Welt-erzeugung in Literatur, Kunst und Medien*. Göttingen 2014.

Winfried Nöth, Nina Bishara u. Britta Neitzel: *Mediale Selbstreferenz: Grundlagen und Fallstudien zu Werbung, Computerspiel und Comics*. Köln 2008.

Johannes Pause: *Texturen der Zeit: Zum Wandel ästhetischer Zeitkonzepte in der deutsch-sprachigen Gegenwartsliteratur*. Köln 2012.

Christine Rüffert u. a. (Hg.): *ZeitSprünge. Wie Filme Geschichte(n) erzählen*. Berlin 2004.

Michael Scheffel: *Formen selbstreflexiven Erzählens. Eine Typologie und sechs exemplarische Analysen*. Berlin 1997.

Annette Simonis: *Grenzüberschreitungen in der phantastischen Literatur. Einführung in die Theorie und Geschichte eines narrativen Genres*. Heidelberg 2005.

Tzvetan Todorov: *Introduction à la littérature fantastique*. Paris 1970.

Christian von Tschilschke: Biographische Dokufiktion in der spanischen Literatur der Gegenwart. ‚Las esquinas del aire' von Juan Manuel de Prada und ‚Soldados de Sala-mina' von Javier Cercas. In: *Literatur als Lebensgeschichte. Biographisches Erzählen von der Moderne bis zur Gegenwart*. Hg. v. Peter Braun u. Bernd Stiegler. Bielefeld 2012, S. 377–400.

Martina Wagner-Egelhaaf (Hg.): *Auto(r)fiktion. Literarische Verfahren der Selbstkonstruktion*. Bielefeld 2013.

Patricia Waugh: Metafiction. *The Theory and Practice of Self-Conscious Fiction*. London, New York 1984.

Antonius Weixler u. Lukas Werner (Hg.): *Zeiten erzählen. Ansätze – Aspekte – Analysen*. Berlin/Boston 2015.

Markus Wiegandt: *Chronisten der Zwischenwelten: Dokufiktion als Genre. Operationali-sierung eines medienwissenschaftlichen Begriffs für die Literaturwissenschaft*. Heidelberg 2016 [im Druck].

Werner Wolf (Hg.): *Metareference across Media. Theory and Case Studies*. Amsterdam, New York 2009.

Werner Wolf (Hg.): *The Metareferential Turn in Contemporary Arts and Media. Forms, Functions, Attempts at Explanation*. Amsterdam, New York 2011.

Marianne Wünsch: Phantastische Literatur. In: *Reallexikon der deutschen Literatur-wissenschaft*, Bd. 3. Hg. v. Jan-Dirk Müller u. a. Berlin, New York 2000, S. 71–74.

Frank Zipfel: Lemma „Autofiktion". In: *Handbuch der literarischen Gattungen*. Hg. v. Dieter Lamping. Stuttgart 2009, S. 31–36.

Was die Zuschauer jetzt sehen und die (Film-)Theater spielen wollen – Mediale Selbstreflexion, Weltbezug und Fantastik in Rudolf Jugerts *Film ohne Titel* (1947/48) und Wolfgang Borcherts *Draußen vor der Tür* (1947)

Sonja Klimek (Freiburg/CH)

Wie weiter jetzt? Diese Frage bewegte nach 1945 nicht nur die Autoren der zahlreichen jungen Literaturzeitschriften, sondern auch die Kunst- und Kulturschaffenden an den Theatern und in der Filmbranche. Wie weiter jetzt nach dem Ende des Nationalsozialismus, in den von den Alliierten regierten westdeutschen Besatzungszonen, auf Gräbern und Ruinen, im Angesicht von Hunger, Flucht, Vertreibung und Heimweh, Trauer, Wut, Scham und Schuldverdrängung, Lebenshunger und Lebensmittelmarken, transzendentaler Obdachlosigkeit und akuter Wohnungsnot? Dieser drängenden Frage der unmittelbaren Nachkriegszeit stellten sich sowohl Rudolf Jugerts Filmdebüt *Film ohne Titel* (1947/48) als auch Wolfgang Borcherts Bühnenstück *Draußen vor der Tür* (1947) – auf je ganz eigene Art zwar, doch interessanterweise in beiden Fällen unter Rückgriff auf mediale Selbstreflexion und Fantastik als neue Mittel des Weltbezugs nach 1945.

Weltbezug und Fantastik in *Draußen vor der Tür*

Während Jugerts *Film ohne Titel* bei seinem Erscheinen 1948 in den Kinos zunächst großen Erfolg hatte, seitdem aber nur noch selten (und dann meist im Spartenprogramm) gezeigt wird, ist Wolfgang Borcherts Theaterstück *Draußen vor der Tür* im Kanon der deutschen Nachkriegsliteratur längst fest verankert. Borcherts berühmter Protagonist Beckmann ist ein Kriegsveteran, der aus russischer Gefangenschaft in seine zerbombte Heimatstadt zurückkommt. Insofern war *Draußen vor der Tür* 1947 ein Stück mit aktuellem Zeitbezug. Insofern ist es aber auch ein Stück, das sich thematisch in einen literaturgeschichtlichen Traditionsstrang einflechtet, der mindestens bis zu den Beschreibungen der Heimkehr von Odysseus und König Agamemnon nach dem Trojanischen Krieg in den antiken Epen und Theaterstücken zurückreicht (vgl. Hahn 2014). So wie der Krieg ein universelles Thema der Literaturgeschichte ist, so ist es auch der vom Krieg gezeichnete heimkehrende Kämpfer, der ehemalige Soldat und/oder Kriegsgefangene, der nicht selten körperlich (und vermutlich immer auch seelisch) versehrte Mensch: „Kriegsinvalidität ist als Nachkriegsphänomen ein internationales Thema der Nachkriegsliteratur" aller Zeiten.[1]

Borchert selbst hatte den Krieg als Soldat erlebt, doch war er eigentlich Schauspieler von Beruf und von seinem künstlerischen Selbstverständnis her. Nach dem Krieg bekam er ein kleines Engagement am Hinterhoftheater „Die Komödie", das er krankheitsbedingt aber nicht mehr antreten konnte. Aufgefordert, Stücke zur Aufführung vorzuschlagen, äußerte Borchert (2003: 164) gegenüber einem Vertrauten, den er um Übersendung von Dramen bat, „die in den letzten 12 Jahren nicht gewünscht waren": „Es brauchen nicht unbedingt Komödien zu sein, aber der Fehler unserer Spielpläne heute ist, daß sie den belasteten Menschen noch belastende Probleme aufgeben wollen" (ebd.). Diese Haltung verwundert, wenn man bedenkt, dass sein eigenes Heimkehrer-Drama *Draußen vor der Tür* die Menschen in der Tat mit einigen „belastende[n] Probleme[n]" der damaligen Zeit konfrontierte.[2]

„Ein Stück, das kein Theater spielen und kein Publikum sehen will", so lautete denn auch der Untertitel von Wolfgang Borcherts Stück *Draußen vor der Tür*, das am 13. Februar 1947 auf Vermittlung von Ernst Schnabel, dem damaligen Chefdramaturgen in der Hörspielabteilung des Nordwestdeutschen Rundfunk, in einer bearbeiteten Hörspiel-Fassung erstmals ausgestrahlt wurde.[3] Der Rowohlt Verlag nahm das Stück des damals gerade 25-jährigen, aber bereits todkranken Newcomers in seinen Bühnenvertrieb auf und eine Filmfirma erwarb noch im Frühjahr 1947 die Rechte (vgl. Rühmkorf 1961: 155).[4] Am 21. November 1947 wurde das Stück in den „Hamburger Kammerspielen" uraufgeführt und

---

[1]   Vgl. Hölter (1995: 604). Zur historischen Entwicklung der „exponentiell wachsenden Zahl von Betroffenen durch die neuen „Feuerwaffen und Kriegschirurgie" seit dem 15./16. Jahrhundert, vgl. ebd. – Während einem heute, zumal in der Schweiz, hinkende, brandnarbige oder gliedmaßen-amputierte Menschen nur noch selten begegnen, waren sie in meiner Kindheit – als alte Männer – im Dortmunder Straßenbild durchaus noch präsent (S. K.). Hier verändert unsere sich wandelnde Lebenswelt vermutlich zunehmend auch den Blick der Rezipient/innen auf Borcherts Stück, das 1947 gezielt einige als typisch erlebte Probleme und Schicksale der Bevölkerung fokussierte – und dafür andere aus dem Blickfeld zu drängen half.

[2]   In Bezug auf andere Probleme wirkte es dagegen entlastend. Dazu unten mehr.

[3]   Der Titel *Draußen vor der Tür* stammt von Schnabel, wohingegen Borchert sein Stück ursprünglich *Ein Mann kommt nach Deutschland* nennen wollte (vgl. Hahn 2014: 353).

[4]   *Liebe 47* unter der Regie von Wolfgang Liebeneiner kam jedoch erst 1949 in die westdeutschen Kinos und fiel – im Gegensatz zu der bald deutschlandweit gespielten Theatervorlage – beim Publikum durch (vgl. Perinelli 2000: 25f.), trotz oder vielleicht gar wegen des *happy endings*, das Liebeneiner dem traurigen Soldaten Beckmann verpasste. Dass ausgerechnet der Altnazi Liebeneiner sich dieses „bittere[n] Drama[s]" annahm und es überzuckerte, nennt Bliersbach (1985: 159) einen Teil der „westdeutschen Tragödie" des Filmgeschäfts nach 1945.

bald an zahlreiche westdeutsche Bühnen übernommen.[5] Aber diesen Erfolg beim Theater erlebte der junge Autor nicht mehr, denn er war am Tag vor der Urauf-führung in Basel seinem durch Krieg und Mangelernährung bedingten Leber-leiden erlegen.

Die Zeit hat Borcherts bescheidenen (oder sich bescheiden gebenden) Untertitel somit gründlich widerlegt: Dieses Stück wollte das Publikum 1947 durchaus sehen, und viele Theater wollten es spielen. Das Stück traf offenbar ei-nen ‚Nerv' der damaligen Zeit.

Neben der Frage, *ob* man dem Publikum im (Film-)Theater die unmittelbare Vergangenheit sowie über die von Not geprägte Nachkriegsgegenwart präsentie-ren solle, stellte sich für die Literatur genauso wie für den Film nach 1945 die daran unmittelbar anschließende Frage, *wie* man denn auf diesen Teil der Wirk-lichkeit rekurrieren könne und solle, d. h. welche darstellerischen Mittel geeignet und angemessen seien und ob das Geschehene nicht sämtliche hergebrachten künstlerischen Formen sprengen müsse. Eine der möglichen Antworten, die die Literatur bereits nach dem Ersten Weltkrieg auf diese Fragen gefunden hatte, war der neue Weltbezug durch Verfremdung des Dargestellten und Zertrümme-rung der tradierten Formen. Bis zu einem gewissen Punkt wiederholte sich diese Reaktion in der so genannten Kahlschlag- und Trümmerliteratur nach 1945. So lobte denn z. B. auch Wolfgang Borchert den Roman *Stalingrad* (1945) von Theodor Plievier, weil er ein „grauenhafteste[s] apokalyptische[s] Gemälde[…]" der menschlichen Geschichte" aus ungeordneten „Mosaiksteinchen" darstelle: „Aus diesem Chaos, aus diesem Inferno, diesem Spukspektakel eine Harmonie zu machen, würde Frevel an der Wahrheit und an der Wirkung sein" (Borchert 2003: 265).

Tatsächlich lässt sich auch Borcherts eigenes Theaterstück als „Spukspekta-kel" lesen, aus dessen „Chaos" der Autor keine „Harmonie" machen konnte und wollte. *Draußen vor der Tür* ist im engeren Sinn zur Fantastik zu zählen, da man über den Realitätsgehalt mehrerer Szenen und Details in Bezug auf die fiktive Dramenwelt aufgrund des gegebenen Werk-Textes nichts Sicheres aussagen kann. Dies hängt mit der das Dramengeschehen vermittelnden Perspektivierung der Darstellung im Text zusammen.

Um die Perspektivierung des fiktiven Geschehens im Drama zu beschreiben, ist das aus der Narratologie stammende Konzept der Fokalisierung bereits mehr-fach auf seine Anwendbarkeit für dramatische Texte hin untersucht worden.[6] Ge-

---

[5]   Im Mai 1948 erschien zudem eine für den Buchhandel bestimmte Buchfassung bei Rowohlt. Vgl. die Anmerkung zur Neuausgabe des Gesamtwerks von 2009 (3. Aufl. 2013). Im Folgenden werden alle Zitate aus dieser Ausgabe nur mit Angabe der Sei-tenzahl nachgewiesen.

[6]   So etwa von Weidle (2009: 239), der sich alles in allem skeptisch dazu äußert. Kort-hals (2003: 273f.) dagegen vertritt die Meinung, dass Genettes Unterscheidung zwi-schen Sprechinstanz und Wahrnehmungsfokus des Dargestellten sich durchaus sinn-

nettes Kategorie der „externen Fokalisierung", bei der die Rezipient/innen eines Dramentextes *weniger* vom Geschehen in der fiktiven Welt erfahren als die Hauptfigur, entspreche (laut Korthals ebd.) dem typischen Darstellungsmodus des Dramentextes: Zuschauer beobachten dabei das Geschehen in der fiktiven Welt, ohne zusätzliche Informationen von einer allwissenden oder zumindest gegenüber einzelnen Figurenperspektiven privilegierten Erzählinstanz (z. B. über das Innenleben der Figuren) zu erhalten.[7] Bei einem gedruckten Dramentext könne dagegen stellenweise auch „Nullfokalisierung" vorkommen, bei der die Leser/innen mehr vom fiktiven Geschehen gezeigt bekommen als die Protagonist/innen selbst davon erfahren. Dies kann z. B. in Form von Nebentexten geschehen.

Solche Nebentexte stehen auch in der Buchfassung von Borcherts *Draußen vor der Tür*: Zunächst bekommen die Leser/innen durch das Personenverzeichnis und die narrative Vorrede Informationen über den zu erwartenden Handlungsablauf. Und auch im Stück selbst sind Regieanweisungen eingestreut, in denen die Klangqualitäten, aber auch die zu erzielenden Wirkungen der einzelnen Sprechakte genauer beschrieben sind. Man könnte also annehmen, dass der für Theaterstücke übliche Modus der externen Fokalisierung (oder zumindest ein dramatisches Analogon zu diesem narrativen Modus) im Dramentext von *Draußen vor der Tür* punktuell durch eine Nullfokalisierung ersetzt werde und insofern die Wahrnehmungsperspektive der Hauptfigur Beckmann nicht unter-, sondern überschritten werde. Dies entpuppt sich bei näherem Hinsehen aber als Irrtum: Tatsächlich geht die informationsselektierende und -vermittelnde Instanz des Dramas[8] nirgendwo über Beckmanns Wahrnehmungsperspektive hinaus, sondern passt sich Beckmanns Perspektive vielmehr an: Beckmanns Wahrnehmungsperspektive strahlt von der Figurenrede her bis in den Nebentext aus und objektiviert sich somit quasi.

Dies zeigt sich beispielsweise in der Regieanweisung zum Auftritt von „Frau Kramer". die lautet: „(mit einer gleichgültigen, *grauenhaften*, glatten Freundlichkeit, die *furchtbarer* ist als alle Roheit [sic] und Brutalität)" (S. 163).[9] Dass der Ton ihrer Stimme „gleichgültig[…]" ist, könnte als extern fokalisierte (d. h. für Außenstehende hörbare) Tatsache der fiktiven Welt gelten. Doch Frau Kramers „schnodderig[e]", unsensible Art ist nicht etwa *an sich*, sondern nur *für*

---

voll zur Beschreibung von Dramentexten (aber nur bedingt auch für die Aufführungssituation im Theater) anwenden lasse.

[7]   Eine Ausnahme stellen etwa innere Monologe dar, bei denen eine Figur nach außen hin hörbar ihre inneren Überzeugungen oder Gedanken vermittelt.

[8]   – ob man diese für einen Dramentext nun, wie Weidle (2009: 222), mit narratologischen Begrifflichkeiten als „narrator" oder „implied author" bezeichnen will oder vielleicht doch den Begriff des empirischen Autors gelten lässt wie Korthals (2003: 448) –

[9]   Hervorhebungen von S. K.

Beckmann (und für alle, die sich in seine Position emphatisch einfühlen) „grauenhaft[…]" und „furchtbar[…]". Hier wird eindeutig Sympathie gelenkt, indem die für Dramentexte übliche Form der Informationspräsentation in den Nebentexten abgewandelt wird.

Die Perspektivierung des gesamten Dramengeschehens auf das Erleben einer beteiligten Figur, d. h. auf Beckmann, wird in *Draußen vor der Tür* aber nicht nur durch Regieanweisungen erreicht. Selbst bei der Darstellung kompletter Szenen, wie etwa des Gesprächs zwischen den allegorisierten Figuren Gott und Tod, ist nicht eindeutig klärbar, ob diese in der fiktiven Wirklichkeit des Theaterstücks tatsächlich vorkommen oder ob dieses Gespräch nicht doch nur „– im Sinne des lyrischen Dramas im *fin de siècle* – als *Psychomachie* der Imagination des im Fluss versinkenden Beckmann zuzurechnen ist"[10], wie Muny (2008: 160) vermutet. Klar ist, dass diese Allegorisierungen und die traumhaften Szenen von der ‚Wirklichkeit' im Theaterstück abgehoben sind und als solche auf einer anderen Ebene interpretiert werden müssen (vgl. Burgess 1984: 58f.).

Was *wirklich* um Beckmann herum vorgeht, was in seiner Welt *tatsächlich* der Fall ist, kann der Leser des Dramentextes – trotz der scheinbar nullfokalisierten Nebentexte – nicht wissen. Deutlich machen diese Nebentexte lediglich, dass die der „1. Szene" vorangestellte Sequenz, in der der Fluss „als diesseitsbezogene Proletarierin" agiert und dem betrogenen Ehemann Beckmann „die in Brechts *Trommeln [in der Nacht]* dargestellte Lösung vor[schlägt]: ‚Such dir ein anderes Bett, wenn deins besetzt ist'" (Hahn 2014: 355), ein „Traum" (S. 123) sein soll. Wenn dieser Kapitelüberschrift in Beckmanns Welt Realitätsstatus zukommt, so hätte das Gespräch zwischen der Elbe und Beckmann (und somit vielleicht auch der diesem Gespräch vorangegangene Selbstmordversuch Beckmanns)[11] nicht wirklich stattgefunden, sowie auch ein Großteil der „5. Szene" (vermutlich) nicht tatsächlich passiert, sondern einen Traum darzustellen scheint.[12] Aber dieser zweite Traum ist nicht einfach eine von der Darstellung des Wach-Erlebens scharf abgegrenzte Binnenszene. Vielmehr spricht Beckmann aus seinem Traum heraus (S. 171: „im Schlaf") und setzt die Unterhaltung mit der Figur des „Anderen" fort, die er vor dem Einschlafen geführt hat, sodass nicht deutlich wird, welcher Realitätsstatus den gesamten folgenden Gesprächen eigentlich zukommt. Immer wieder ruft der Andere Beckmann zu: „Steh auf, du

[10] Hervorhebungen im Original.
[11] Schließlich kommentiert der Jasager Beckmanns Bekenntnis, soeben vom „Ponton" herab in die Elbe gesprungen zu sein, mit den Worten: „Du hast geträumt. Du liegst doch hier auf dem Sand" (S. 128). – Diese Lesart geht aber auch nicht bruchlos auf, denn die Figur des Jasagers ist selbst wiederum eine Figur, von der man nicht eindeutig sagen kann, ob sie auf einer allegorischen Ebene existiert, ob nur in Beckmanns Gedanken oder ob sie tatsächlich auch als realer Mensch in Beckmanns Wirklichkeit vorkommt.
[12] Vgl. S. 171: „Er schläft ein." bis S. 190: „wacht auf".

träumst einen tödlichen Traum. Du stirbst an dem Traum" (S. 177), „Wach auf, lebe!" (S. 178) oder „Beckmann, träume nicht weiter! Steh auf! Lebe! Du träumst alles schief" (S. 181). Doch ob diese Zurufe in Beckmanns Welt real oder nur Teil des Traumgespinsts sind, bleibt für die Leser/innen des Dramentextes unentscheidbar. Einerseits ist es möglich, dass der optimistische Jasager die reale Unterhaltung mit Beckmann vor dessen Einschlafen in Beckmanns destruktive Albträume hinein fortzusetzen sucht. In dem Fall wäre der Jasager dann deutbar als ‚pars pro toto' für die realen Mitmenschen, die Beckmann in seiner Albtraum-Revue am Ende des Stücks sowie generell in seiner kriegstrauma-bedingten Ich-Bezogenheit gar nicht mehr oder zumindest nur noch „schief" wahrnehmen kann. Doch wenn dem so wäre, wo wäre der Jasager dann nach Beckmanns endgültigem Erwachen? Nach dem als solchem im Nebentext deutlich markierten Erwachen ist nämlich kein Gesprächspartner mehr da, weder der Jasager noch eine der anderen Figuren, die Beckmann in der (vermeintlichen) Traumsequenz noch einmal einen nach dem anderen persönlich angeklagt hat. Das Stück endet mit einem langen Monolog Beckmanns auf leerer Bühne.

Auffällig ist auch, dass im Defilee der Figuren, die in der letzten Szene (einem Traum?) noch einmal an Beckmann Revue passieren, die Motivation für den plötzlichen Abgang des Mädchens („Hörst du? Der Totenwurm klopft – ich muß weg", S. 188) unklar bleibt, wenn man die Begegnung mit dem einbeinigen Wiedergänger als realistisches Ereignis deuten wollte. Und selbst nachdem die Regieanweisung (scheinbar verbindlich) angekündigt hat, „Beckmann (wacht auf)" (S. 190), ist für den Erwachten selbst doch keineswegs klar, wie er das soeben Erlebte einordnen soll: „Wo bin ich? Hab ich geträumt? Bin ich denn nicht tot?" (ebd.).

In dieser totalen Fokussierung der gesamten Bühnendarstellung auf die Wahrnehmungsperspektive einer Figur greift Borchert in *Draußen vor der Tür* einerseits auf Darstellungstechniken des expressionistischen Stationendramas der Zeit nach dem Ersten Weltkrieg zurück, in welchem – durch die Fokussierung auf die innere Welt des Protagonisten – häufig die Grenzen zwischen Wirklichkeit und Traumwelt verschwammen.[13] Andererseits radikalisiert Borchert diese Technik aber, indem er sie über das auf der Bühne gezeigte Geschehen hinaus bis in die Regieanweisungen und sogar bis ins Personenverzeichnis hinein fortführt: Für viele Interpreten ist etwa die Szene mit dem Einbeinigen, dem kriegsversehrt heimkehrenden Ehemann des Mädchens, nur eine „Vision" oder „Erscheinung" Beckmann.[14] Die Figur des auch psychisch beschädigten Kriegsheimkehrers Beckmann, wäre dann ein „Geisterseher, der von Visionen und Erinnerungen Geplagte" (Rühmkorf 1961: 140). Laut Personenverzeichnis,

---

[13]   Zu dieser und anderen Formparallelen (wie etwa der „offenen", „aktlosen Bilderfolge") zum expressionistischen Stationendrama, vgl. Popov (1999: 35f.) und Schmidt (2009: 425).

[14]   Z. B. Rühmkorf (1961: 45) oder Reemtsma (1995: 33).

das dem Stück vorausgestellt ist, wird diese Rückkehr des Einbeinigen in Beckmanns Welt jedoch durchaus als real dargestellt, denn dort heißt es über die junge Frau, die Beckmann bei sich aufnimmt, schlicht im Indikativ: „das MÄDCHEN, dessen Mann auf einem Bein nach Hause kam" (S. 117). Die informationsvermittelnde Instanz, die das Personenverzeichnis erstellt, hegt also an der Wiederkehr des Einbeinigen keinen Zweifel.

Auffällig ist dennoch, dass die Regieanweisungen in der betreffenden Heimkehrer-Szene keine entsprechend eindeutige Aussage zum Realitätsgehalt dieser von Beckmann gesehenen Heimkehrer-Gestalt liefern: Die Reaktion des Mädchens wird nur mit „(schreit auf und stürzt davon)" (S. 136) beschrieben. Eine erklärende Anmerkung wie ‚Das Mädchen sieht ihren Ehemann' fehlt dagegen. Hier wird aus dem Theatertext somit nicht eindeutig klar, ob auch sie in diesem Moment ihren vermisst geglaubten Ehemann als Heimkehrer hinter sich stehen sieht oder ob sie lediglich aus Angst flieht, weil der Fremde, den sie in ihre Wohnung mitgenommen hat, sich plötzlich wie ein Wahnsinniger gebärdet.[15]

Die Darstellung der fiktiven Welt in den Nebentexten von *Draußen vor der Tür* ist somit höchst ambivalent und geht über die subjektivierte Perspektivierung des Bühnengeschehens, wie man sie etwa aus dem Drama des Expressionismus, aber auch aus zahlreichen *memory plays* der Nachkriegszeit (etwa aus Arthur Millers berühmtem *Death of a Salesman* von 1949) kennt, bei weitem hinaus. Durch die Wahrnehmungsfokussierung auf die Figur Beckmanns, die sich bis in die Nebentexte hinein ausdehnt, wird eine „identifikatorische Rezeptionshaltung" geradezu herausgefordert: Diese informationsselektierende Perspektivierung lenkt „den Blick des Lesers auf die persönliche Erfahrung Beckmanns und erlaub[t] ihm ein unmittelbares Mitleiden" (Muny 2008: 162).

Borchert als Beckmann? Literatur und persönliche Lebenserfahrung

Die an konkreten Textmerkmalen festzumachende Wirkungsdisposition von *Draußen vor der Tür*, Mitgefühl und sogar „Mitleiden" (Muny 2008: 162) für Beckmann zu erregen, kam in der konkreten Rezeptionsgeschichte des Stückes dann zusätzlich noch zusammen mit dem frühen Tod des Autors, was – jenseits von Textmerkmalen – zu einer Identifikation der fiktiven Bühnenfigur und ihres realen Schöpfers führte und somit das Mitleid mit dem leidenden Beckmann noch einmal verstärkte.

---

[15] Muny (2008: 159) bemerkt zu Recht, dass es merkwürdig ist, dass „das Mädchen – immerhin die Ehefrau – überhaupt nicht" auf die Rückkehr des „einbeinigen Stalingradkämpfer[s] [...] eingeht".

Borchert selbst hat die starke Verankerung seiner literarischen Werke in seiner eigenen Biografie immer wieder hervorgehoben. Über die Erzählung *Die Hundeblume* schrieb er beispielsweise an einen Bekannten, die „100 Tage", die er (Borchert spricht hier über sich selber in der dritten Person) als 21-Jähriger in einer U-Haft-Einzelzelle unter drohender Todesstrafe verbracht habe, seien ihm „vier Jahre lang durch alle Nächte hindurch nach[gelaufen], bis es ihm plötzlich gelang, sie förmlich auszukotzen! So, da waren sie! Man war sie los."[16]

Tatsächlich ist damit zu rechnen, dass auch *Draußen vor der Tür* einen Teil seines Erfolgs einer stark biografischen Deutung verdankte (vgl. Niefanger 1997: 51): dem ‚Mythos' seines Autors (d. h. Borcherts Tod genau einen Tag vor der Uraufführung)[17] und einer biografischen Interpretation der Figur des Beckmann auf Grund von Borcherts eigener Front- und Kriegsheimkehrer-Erfahrung (vgl. Müller-Waldeck 2008: 253). – Dennoch ist Beckmann, der Protagonist von *Draußen vor der Tür*, nicht einfach ein Alter-Ego Borcherts. Zwar fallen einige biografische Parallelen tatsächlich ins Auge: So ist Beckmann „[f]ünfundzwanzig" (S. 123) Jahre alt (wie Borchert, als er das Stück schrieb), war Soldat an der Ostfront und erlebte einen „Schneesturm bei Smolensk" (wie Borchert, der im Winter 1941/42 dort stationiert war). Doch stehen einer solchen Deutung eindeutig auch Unterschiede im Wege: So war Borchert etwa nie in Stalingrad (vgl. S. 140), von wo aus die Figur des Beckmann ja für drei Jahre in russische Kriegsgefangenschaft geriet (vgl. S. 127), während Borchert nur sehr kurze Zeit in französischer Kriegsgefangenschaft verbrachte. Beckmann kommt mit einem steifen Bein nach Hamburg zurück und findet dort sein Kind bei einem Bombenangriff getötet, seine Frau in den Armen eines anderen und in der Wohnung seiner Eltern, die inzwischen Suizid begangen haben, eine Fremde vor. Borchert dagegen hat zwar aus dem Krieg eine Verstümmelung der linken Hand und eine schließlich tödliche Leberschädigung davongetragen, doch fand er nach seiner Rückkehr in die von Bomben verschonte Wohnung seiner Eltern in Hamburg durchaus liebevolle Pflege und Aufnahme. Weder war er verheiratet noch wüsste man etwas von einem Kind Borcherts.

Es gibt also tatsächlich unübersehbare Parallelen zwischen Beckmanns fiktiver und Borcherts eigener Biografie, doch kann man sagen, dass Borchert seine eigenen Lebenserfahrungen mit anderen, im allgemeinen Bewusstsein präsenten Details verknüpfte, um dem individuellen Schicksal seiner Bühnenfigur etwas Überindividuelles zu geben. Es gehöre zu seiner expliziten Autorpoetik, so schrieb Borchert (2003: 177) in einem Brief an seinen Freund Werner Lüning vom Mai 1946, „nie zu ‚*dichten*', Stoffe aus den Fingern zu saugen usw. Aber

---

[16] Zitiert nach Rühmkorf (1961: 67).
[17] „Die Premiere wurde zur Totenfeier für Wolfgang Borchert" (Kraske 1984: 38).

das Recht mußt du mir lassen, Dinge zu schreiben, die vielleicht mein Nachbar erlebt hat [...]."[18]

Die Figur des Beckmann ist also nur bedingt ein Alter-Ego Borcherts, seine Erfahrungen sind nur teilweise ähnlich denjenigen ihres Schöpfers und Autors. Vielmehr ist Beckmann im Sinne der teils grotesken Bühnenkomik stark überzeichnet, eher ein Typ als ein ausgefeilter Charakter, er steht exemplarisch für viele und ist insofern im Personenverzeichnis auch nur beschrieben als „Beckmann, einer von denen" (S. 117), ohne dass an dieser Stelle bereits genauer erklärt würde, welche denn mit „denen" gemeint sind. Beckmann (mit seinem typisch deutschen Allerweltsnamen)[19] ist somit ein ‚pars pro toto' und begründet in dieser Unterdeterminiertheit sein großes Potential zur Identifikation, was etwa die zahlreichen positiven Reaktionen ehemaliger Frontsoldaten auf das Stück belegen, die Borchert nach der Erstausstrahlung seines Stückes als Hörspiel erhielt.

Selbstreflexion des Medialen: Das unfassbare Leben als „ganz alltäglicher Film"

Neben der biografischen Lesart soll jedoch im Folgenden das Augenmerk auf einige prominente Textstellen gelenkt werden, die ein weniger authentisch-unmittelbares Erleben beschwören als vielmehr eine hoch-artifizielle Medienreflexion im Stück *Draußen vor der Tür* etablieren: die Reflexion des Dramatikers über die Angemessenheit seiner Kunst im gegenwärtigen Zeitalter. Bereits in der Prosa-Vorrede, die von einem nicht näher beschriebenen Erzähler zwischen Figurenverzeichnis und dramatischem „Vorspiel" eingeschaltet wird, beginnt diese mediale Selbstreferenz in *Draußen vor der Tür*. Als der hier noch nicht namentlich genannte Kriegsversehrte Beckmann „nach Deutschland" „kommt", „da erlebt er einen ganz tollen Film" (S. 118). Diesen „Film" soll das nun folgende Theaterstück offenbar darstellen. Doch macht der Erzähler sofort klar, dass dieses mediale Gedankenspiel nur darauf angelegt ist, die Unwirklichkeit dessen, was den Kriegsheimkehrer nach „tausend Tagen draußen in der Kälte" schließlich in Deutschland erwartet, als Unfassbares und insofern eigentlich auch Unsagbares dennoch in Worte zu fassen: „Er muß sich während der Vorstellung mehrmals in den Arm kneifen, denn er weiß nicht, ob er wacht oder träumt." Tatsächlich ist das Theaterstück Borcherts an mehreren Stellen

---

[18]   Ähnlich in einem Brief vom Juni 1946: „Mehr oder weniger haben wir ja alle Ähnliches erlebt und wir wollen uns Mühe geben, daß wir es niemals vergessen" (ebd.: 183). – Vgl. auch im Februar 1947 an Max Grantz: „Stehen wir denn nicht aber ‚vor der Tür'? Geistig, seelisch, beruflich? Haben wir Jungen nicht alle ein Stück Beckmann in uns?" (ebd.: 195).

[19]   „Beckmann" ist ein vor allem in Norddeutschland verbreiteter Name. Allein im örtlichen Telefonbuch von Hamburg findet man heute 153 Einträge unter „Beckmann".

derart auf die Wahrnehmung der Figur Beckmanns fokussiert, dass es für den Leser des Dramentextes unmöglich ist zu entscheiden, was nun eigentlich in Beckmanns Welt tatsächlich der Fall ist (d. h. was dort fiktional wahr ist).[20] Merkwürdig ist der Umgang mit Wirklichkeit und Illusion, denn der Erzähler fährt fort: „Aber dann sieht er [der Heimkehrer, S. K.], daß es rechts und links neben ihm noch mehr Leute gibt, die alle dasselbe erleben. Und er denkt, daß es dann doch wohl die Wahrheit sein muß" (S. 118). Hier könnte man annehmen, dass der Protagonist nun einsieht, dass es sich bei seinen Heimkehrer-Erfahrungen gar nicht um einen Film gehandelt hat, sondern dass alles *wirklich* geschehen ist. Hierzu passt auch das ebenso stereotype wie unwirksame Verhalten, sich selbst zu kneifen, um sich zu vergewissern, dass man nicht träumt. (Denn man kann ja durchaus auch träumen, sich selbst zu kneifen, ohne dass man von dem bloß geträumten Schmerz aufwachen müsste.)

Die schon von Descartes 1637 beklagte Unentscheidbarkeit, ob man selbst gerade wache oder träume, ist als Vorstellung vom Leben als Traum über die Theaterstücke Shakespeares (z. B. *A Midsummer Night's Dream,* ca. 1600) und Calderón de la Barcas (*La vida es sueño,* 1634/35) zum festen Topos der deutschen Romantik geworden (etwa in Ludwig Tiecks Einakter *Ein Prolog,* 1796) und findet sich als Metapher etwa noch in Theodor Storms berühmtem Vierzeiler „Bald ist unsers Lebens Traum zu Ende", ehe es (etwa durch Hugo von Hofmannsthals *Der Turm,* 1928) zum festen Topos auch der Moderne wird.

Doch bei Borchert, dem ansonsten gründlich enttäuschten Romantiker (vgl. Rühmkorf 1961: 104), stehen sich mediale Gemachtheit und Echtheit nicht etwa als Opposition gegenüber. Vielmehr fährt der Erzähler fort, dass der Heimkehrer am Schluss merke, dass das, was er und viele andere Leute erlebt haben, „eigentlich nur ein ganz alltäglicher Film war, ein ganz alltäglicher Film" (118). Ein „Film" kann also „die Wahrheit" zeigen. Aber *Draußen vor der Tür* (obwohl später verfilmt) wurde zunächst ja als Lesedrama geschrieben, denn dass ein Theater sein Stück spielen würde, habe der Autor – glaubt man dem Untertitel – ursprünglich nicht angenommen. Man kann sich nun fragen, warum der Erzähler in der Vorrede das Leben dann nicht als Theaterstück, sondern als Film bezeichnet. Dabei muss man jedoch berücksichtigen, dass Beckmann selbst im fünften Akt das Leben generell und sein eigenes Leben sowieso doch auch als Theaterstück beschreibt, in dem man nämlich „fünf graue verregnete Akte" hindurch leiden müsse: „1. Akt: Grauer Himmel. Es wird einem wehgetan. 2. Akt: Grauer Himmel. Man tut wieder weh. 3. Akt: Es wird dunkel und regnet. 4. Akt: Es ist noch dunkler. Man sieht eine Tür. 5. Akt: Es ist Nacht. Tiefe Nacht. Und die Tür ist zu" (S. 171). An dieser Stelle merkt man auch, dass sich Beckmann nicht nur

---

[20] Das ist eine Art Strukturanalogie zur Technik des ‚unzuverlässigen Erzählens' und könnte als ‚unzuverlässige Theaterdarstellung' bezeichnet werden. Vgl. generell zu Phänomenen der Unzuverlässigkeit in Theatertexten Hauthal (2009).

als „einer von denen" sieht, die nach Deutschland zurückgekehrt sind, sondern dass er den Topos von der verratenen Generation vielmehr für alle jungen Heimkehrer aus dem soeben zu Ende gegangenen Krieg auf der ganzen Welt in Anschlag bringt: „Man steht draußen. Draußen vor der Tür. An der Elbe steht man, an der Seine, an der Wolga, am Mississippi" (ebd.)

Schuld, Verantwortung und Albträume

In der Sekundärliteratur zum Theatertext *Draußen vor der Tür*, der sich in Deutschland – wenn die Anzahl der Interpretationshilfen und Lektüre-Schlüssel und ihrer Auflagen als Indikator gelten darf – offenbar als Schullektüre weiterhin großer Beliebtheit erfreut, wird immer wieder die im Stück zum Ausdruck gebrachte Grundhaltung Borcherts thematisiert, seine Generation sei von der schuldigen Vatergeneration in den Krieg getrieben worden.[21] In einem Brief an einen Kritiker erklärte Borchert kurz vor seinem Tod dieses Anliegen explizit:

> Verstehen Sie die Opposition gegen die Generation unserer Väter, Studienräte, Pastoren und Professoren? [...] sie haben uns [...] *blind* in diesen Krieg gehen lassen [...]. Verstehen Sie die Opposition und den Zweifel an der Väter- und Studienratsgeneration? Diese Studienräte kamen aus einem bitteren Krieg – was taten sie? Sie erzählten ihren Kindern Heldentaten, veranstalteten Heldengedenktage, dichteten Kriegsbücher [...]. Die Indolenten aber *ließen es zu*, daß wir, ihre Söhne, in die Hölle hineinstolzierten, und keiner von ihnen sagte uns: Ihr geht in die Hölle! Es hieß: Mach's gut! und: für's Vaterland! (Für Deutschland, für Frankreich, für Amerika!) Und nun? Nun sitzen eben diese Studienräte wieder hinter ihren Kathedern und beklagen das mangelnde Vertrauen und die Respektlosigkeit der Jugend!!![22]

In *Draußen vor der Tür* ist die Frage nach der eigenen Schuld jedoch nicht einfach ausgeblendet, sie ist vielmehr eines der zentralen Handlungsmomente: Beckmann ist im Krieg durchaus schuldig geworden. Er trägt vor sich selbst (denn vor Gott, der ihm als „Märchenbuchliebergott" (S. 174) erscheint, fühlt er sich zu keiner Rechenschaft verpflichtet) die Verantwortung für den Tod von elf der ihm, dem Unteroffizier, Untergebenen. Zu unterstellen, Borchert spreche

---

[21] Vgl. etwa Perinelli (2000: 30).

[22] Zitiert nach Rühmkorf (1961: 159). Die Stelle taucht z. T. wörtlich auch in *Draußen vor der Tür* auf, wo Beckmann die Elterngeneration anklagt, sie hätte ihn und seine Kameraden voller Begeisterung in den Krieg geschickt: „Keiner hat uns gesagt, ihr geht in die Hölle. [...] Und sie haben uns nichts gesagt. Nur – Macht's gut, Jungens! haben sie gesagt. [...] Und jetzt sitzen sie hinter ihren Türen. Herr Studienrat, Herr Direktor, Herr Gerichtsrat, Herr Oberarzt. [...] Und von ihren Kathedern und von ihren Sesseln zeigen sie mit dem Finger auf uns" (S. 184).

seinen Protagonisten und mit ihm die gesamte deutsche Jugend von *aller* Kriegs-
schuld frei, wäre also zu platt. Aber tatsächlich ist die Schuld, die Beckmann hier
quält und mit Höllenvisionen und Albträumen verfolgt, nicht durch individuelles
Verschulden und Fehlverhalten ausgelöst, sondern gehört zur quasi unvermeidli-
chen ‚conditio humana‘: „Wer schützt uns davor, daß wir nicht Mörder werden?
Wir werden jeden Tag ermordet, und jeden Tag begehn wir einen Mord!", so
übernimmt Beckmann am Schluss die Worte des Einbeinigen, womit jegliche
persönliche Verantwortung durch die behauptete Unvermeidlichkeit des Schul-
digwerdens aufgelöst wird. Reemtsma (1995: 41) erkennt:

> Das Problem der persönlichen Verantwortung wird nicht über die Frage, wie man
> denn hätte anders handeln können, thematisiert, sondern nur über das Bedürfnis,
> kein Träger von Verantwortung [mehr] zu sein. Noch einmal: angesichts einer auf
> das Theater gebrachten mörderischen Wirklichkeit ist nichts verständlicher und
> nichts per se weniger denunzierbar als eben dieses Bedürfnis, kein Verantwor-
> tungsträger sein zu müssen in einer solchen Wirklichkeit. Nur ist eben die
> Artikulation dieses Bedürfnisses keine Antwort auf das Problem, in einer solchen
> Wirklichkeit *tatsächlich* Träger von Verantwortung gewesen zu sein.[23]

Tatsächlich kommt beispielsweise die Shoah in der Hörspiel-Fassung von 1947
von Wolfgang Borcherts *Draußen vor der Tür* überhaupt nicht vor. Erst in der
veröffentlichten Buchversion wird sie immerhin in einer Szene am Rande thematisiert: Als Beckmann zur Wohnung seiner Eltern kommt und gerade glaubt,
sich nun in die Überbleibsel seiner heilen Kindheit zurückflüchten zu können,
eröffnet ihm eine Frau Kramer, die nun dort wohnt, dass seine Eltern sich umgebracht hätten, weil sie den Untergang der Nazi-Ära nicht verkraftet hätten. Die
ganz konkreten Einbußen von materieller Lebensgrundlage und sozialem Status
hätten sie dem vehementen Antisemitismus des Vaters zuzuschreiben gehabt:
„Und dann war er ein bißchen doll auf die Juden, das wissen Sie doch, Sie, Sohn,
Sie" (S. 165).[24] Frau Kramer klagt auch Beckmann hier der Mitwisserschaft an.

Reemtsma macht zurecht darauf aufmerksam, dass Beckmanns Vater – nach
dieser Erzählung von Frau Kramer – noch mehr gewesen sein muss als ein be-
kennender Antisemit, da er „Uniform" (S. 165) getragen habe (also Mitglied der
SS oder SA gewesen sein müsse) und derart „doll auf die Juden" bewesen sei
(wie Frau Kramer ebenso flapsig wie mehrdeutig formuliert), dass man ihn nach
dem Krieg ohne Pensionsansprüche entlassen und ihm sogar die Wohnerlaubnis

---

[23] Hervorhebung im Original.

[24] Im extrem erfolgreichen Hörspiel verkraftete Beckmanns Vater es dagegen nicht, dass
die Werft, in der er 30 Jahre lang gearbeitet hat, zerstört wurde. Im Hörspiel war er
also nicht derart stark als Nazi und Judenhasser gekennzeichnet. Welche von beiden
Textvarianten die ältere ist, kann man auf Grund der erhaltenen Dokumente nicht
mehr feststellen.

entzogen habe (vgl. S. 166). – Dass sich Beckmann daraufhin von der gefühls-kalten Frau Kramer ‚ermordet' fühlt, mag man noch verstehen. Doch dass Beckmann auf ihre Anklage, er sei als doch Mitwisser an der nationalsozialisti-schen Verbrechen seines Vaters gegangen, völlig übergeht und ihr beim ab-schließenden Defilee der Figuren statt dessen nun wiederum vorhält, *sie* habe seine Eltern ‚umgebracht', indem sie ihnen „das Leben sauer gemacht" habe (vgl. S. 185), wertet Reemtsma (1995: 54) als Ungeheuerlichkeit des Stücks: So würden Beckmanns Eltern, anstatt als Mitverantwortliche für den Massenmord an den Juden zu den Verantwortlichen gezählt zu werden, von Beckmann „in die große Zahl derer, die Opfer sind, eingereiht."

In diesem Punkt ist es wichtig, die komplette, bis in die Nebentexte reichende Perspektivierung des Dramas *Draußen vor der Tür* auf die Figur Beckmanns im Blick zu behalten. Borchert als Autor hatte schon im Krieg Position bezogen ge-gen die Terrorherrschaft der Nationalsozialisten. Nach dem Krieg verfasste er für die *Hamburger Freie Presse* (veröffentlicht am 10. Januar 1947) eine Sammel-rezension zu aktuellen Veröffentlichungen von KZ-Überlebenden, in der er die bei seiner Leserschaft erwartete Reaktion der Ablehnung vorwegnahm, um dem Desinteresse an Fragen der Schuld auf Seiten der Menschen „in dem Deutsch-land von 1947, wo der Hunger und die Kälte nahe Nachbarn geworden sind", entgegenzuhalten: „Notwendig aber ist, daß die Menschen, die die ungeheure Gesetzlosigkeit des vergangenen Regimes erdulden mußten, diese Kapitel aus der dunkelsten Zeit unserer Geschichte aufschreiben, zur Warnung und Mah-nung, für die Toten und die Lebenden" (Borchert 2013: 503f.) – Borchert als Person kann man die von der Figur Beckmann praktizierte Schuldverdrängung und -relativierung mithin nicht zuschreiben. Man kann ihm nur vorwerfen, dass er durch das gewählte künstlerische Mittel der Perspektivierung unkritisches Mitleid statt kritische Distanz (wie etwa im epischen Theater) mit einer in Teilen durchaus fragwürdigen Figur fördere.

Immer wieder von der Forschung diskutiert wurde in diesem Zusammenhang die Stelle in *Draußen vor der Tür*, in der Beckmann die für einen einzelnen Menschen unvorstellbaren Zahlen der Toten des Krieges aufzählt: „Gestern wa-ren es vielleicht zweitausend, vorgestern vielleicht siebzigtausend. Morgen wer-den es viertausend oder sechs Millionen sein" (S. 168).[25] In der Nennung der

---

[25] Es gibt jedoch auch eine Parallelstelle, wo Beckmann seinen moralischen Bankerott in Anbetracht der unvorstellbar vielen Toten des Zweiten Weltkriegs und der neuen Be-drohung durch die Atombombe ausspricht: „Die Toten wachsen uns über den Kopf. Gestern zehn Millionen. Heute sind es schon dreißig. Morgen kommt einer und sprengt einen ganzen Erdteil in die Luft. Nächste Woche erfindet einer den Mord aller in sieben Sekunden mit zehn Gramm Gift" (S. 150). Im Kontext des beginnenden Kalten Krieges und der Atombombentests auf dem Bikini-Atoll sieht den Fatalismus in Borcherts Stück auch Schröder (1984: 72). Beckmann möchte ja „pennen", bis das Haus „zerbröselt" – „oder bis zur nächsten Mobilmachung" (S. 170).

„sechs Millionen" sieht Reemtsma (1995: 55) eine Anspielung auf die Opfer der Shoah, zumal diese Zahl im Stück von Beckmann in direktem Zusammenhang damit genannt wird, dass seine Eltern, die sich als enttäuschte Alt-Nazis selbst ‚vergast' haben, in einem Massengrab gelandet seien. Beckmann ist also tatsächlich jemand, der den deutschen Genozid an den Juden lapidar einfließen lässt und ihn sogleich mit dem für ihn persönlich so bedeutsamen Tod seiner Eltern parallelisiert und den Massenmord so relativiert: „Wer fragt danach? Keiner." Der enttäuschte Kriegsheimkehrer Beckmann leidet darunter, dass sich (außer ihm) niemand am Tod seiner Eltern stört. Indem er jedoch seine eigene Trauer als Sohn mit der Trauer der Überlegenden der Shoah zusammenbringt und sodann resigniert beide einer nihilistischen Gleichgültigkeit ausliefert, ja seine Eltern, statt sie als Täter zu bezeichnen, sogar zu Opfern einer Art kollektiven Nachkriegsmobbings stilisiert, verdrängt diese Bühnenfigur Borcherts die eigentliche Schuldfrage. So empört sich denn auch Weidauer (2006: 139) über die „Abwehr eigener Schuld und die Verwässerung kollektiver historischer Schuld ins Allgemein-Existentielle" in Borcherts Stück und fügt hinzu: „Dabei war es doch ganz konkret so: *Gestern* waren es sechs Millionen Opfer des Genozids an den Juden und 24 Millionen Opfer des Vernichtungskriegs im Osten"[26], denn schließlich war nicht nur Beckmanns *Vater* ein überzeugter Nazi und Antisemit, sondern auch *Beckmann selbst* war als Wehrmachtssoldat an der Ostfront und somit vermutlich nicht nur in die ‚übliche' Gewalt der Kriegshandlungen verstrickt.

Tatsächlich ist Beckmanns komplette „Nichtbeachtung" der „Verbrechen der Wehrmacht" in Russland (vgl. ebd.: 123) ein aus heutiger Sicht irritierender Umstand. Anstatt diese beiden ‚großen' Schuldfragen – die Shoah und die Verbrechen an Zivilbevölkerung und Kriegsgefangenen aus Osteuropa – anzugehen, lässt Borchert seine Figur Beckmann unter einem ganz konkreten Verschulden im viel kleineren Maßstab leiden: nämlich an der „Verantwortung" für elf nicht von einer nächtlichen Erkundung zurückgekehrte deutsche Soldaten unter seinem Kommando (vgl. S. 146f.). Dass Beckmann das Verbrecherische des gesamten Krieges nicht bewusst gewesen sei, kann man nicht sagen, wirft Beckmann doch dem sich aus jeder Verantwortung heraushaltenden Oberst auf die Frage hin, ob Beckmann ein verurteilter Verbrecher sei, sarkastisch vor: „Jawohl, Herr Oberst. Bin irgendwo mit eingestiegen. In Stalingrad, Herr Oberst. Aber die Tour ging schief, und sie haben uns gegriffen. Drei Jahre haben wir gekriegt, alle hunderttausend Mann" (S. 140). Hitlers Angriff auf die Sowjetunion wird hier zwar einerseits als gewöhnlicher Einbruch verharmlost, andererseits aber doch eindeutig als Verbrechen klassifiziert. Aber tatsächlich machen dem ehemaligen Unteroffizier Beckmann weder die im selben Gefecht vermutlich

---

[26] Hervorhebung im Original.

ebenfalls gefallenen gegnerischen Soldaten zu schaffen,[27] noch die hohen Opfer der Stalingrader Zivilbevölkerung. Beckmann fragt sich nirgendwo, was aus den Müttern, Frauen, Schwestern und Kindern der an diesem Gefecht offenkundig doch auch beteiligten russischen Soldaten geworden sein könnte (vgl. Reemtsma 1995: 44f.). Ihn bedrängen in seinen schlaflosen Nächten „nur elf Frauen" (S. 148), d. h. die der gefallenen deutschen Soldaten. Weidauer (2006: 135) stellt fest, dass auf dieser Ausblendung der ‚großen Schuldfragen' und auf dem Angebot, die eigene „Schuld" nur auf der Ebene militärischer Aktionen zuzugeben und nur den Opfern aus den eigenen Reihen gegenüber (wo man sie dann auch noch dem Nächsthöheren in der Befehlskette ‚zurückgeben' könne), der große Erfolg von *Draußen vor der Tür* beim „Publikum der Radioaufführung und der ersten Welle von Theaterinszenierungen" basiert habe (vgl. ebd.: 138). Dies mag zutreffend sein. Reemtsma (1995: 45f.) betont jedoch, es könne nicht darum gehen, von heutiger Warte aus diese politische Haltung zu kritisieren,[28] sondern vielmehr nur darum, aus dem dauerhaften Erfolg, den ein Stück mit einer solchen politischen Aussage in den Westzonen und später in der BRD seit 1947 bis heute ungebrochen hat, etwas über die tatsächliche „kollektive Mentalität" im angeblich ‚neuen, anderen Deutschland' nach 1945 zu lernen.

Tatsächlich ist dies ein unauflösbares Problem der Borchert-Rezeption: Für das Jahr 1947 war es ein unglaublicher Skandal, dass ein ehemaliger Wehrmachtssoldat überhaupt derart ‚weinerlich' und ‚schuldbewusst' auftrat wie Beckmann.[29] Vom heutigen Standpunkt aus frappiert jedoch das Angebot, sich selbst von aller Schuld reinzuwaschen und die „Verantwortung" an andere abzugeben, welches das Stück angeblich mache. Hierzu ist jedoch anzumerken, dass es im Stück selbst der Jasager ist, jener opportunistisch-pragmatische Überlebenskünstler, der das Angebot der Verantwortungsabtretung unterbreitet und mit diesem Vorschlag innerhalb der Dramenwirklichkeit eindeutig scheitert: Beckmann wird auch nach dem Besuch beim Oberst weiterhin von Schuldgefühlen heimgesucht.[30] Die Empfehlung, zum Oberst zu gehen und die Verantwortung

---

[27] Vgl. S. 147: „Dann haben wir die ganze Nacht erkundet, und dann wurde geschossen, und als wir wieder in der Stellung waren, da fehlten elf Mann."

[28] Zur wechselvollen Rezeptionsgeschichte des Stücks, vgl. generell auch Köpke (1984: 84).

[29] Dass Borchert auf die Hörspielfassung hin nicht nur positive Rückmeldungen von ehemaligen Landsern erhielt und dass er damit rechnete, für die Bühnenaufführung ebenfalls „Pfiffe" zu ernten, denn „aus gewissen Kreisen" werde er „schon sehr lebhaft beschossen", belegt ein Brief vom Sommer 1947 (abgedruckt in Borchert 2003: 215).

[30] Auch der Oberst ist für Beckmann nur ein ‚pars pro toto' und steht nicht für einen konkreten Menschen, sondern für einen Typus. In den Worten Beckmanns: „Ja, komm, wir wollen einen Mann besuchen, der wohnt in einem warmen Haus. In dieser

zurückzugeben, entpuppt sich ebenso als Sackgasse wie des Jasagers Aufforde-
rung, Beckmann solle doch zu seinen Eltern zurückzukehren (vgl. S. 160: „Dein
Vater sitzt in der Stube und wartet. Und deine Mutter steht schon an der Tür. Sie
hat deinen Schritt erkannt."), denn in Wirklichkeit haben Beckmanns Eltern
längst Selbstmord begangen. Die Vorschläge des Jasagers zur bequemen Ein-
richtung in der Nachkriegswirklichkeit sind einer so unpraktikabel wie der andere. Konsequenterweise löst sich der Jasager am Ende des Stücks denn auch in
Luft auf (zumindest in Beckmanns Wahrnehmung: „Wo bist du jetzt, Jasager?
[…] Wo bist du denn? Du bist ja plötzlich nicht mehr da!", S. 192). Der faule
Kompromiss des Anderen, sein Angebot zur Ent-Schuldigung von aller Kriegs-
schuld durch Rückgabe jeglicher Verantwortung an den nächsthöheren Vorgesetzten, ist im Stück gescheitert und insofern *kein* Angebot Borcherts an die Generation der Kriegsheimkehrer,[31] auch wenn es von konkreten Rezipient/innen
als solches aufgefasst worden sein mag. Zudem muss man in Rechnung stellen,
dass der gesamte Dramentext (inkl. der Nebentexte) die Wahrnehmungsperspektive Beckmanns und seine Weltsicht ausdrückt. Muny (2008: 164) fasst daher
zusammen:

> Weder lässt sich, wie in der Forschung polarisierend vertreten, die mangelnde
> Thematisierung der spezifisch deutschen Schuldfrage bestreiten, noch bedeutet
> deren Ausklammerung eine politisch tadelnswerte Haltung von Erzähler oder
> Text. Denn das Drama stellt das Erleben einer traumatisierten Person dar, der aus
> psychischen Gründen eine angemessene Haltung zum Lebensumfeld abhanden
> gekommen ist. Zugleich legt es nicht fest, inwieweit Beckmanns individuelle
> Traumatisierung als repräsentativ für die kollektive Heimkehrersituation in
> Deutschland zu werten ist (fest steht lediglich, dass Beckmann sein Schicksal als
> typisch einstuft, ohne allerdings seine Krankhaftigkeit mit zu bedenken).[32]

Gerade an der Szene, in der Beckmann vergeblich versucht, den im zivilen Leben der Nachkriegszeit bereits wohleingerichteten Oberst aus seiner Behaglich-
keit aufzurütteln und ihm gleichzeitig die eigene Verantwortung für die Toten
‚zurückzugeben‘, kann man sehr gut studieren, wie sich die unterschiedlichen
Realitätsebenen in Wolfgang Borcherts Dramentext *Draußen vor der Tür* unun-
terscheidbar überlagern und miteinander verweben: Der Oberst, der Beckmann –
laut Regieanweisungen – zunächst überlegen und „fast väterlich" gegenübertritt
(vgl. S. 142), gerät selber zunehmend in den Bann von Beckmanns Albtraum-

---

Stadt, in jeder Stadt" (S. 138). Doch auch hier ist es nicht die persönliche Meinung
des Autors, die damit zum Ausdruck kommt, sondern Figurenrede.
[31]   Hierauf machen bereits Burgess (1984: 62) und Schröder (1984: 74) aufmerksam.
[32]   Zu Hinweisen auf Beckmanns Traumatisierungszustand, vgl. auch Muny (2008: 163).

Erzählung.[33] Für einen Moment erscheint Beckmanns Traum auf der Bühne als gruselige Wirklichkeit, ehe der Oberst diese unheimliche Wirkung wieder zerreißen kann mit dem illusionsbrechenden Hinweis darauf, Beckmanns ganzer ‚Auftritt' sei ja nur eine „Nummer" für die Bühne – sei nur Theater (vgl. S. 148). Hier findet sich also wieder das Motiv vom Anfang des Stückes, aus der narrativen Vorrede des nicht näher personalisierten Erzählers, in der es heißt, Beckmann selbst kämen seine Erlebnisse so irreal vor wie ein „ganz tolle[r] Film" (vgl. S. 118). Wo die Wirklichkeit sich nicht mehr bewältigen lässt, da erscheint sie unwirklich, wie ein Film oder ein Theaterstück. Und viele Leser/innen von *Draußen vor der Tür* vergessen paradoxerweise gerade durch diesen metafiktionalen Kunstgriff, dass sie es *eben nicht* mit einem Ausschnitt aus dem wirklichen Leben zu tun haben, sondern mit einem Stück fiktionaler Literatur, mit einem Dramentext.

Metafiktional und fantastisch statt einfach nur „banal oder zynisch"? – Rudolf Jugerts Komödie darüber, warum man 1947 keine Komödie drehen könne

Ein ähnliches Verfahren, wenn auch ganz anders angewandt, findet man im zeitgleich mit Borcherts Stück entstandenen *Film ohne Titel*, dem 1948 in den Kinos uraufgeführten Erstling von Regisseur Rudolf Jugert. Im Vorspann zu diesem Film sieht man zunächst das Logo des Herzog Filmverleihs. Sodann ertönt ohne Überleitung eine Stimme aus dem Off, die – in Ergänzung zu den geschriebenen Worten – mitten im Satz anhebt: „zeigt Ihnen einen heiteren Film ohne Titel." In der sodann folgenden Eingangsszene [0:30–2:30] beraten nach Kriegsende ein Drehbuchautor, ein Regisseur und ein Schauspieler (Willy Fritsch spielt sich hier selbst) über ein neues Projekt zu einem „heiteren Film". Die Debatte dreht sich nicht nur um ein mögliches Thema für den Film, sondern auch um das Genre, d. h. um die grundsätzliche Frage, ob man im Jahr 1947 überhaupt einen „heiteren Film" machen könne:

> Drehbuchautor: „Es geht eben nicht. Was ich ja von Anfang an gesagt habe. Man kann heute keinen heiteren Film machen."
> Schauspieler: „Man sollte aber. Die Leute brauchen Entspannung. Die wollen ein bisschen vergnügt sein."
> Drehbuchautor: „Jeder derartige Versuch wirkt banal oder zynisch vor dem heutigen Hintergrund der Zeit."
> Schauspieler: „Dann macht ihn doch vor einem anderen Hintergrund."

---

[33] Er spricht nur noch „leise", schließlich sogar „unsicher" (S. 144), er „flüstert" (S. 145 u. 146) und klingt schließlich sogar „sehr unsicher" (S. 148), ehe er sich aus seiner „[V]erlegen[heit]" herausreißt und Beckmann „aus voller Kehle" (S. 149) auslacht.

Regisseur: „Dann ohne mich. Als Regisseur weigere ich mich, einen Film zu drehen, der an allem, was geschehen ist, einfach vorbeilügt."

[...]

Drehbuchautor: „Fangen wir noch einmal von vorne an: Es soll kein Trümmerfilm sein, haben Sie gesagt."

Schauspieler [lächelt ironisch]: *„Das Veilchen von Klamottenburg."*

Drehbuchautor: „Und kein Heimkehrerfilm."

Schauspieler [wie zuvor]: „Vom Schwarzen Meer zum schwarzen Markt."

Regisseur: „Kein Fraternisierungsfilm."

Schauspieler: „Und auf keinen Fall ein Anti-Nazi-Film."

Drehbuchautor [zynisch]: „Das wäre ja auch taktlos, nicht?"

Regisseur: „Kein politischer Film. Kein Propagandafilm. Kein Bombenfilm."

Schauspieler [genervt]: „Überhaupt kein Film für oder gegen etwas."

Drehbuchautor: „Was für ein Film soll es denn nun aber sein?"

Regisseur: „Eine zeitnahe Komödie."

Schauspieler [ironisch]: „Die mit beiden Beinen auf der Erde steht."

Drehbuchautor [pathetisch]: „Vor dem düsteren Hintergrund der Zeit."

So ironisch dieses Ergebnis in der Diskussion der drei Filmschaffenden hier auch klingen mag, so kann der Kinozuschauer im Rückblick doch erkennen, dass dies genau den Film beschreibt, den er mit *Film ohne Titel* geliefert bekommt.

Vorerst jedoch wird die Debatte des Filmteams unterbrochen durch die Ankunft eines Liebespaares. Nach kurzem Gespräch[34] geht das Paar wieder und der Schauspieler fragt den Drehbuchautor, woher er die beiden Verliebten kenne und wer sie seien. Daraufhin beginnt der Drehbuchautor, die Liebesgeschichte zwischen dem Dienstmädchen Christine und dem Berliner Kunsthändler Martin Delius zu erzählen. Seine Stimme wird zum Voice-Over und geht dann für die kommende halbe Stunde in die filmisch gezeigte Liebesgeschichte im Februar/März 1945 über.

Dieser Übergang lässt sich auf zwei Arten deuten: Entweder es handelt sich hierbei um eine simple filmische Analepse und die nun folgenden Szenen zeigen dem Zuschauer einfach, was Martin und Christine wirklich erlebt haben im Berlin während der Zeit der Bombenangriffe. Diese Erklärung geht jedoch nicht restlos auf, denn auch, wenn der Drehbuchautor mit beiden Protagonisten bekannt ist (wofür im Binnenfilm aber nie eine Erklärung geliefert wird), so bliebe doch die Frage, woher er all die (z. T. intimen) Details der Liebesgeschichte überhaupt kennen soll – zumal seine Erzählerstimme nach einer kurzen Überblende aus dem Binnenfilm verschwindet. Es bleibt also die andere mögliche Erklärung, dass der Film, den der Zuschauer nun sieht, die Imagination des Dreh-

---

[34] Unter anderem fragt die junge Frau namens Christine den berühmten Filmschauspieler Willy Fritsch, ob er seine Filmpartnerinnen am Set eigentlich wirklich küsse, worauf Fritsch antwortet, das komme immer auf die Partnerin an, aber wenn er mit ihr spielen würde, dann würde er natürlich richtig küssen.

buchautors ist, der sich eine Geschichte, von der er gehört hat, in Gedanken bereits als Film ausmalt. Eindeutig bestimmen lässt sich der Realitätsstatus der gezeigten Binnenfilm-Handlung jedoch nicht, was den Film im engeren Sinne zu einem Werk der Fantastik macht.[35]

Komik entsteht im Folgenden durch die distanzierte Haltung, die der Erzähler zum von ihm berichteten Geschehen einnimmt, nennt er doch die Verhältnisse im Hause Delius „gediegen" und geprägt von einer „zeitfremden Lebenseinstellung", um sie im Folgenden dennoch mit aller Liebe zum Detail zu schildern. Nur die genaue Darstellung der Liebesnacht von Martin und Christine wird durch einen Zoom auf die Augen der Frau angedeutet und dann durch einen harten Schnitt, zurück in die Welt der Rahmenerzählung, ausgespart. Dies kommentiert wiederum der Schauspieler lüstern: „Erzähl doch nicht so hastig, so ungenau. Hast du Angst vor der Zensur? Du erzählst doch hier keinen Film!" (34:30-34:45). Auch dies ist ein metafiktionaler Kommentar, denn genau das tut der Drehbuchautor – ohne sein eigenes Wissen als Filmfigur – in diesem Moment natürlich eben doch: Er erzählt die Binnenhandlung vom *Film ohne Titel*. Während für Gespräche in lockerer Männerrunde 1947 selbstverständlich keine Zensur galt, so herrschte sie für den Kino-Spielfilm dagegen umso mehr. Der Drehbuchautor beendet das heikle Thema denn auch mit dem Verweis, Martin habe Christine versprochen, alles bleibe unter ihnen. Der Konflikt mit der Filmzensur, der in der empirischen Wirklichkeit entstünde, wenn eine Sexszene explizit gezeigt würde, wird also in der fiktiven Rahmenhandlung des Filmes gelöst mit Verweis auf eine Abmachung in der (innerhalb der Rahmenhandlung wiederum potentiell nur fiktiven) Binnenhandlung, was einer paradoxen Ebenenvermischung im Sinne einer Metalepse gleich kommt.

Nach etwa der Hälfte des Filmes unterbricht der Drehbuchautor seine Erzählung erneut. Der Schauspieler mahnt, die Geschichte sei nett, aber man wolle doch endlich an die Arbeit mit dem eigenen Film zurückkehren, während der Regisseur sich inzwischen für die Liebesgeschichte begeistert und dem verwirrten Schauspieler eine Brille ins Gesicht drückt, um auszuprobieren, wie dieser sich in der Rolle des Liebhabers Martin Delius machen würde: „Die Geschichte, die Sie da gerade erzählt haben, das ist ein *Stoff*!" – Doch der Drehbuchautor wehrt ab: „Das ist keine Geschichte, das ist Wirklichkeit." – „Das ist ein Filmstoff! Ha, da zerbricht man sich stundenlang den Kopf, und währenddessen erzählt das Leben einen Film."[36] Nun erwärmt sich auch der Schauspieler für seine potentiell zukünftige Rolle. Er verlangt jedoch, dass die Figur des Martin „vollkommen umgebaut" werde, da der wirkliche Martin völlig unrealistisch agiere. Sodann dreht er sich zur Seite, der Hintergrund wird überblendet, und nun steht

---

[35] Vgl. für dieses Begriffsverständnis von ‚Fantastik im engeren Sinne' das Vorwort zum vorliegenden Band.

[36] Auch hier wird also, wie im Erzählervorbericht bei Borchert, die erlebte Wirklichkeit als Film angesehen.

Willy Fritsch im Berliner Haus des Martin Delius (im Binnen-Film) und nimmt Christine (weiterhin gespielt von Hildegard Knef, also der ‚echten Christine‘) in die Arme und macht durch seine Eingriffe ein Rührstück aus der Geschichte.[37]

Im weiteren Verlauf des *Films ohne Titel* schaltet die Handlung nun häufiger zwischen der Binnenebene (der Erzählung des Drehbuchautors, wie es mit Martin und Christine weitergegangen sei) und der Rahmenhandlung hin und her. Um das positive Ende, das die Liebesgeschichte zwischen dem inzwischen ausgebombten Kriegsflüchtling Delius und der nun wohlsituierten, da als Tochter auf den elterlichen Hof zurückgekehrten Christine ‚in der Realität‘ des Rahmenfilms genommen hat, psychologisch plausibler zu machen (mithin die ‚un-glaublich‘ schöne Realität so zu verändern, dass sie ‚glaub-würdiger‘ wird), skizziert nun auch der Regisseur ein alternatives Ende des Filmes, das durch eine Überblendung durch Verschwimmen sowie seine Stimme als Voice-Over (hier jedoch nicht als extradiegetische Erzählerstimme, sondern in Form von aus dem Off gesprochenen Regieanweisungen) von der Rahmenhandlung abgesetzt wird: „Trümmer von unten. Weiterschwenken. Man sieht eine Bar. Man hört die Musik, grell, laut. […] Ganz groß die Gesichter. Ein Schieber. Barmädchen. Jetzt Details. Noch größer. […] Ein Ballett. Vielleicht Cancan. [Man sieht Cancan, S. K.] Oder besser Hawaii, Ballett war so oft. [Kameraschwenk auf ein Hawaii-Plakat, Schwenk zurück zur Bühne, auf der jetzt Mädchen in Hawaii-Röckchen statt der eben noch sichtbaren Cancan-Tänzerinnen stehen, S. K.]“ (1:20:30–1:23:40). – Diesem alternativen Filmende, in dem Martin seine Christine nicht bekommt und doch noch ein Trümmerfilm aus dem ganzen Projekt wird,[38] kommt in der Wirklichkeit der Rahmenhandlung offenbar kein Realitätsstatus zu. Ebenso wenig wie dem anderen alternativen Ende, das gleich im Anschluss an diese filmisch avantgardistische Variante vom Schauspieler mit dem Argument vorgeschlagen wird, in der Wirklichkeit habe es ja auch ein Happy Ending gegeben. In *seinem* alternativen Ende wird nun wiederum eine überzeichnete Boulevard-Komödie aus dem Stoff (1:24:00–1:26:55), doch entspricht der offenbar absichtlich unter künstlichen Studiobedingungen gedrehte Bildteil nicht exakt der Beschreibung des Schauspielers, wie der Film enden müsste, sondern geht darüber hinaus: Während Fritsch (als Voice-Over) nur sagt, „Und jetzt

---

[37] Als Christine ihn fragt, „Aber was werden die Leute sagen?“, blickt Fritsch zudem vielsagend über seine Schulter und direkt in die Kamera hinein, womit er in dieser imaginierten Filmszene ein Medienbewusstsein offenbart, das die ‚echte‘ Christine – der nicht einmal auffällt, dass ihr Martin plötzlich ein anderer Mann ist – natürlich nicht hat (49:45–51:50).

[38] Regisseur: „Und dann geht er, 28er Objektiv, in die Bildtiefe. Überblenden. Trümmer. Trümmer. Trümmer. Musik stärker. Er wird immer kleiner. Trümmer. Trümmer. Langsam durchblenden… [Durchblende von den Trümmern zurück auf die Rahmenhandlung, wo der Drehbuchautor seine Brille putzt, S. K.] So ähnlich. […] Ja, Komödie geht eben nicht. Vor dem düsteren Hintergrund der Zeit.“

müsste noch irgend so ein komischer Gag kommen. Da müssten Sie sich was einfallen lassen", *zeigt* der Film diesen „Gag" bereits: Man sieht die traurige Figur des Ost-Flüchtlings dabei, wie er mal wieder ein Ei aus dem Nest des Bauern klauen will, bei dem er zwangseinquartiert ist. Hierbei handelt es sich um einen Running-Gag, der schon die Vergangenheits-Erzählung über die ‚echte Geschichte' von Martin und Christine begleitete. Dieses Mal jedoch greift er im Nest in eine dort (offenbar für ihn) versteckte Mausefalle. – Die Bilder des zweiten Alternativ-Endes zeigen also mehr (oder konkreter), was der Schauspieler nur andeutet. Dies erschüttert ihren Realitätsstatus weiter, denn als bloße Hypothese, wie ein Film zu machen wäre, kommt dieses zweite Alternativ-Ende mit seiner detaillierten Ausgestaltung nun nicht mehr in Frage.[39]

Als Begründung, warum das Ende des Films derart rührselig und nicht so psychologisch glaubwürdig, aber grausam wie im vom Regisseur vorgeschlagenen Alternativ-Ende 1 (im Trümmerfilm) sein müsse,[40] führt „Fritsch" als erfolgreicher Schauspieler an: „Das gefällt den Leuten. Das sehen sie gerne im Kino. Und das ist richtig." Mit dieser drei-schrittigen Äquitation steht „Fritsch" (als Figur) hier also für eine Unterhaltungsindustrie, die nur auf Wunscherfüllung und Triebabfuhr ihrer Kunden zielt und keinen künstlerischen Anspruch (und auch keinen dokumentarischen, wie es der Regisseur fordert) mit dem Kino verbindet. Doch der Regisseur schlägt vor, das ‚wahre Leben' nicht zu verfälschen und sich stattdessen am kommenden Wochenende auf der Bauernhochzeit im Ort von Martin und Christine erzählen zu lassen, wie ihre Liebesgeschichte denn nun *wirklich* ausgegangen sei. Erneut wird dieser Übergang durch ein Voice-Over – hin zu der Bauernhochzeit – gestaltet, womit ein Zeitsprung in der ‚realen' Welt der Rahmen-Filmhandlung markiert wird. Hier wechselt nun der diegetische Erzähler. War es bisher der unbeteiligte Drehbuchautor, der die Geschichte von Martin und Christine erzählte, so ist es nun Martin selbst, der als autodiegetischer Ich-Erzähler dem Filmteam berichtet, was ihm nach seiner Trennung von Christine bis zur letztlichen Versöhnung passiert sei. Auch diese scheinbare filmische Analepse wird durch Voice-Over und Überblendung in Martins Vergangenheit gestaltet. Am Schluss wird der Rahmen geschlossen, als der Drehbuchautor – nun wiederum auf der Bauernhochzeit – Martins Bericht kommentiert: „Das ist ja vielleicht eine ganz hübsche Geschichte aus dem Leben. Aber ein Film wird das nie. Die Schwierigkeiten fangen schon beim Titel an. Nicht einmal

---

[39] In diesem alternativen Ende 2 kommt es nun auch zum Filmkuss zwischen Willy Fritsch (as himself) und Christine (die eben nicht von einer anderen Schauspielerin ersetzt wird; Fritsch versetzt sich in seiner Erzählung einfach in die ‚Realität' von Martin und Christine hinein). Insofern bekommt auch die Eingangsfrage von Christine an den berühmten Schauspieler Fritsch, ob er seine Setpartnerinnen denn wirklich küsse oder nur so tue, als ob, eine andere Bedeutung, nämlich als Vorausdeutung, da er sie im Folgenden ja nun ‚wirklich' noch küsst, wenn auch nur im potentiellen Film.

[40] Vorwurf des Drehbuchautors an den Schauspieler: „Das ist Kitsch, Herr Fritsch!"

ein Titel fällt mir ein." Während die Kamera auf das tanzende Liebespaar schwenkt, beginnt der Abspann mit der Einblendung von: „Sie sahen einen Film ohne Titel" (1:33:15–1:33:35).

Wolfgang Borchert arbeitet in seinem Theaterstück *Draußen vor der Tür* mehrfach mit der Struktur der ‚mise en abyme', etwa wenn Figuren die nicht-ge-spielte, ernst gemeinte Rede Beckmanns als ‚Auftritt' missverstehen (so etwa der Oberst) oder wenn Beckmann vor dem Kabarett-Direktor steht und seine eigene ‚wahre Geschichte' als launige Kabarett-Nummer bringen soll. Auch der *Film ohne Titel* thematisiert das eigene Medium auf der Inhaltsebene, enthält einen „Film im Film" (Barthel 1986: 35). Wie stellenweise bei Borchert, so weiß man auch hier nicht, welcher Realitätsstatus den verschiedenen „Filmen im Film" ei-gentlich innerhalb der Rahmenhandlung zukommt und wie sich diese Rahmen-handlung wiederum zur außerfilmischen Realität verhält. Die bei Borchert zent-rale Kriegsheimkehrer-Problematik kommt im *Film ohne Titel* allerdings nur in entschärfter Form vor: Martin Delius wird zwar, nachdem er aus seiner zer-bombten Villa in Berlin flieht, noch „vom Wagen herunter" zum Volkssturm eingezogen und gerät so für kurze Zeit in amerikanische Kriegsgefangenschaft. Doch die potentiell traumatischen Kriegserlebnisse, die am Esstisch der Bauers-leute (und beim realen Filmpublikum in den Kinosälen 1948) für Betroffenheit zu sorgen drohen, werden mit lapidarer Komik abgetan. Als Christine mitfühlend fragt: „*Sie* waren beim Volkssturm? Aber Sie können doch gar nicht schießen mit Ihrem Arm",[41] kann Martin lächelnd antworten: „Das konnten die anderen auch nicht. Ohne Gewehre." Dies löst allgemeines Lachen aus (1:00:00– 1:00:17). Die düstere Stimmung ist damit buchstäblich vom Tisch.[42] Martin ist kein traumatisierter Kriegsheimkehrer. Im Vergleich zu dieser Figur des Martin Delius in Jugerts *Film ohne Titel* wird aus heutiger Perspektive erst deutlich, wie ‚schuldbewusst' und ‚ehrlich' Borcherts Beckmann (bei aller berechtigten Kritik an seinem Verhalten) für das Publikum im Jahr 1947 gewirkt haben muss.

Die Thematisierung von Fronterfahrungen und Kriegstraumata wird im *Film ohne Titel* also motivisch nur angetippt und sogleich wieder weggelacht. Was bei Borcherts Stück strukturgebend ist (bis hin zur Perspektivierung auch der Ne-bentexte), kommt in Jugerts Film nur am Rande, als Anlass für eine Lachsalve vor.[43] Der Film spielt „vor dem düsteren Hintergrund der Zeit", doch ist das Düs-

---

[41]   Die Verletzung Martins, die ihn für einen Fronteinsatz (zum Glück) kriegsuntauglich gemacht hat, stammt noch von einem Arbeitsunfall aus Vorkriegszeiten.

[42]   Durch diesen Witz wird implizit auch klargemacht, dass sich Martin keinerlei kriegerischen Handlung oder gar Kriegsverbrechen schuldig gemacht hat.

[43]   Auch die bei Borchert zentrale Thematisierung der religiösen Enttäuschung, der An-klage an die Theologen, kurz die Frage nach Gott und der Theodizee kommt in Ju-gerts Film nicht vor. Die Bauernhochzeit im Trümmerfilm-Alternativende 2 findet zwar in einer Kirche statt, doch gehört dies nur zum Dekor des Films, wie die Trach-ten auf dem anschließenden Tanzfest.

tere in diesem Spielfilm *sehr weit* in den „Hintergrund" gerückt und existiert quasi nur noch als Kulisse. Borchert dagegen hatte seine literarischen Arbeiten bewusst vor diesen „dunklen Hintergrund" gestellt. Bei Borchert (2013: 549) richtete sich diese „düstere" Stimmung gegen „den billigen Positivismus[44] der jüngsten Vergangenheit". Borcherts Geschichten sollen nicht durch Kitsch und Dekor, sondern „von innen ein Licht geben, so daß sie zuletzt doch eine bejahende Kraft" (ebd.) entfalten. Dieses ‚innere Licht' ist in der Borchert-Rezeption manchmal übersehen worden. Doch im *Film ohne Titel* dominiert genau jene Grundhaltung eines „Positivismus", die Borchert abgelehnt hätte: Bombardement, Kämpfe, Gefangenschaft und Vertreibung kommen bei Jugert zwar punktuell vor, doch haben sie von der Handlungsführung nur die Funktion, die beiden Liebesgeschichten zwischen Martin und Christine sowie zwischen ihrem Bruder und der Flüchtlingsfrau aus Breslau zu ermöglichen. Die Feindbilder, gegen die die ‚wahre' Liebesgeschichte von Martin und Christine angeht, sind bürgerlicher Standesdünkel gegen die Landbevölkerung auf der einen, bäuerlicher Standesdünkel gegen die Flüchtlinge aus den ehemaligen deutschen Ostgebieten und aus den zerbombten Großstädten auf der anderen Seite.

Selbst die bei Borchert immerhin verhandelte „Verantwortung" für die eigenen Kameraden wird in diesem Nachkriegsfilm ausgeblendet. Der Völkermord an den Juden, politische Verfolgung, KZs, die Wehrmachtsverbrechen im Eroberungskrieg – all dies kommt im *Film ohne Titel* nicht einmal am Rande vor. Thematisiert wird dagegen das Leid der deutschen Zivilbevölkerung: die Bombenangriffe (bei denen im Film jedoch niemand stirbt oder auch nur verletzt wird) und vor allem das Heimweh der Flüchtlinge und Vertriebenen. So wird durch die Liebesgeschichte zwischen Martin und Christine als ‚Liebe über Standesgrenzen hinweg' und durch diejenige zwischen Christines Bruder und der Frau aus Ostpreußen als ‚Liebe zwischen Alteingesessenen und Flüchtlingen' eine andere Problematik der damaligen westdeutschen Gesellschaft aufgegriffen. Im Film haben beide Liebesgeschichten ein *Happy Ending*. Während der Alt-Bauer dem ‚Gesindel' der Flüchtlinge noch immer grollt und der Vater der Braut als ebenso mittelloser wie lächerlicher Kostgänger noch immer seinem sozialen Status als ‚deutscher Herrenmensch' in Ostpreußen nachtrauert, haben Christines Bruder und seine Liebste „die Flüchtlingsproblematik auf ihre Art gelöst". Der Film bietet also Verdrängung der großen Schuldfragen, Unterhaltung, propagiert die Verschwägerung von miteinander in Rivalität stehenden deutschen Bevölkerungsgruppen und bietet statt ästhetisch ambitionierter Reflexion auf die eigenen Verfasstheiten (wie der Regisseur es in seinem Alternativ-Ende 2 vorschlägt) eine Flucht nach vorn in das kommende deutsche ‚Wirtschaftswunder', indem Martin Delius den Handel mit ‚überflüssigen' Antiquitäten aufgibt und fortan

---

[44] Hier im Sinne von Optimismus.

wieder brauchbare Möbel herstellt, und zwar für die vielen Ausgebombten in den Städten.

Rudolf Jugert möchte 1947 einen „heiteren Film" machen. Gleichzeitig ist er sich aber bewusst darüber, dass ein solches Projekt moralisch fragwürdig ist in einer Zeit, in der ein Großteil der Menschen (d. h. der potentiellen Kinogänger) immer noch unter den Regime- oder Kriegsfolgen leidet. Um keinen völlig platten Kitsch-Film abzuliefern (à la „Das Veilchen von Klamottenburg"), dreht er eben einen Film über die Unmöglichkeit, 1947 einen ‚heiteren Film' zu machen – und kann mit Hilfe dieses Kunstgriffs der Metaisierung eben *doch* einen heiteren Film in die Kinos bringen. Das *Happy Ending*, das die Geschichte von Martin und Christine ‚in Wirklichkeit' (d. h. im Film) nimmt, also das ‚wahre Leben', erscheint als „zu schön fürs Kino" (Bliersbach 1985: 157) – aber der Kitsch ist entschuldbar, da es eben kein Kitsch*film* sei, sondern das *wahre Leben* (zumindest im Film). Suggeriert wird mit dieser meta-filmischen Debatte, dass „die Wirklichkeit der Nachkriegszeit die Erzählformen des Kinos sprengte" (ebd.). Tatsächlich aber ist der *Film ohne Titel* als fertiger Film ja gerade der Beleg dafür, dass dieses fiktive Diskussionsereignis in der außerfilmischen Wirklichkeit längst wohlkalkuliert *ad acta* gelegt wurde und die zeitgenössische Wirklichkeit die „Erzählformen des Kinos" eben nicht sprengte. Die Wirklichkeit des Rahmenfilms und die diversen – zum Teil alternativen – Wirklichkeiten der Binnen-Filmsequenzen, deren Realitätsstatus zum Teil unentscheidbar bleibt, zeigen als Ganzes doch, dass selbst die Darstellung von „Kitsch" wie „Trümmern" im Unterhaltungsfilm möglich ist – solange sie nur von ihrem Realitätsstatus her in der Schwebe bleibt.

Fazit

Wie sollte es weitergehen mit Film und Theater im Jahr 1947? Würde irgendein Theater Borcherts düster-fantastisches Heimkehrerstück spielen wollen? Würde das Publikum ein solches Theaterstück sehen wollen? Kann man nach dem Krieg[45] noch heitere Liebesfilme drehen?[46] Erika Müller (die zeitgleich in der

---

[45] Nach Bombenangriffen, Volkssturm, Kriegsgefangenschaft und Flucht wohlgemerkt. Weder von Fronteinsätzen (wie bei Borchert) noch von „Auschwitz" (wie Adorno für die Lyrik fragte) ist bei Jugert die Rede.

[46] Wolfgang Borchert etwa zögerte in einem Brief vom 22.01.1943 aus dem Seuchenlazarett in Smolensk, den Eltern überhaupt von seinem Flirt mit einer Krankenschwester zu berichten, da ihm diese eigene Erfahrung unmittelbar nach den verstörenden Eindrücken von der Front nun unwirklich erscheine: „Es war wie in einem kitschigen Film – deswegen kann ich es auch nicht erzählen" (abgedruckt bei Burgess 1985: 25). Rhetorisch passiert hier Ähnliches wie bei Jugert: Anstatt von seinem Flirt

Rolle der Lisa Beckmann in Liebeneiners Film-Adaptation *Liebe 47* spielte) schrieb in ihrer Rezension über den *Film ohne Titel* 1948 in der *Zeit*, dass genau über diese Frage nach dem ‚Wie weiter jetzt' in der Kultur- und in der Unterhaltungs-Branche momentan „echte Verlegenheit", „Ziel- und Ratlosigkeit" herrsche.

Jugerts Film und Borcherts Theaterstück wirken wie eine Inszenierung dieser „echte[n] Verlegenheit", während sie in Wirklichkeit – jeder für sich – durch ihre bloße Existenz als Artefakte eben doch eine Antwort auf die Frage nach dem „Wie weiter jetzt?" liefern: Borchert durch den Rückgriff auf die Technik der radikalen Subjektivierung des Dramengeschehens, die er bis in die Nebentexte hinein steigert, Jugert durch eine angewandte Metaisierung des Problems im Medium selbst, die die Frage scheinbar nur stellt und sie in Wirklichkeit durch die Art, sie zu stellen, bereits beantwortet. Fantastik ist in beiden Werken eines der darstellerischen Mittel, um auf die Wirklichkeit zu verweisen, aber auch, um sich durch die Unentscheidbarkeit der dargestellten Ereignisse in Hinblick auf ihren Realitätsstatus eine Rückversicherung zu erhalten: Borchert zeigt nicht, woran Deutschland leidet und woran es schuldig geworden ist, sondern nur, woran ein einzelner (der sich selber in seiner Traumatisierung gleichwohl als einer von „vielen" erlebt) leidet und wofür sich dieser einzelne verantwortlich fühlt. Jugert zeigt, indem er die Frage nach der Berechtigung von leichten Unterhaltungsstreifen vor der „düsteren" Kulisse der Gegenwart stellt, wie man eben doch – trotz aller im Film ausgesprochenen Vorbehalte – einen solchen Film machen kann, nämlich indem man sagt, man könne es eigentlich nicht, aber die kitschige Liebesgeschichte von Martin und Christine sei ja auch gar kein gemachter Film, sondern aus dem ‚echten Leben' gegriffen (was sie natürlich nicht ist).

Diese neue Funktion des Weltbezugs und seiner gleichzeitigen Infragestellung (bei Borchert durch radikale Subjektivierung, bei Jugert durch eine unauflösbare Spannung zwischen explizitem Anspruch auf Realität bei gleichzeitiger Betonung der Metafiktionalität) erfüllt die Fantastik nach 1945 nicht nur im Film und im Theater, sondern beispielsweise auch im ‚Magischen Realismus' in der Erzählliteratur der unmittelbaren Nachkriegszeit.[47]

---

zu erzählen, erwähnt er ihn nur und setzt seine Eltern durch die explizite Nicht-Erzählung dieses Ereignisses eben doch von seinem Stattfinden in Kenntnis.

[47] Vgl. dazu generell Staets (2012) sowie ihre im Entstehen begriffene Dissertation über Hermann Kasacks *Die Stadt hinter dem Strom* (1947), Ernst Kreuders *Schwebender Weg* (1947) und Georg Hensels *Nachtfahrt* (1949).

40   Mediale Selbstreflexion, Weltbezug und Fantastik

Literaturverzeichnis

Manfred Barthel: *So war es wirklich. Der deutsche Nachkriegsfilm.* Berlin, München 1986.

Gerhard Bliersbach: *So grün war die Heide. Der deutsche Nachkriegsfilm in neuer Sicht.* Weinheim, Basel 1985.

Wolfgang Borchert: *Allein mit meinem Schatten und dem Mond. Briefe, Gedichte und Dokumente.* Hg. v. Gordon J. A. Burgess u. Michael Töteberg unter Mitarbeit von Irmgard Schindler. Reinbek bei Hamburg [2]2003.

Wolfgang Borchert: *Das Gesamtwerk.* Hg. v. Michael Töteberg unter Mitarbeit v. Irmgard Schindler. Reinbek bei Hamburg [3]2013.

Gordon J. A. Burgess: Wolfgang Borchert, Person und Werk. In: *Wolfgang Borchert*, von Gordon J. A. Burgess. Mit Beiträgen von Rolf Italiaander, Heinrich Böll und Bernd M. Kraske, Hamburg 1985, S. 21–37.

Gordon J. A. Burgess: Wirklichkeit, Allegorie und Traum in „Draußen vor der Tür": Beckmanns Weg zur Menschlichkeit. In: *Wolfgang Borchert. Werk und Wirkung.* Hg. v. Rudolf Wolff. Bonn 1984, S. 56–66.

Winfried Freund u. Walburga Freund-Spork: *Wolfgang Borchert. Draußen vor der Tür. Erläuterungen und Dokumente.* Stuttgart 2005.

Hans Hahn: Intertextuelle Studien zur Kriegsheimkehr. Ein heuristischer Versuch. In: German Life and Letters 67:3 (2014), S. 341–357.

Janine Hauthal: *Metadrama und Theatralität. Gattungs- und Medienreflexion in zeitgenössischen englischen Theatertexten.* Trier 2009.

Achim Hölter: *Die Invaliden. Die vergessene Geschichte der Kriegskrüppel in der europäischen Literatur bis zum 19. Jahrhundert.* Stuttgart, Weimar 1995.

Holger Korthals: *Zwischen Drama und Erzählung. Ein Beitrag zur Theorie geschehensdarstellender Literatur.* Berlin 2003.

Wulf Köpke: In Sachen Wolfgang Borchert (1969). In: *Wolfgang Borchert. Werk und Wirkung.* Hg. v. Rudolf Wolff. Bonn 1984, S. 84–113.

Bernd M. Kraske: „Draußen vor der Tür". Anmerkungen zur Hörspiel-Rezeption. In: *Wolfgang Borchert. Werk und Wirkung.* Hg. v. Rudolf Wolff. Bonn 1984, S. 38–55.

Ivan Libertov Popov: „Draußen vor der Tür" als expressionistisches Stationendrama. In: Jahresheft der Internationalen Wolfgang-Borchert-Gesellschaft 11 (1999), S. 35–42.

Erika Müller: [Rezension zu] „Film ohne Titel". In: Die Zeit, Nr. 12, 19.03.1948.

Gunnar Müller-Waldeck: Wolfgang Borcherts „Draußen vor der Tür" im Westen und im Osten. In: Sinn und Form 2 (2008), S. 252–260.

Eike Muny: *Erzählperspektive im Drama. Ein Beitrag zur transgenerischen Narratologie.* München 2008.

Dirk Niefanger: Die Dramatisierung der ‚Stunde Null'. Die frühen Nachkriegsstücke von Borchert, Weisenborn und Zuckmeyer. In: *Zwei Wendezeiten. Blicke auf die deutsche Literatur 1945 und 1989.* Hg. v. Walter Erhart. Tübingen 1997, S. 47–70.

Massimo Perinelli: „Frauen, Laternen und offene Türen". Zum Gender-Aspekt in Borcherts ‚Draußen vor der Tür' und dessen Verfilmung ‚Liebe 47'. Eine historische Betrachtung. In: Jahreshefte der Internationalen Wolfgang-Borchert-Gesellschaft 12 (2000), S. 25–41.

Jan Philipp Reemtsma: Generation ohne Abschied. Wolfgang Borchert als Angebot. In: Jan Philipp Reemtsma: *Der Vorgang des Ertaubens nach dem Urknall. Aufsätze*. Zürich 1995, S. 24–61.

Peter Rühmkorf: *Wolfgang Borchert in Selbstzeugnissen und Bilddokumenten*. Reinbek bei Hamburg 1961.

Wolf Gerhard Schmidt: *Zwischen Antimoderne und Postmoderne. Das deutsche Drama und Theater der Nachkriegszeit im internationalen Kontext*. Stuttgart, Weimar 2009.

Yara Staets: Ein Aufschwung in das Phantastische? Schuld-, Kriegs- und Nachkriegsdarstellung in Georg Henslers Roman „Nachtfahrt". In: *Erinnerung in Text und Bild. Zur Darstellbarkeit von Krieg und Holocaust im literarischen und filmischen Schaffen in Deutschland und Polen*. Hg. v. Jürgen Egyptien. Berlin 2012, S. 51–64.

Friedemann Weidauer: Sollen wir ihn reinlassen? Wolfgang Borcherts „Draußen vor der Tür" in neuen Kontexten. In: German Life and Letters 59:1 (2006), S. 122–139.

Roland Weidle: Organizing the Perspectives: Focalization and the Superordinate Narrative System in Drama and Theatre. In: *Point of View, Perspective, and Focalization. Modeling Mediation in Narrative*. Hg. v. Peter Hühn, Wolf Schmid and Jörg Schönert. Berlin, New York 2009, S. 221–242.

Hans-Gerd Winter: „Du kommst, und niemand will dich haben." Heimkehrertexte der unmittelbaren Nachkriegszeit. In: Amsterdamer Beiträge zur neueren Germanistik 50:1 (2001), S. 283–296.

Fantastik und Metafantastik: Julio Cortázars Theorie der *figura*

Matei Chihaia (Wuppertal)

1 Unschlüssigkeiten: Der strukturale Zugriff auf die Vielfalt fantastischer Ambivalenzen

In die Diskussion um die Erzählungen Julio Cortázars (1914–1984) wurde Tzvetan Todorovs Begriff von Fantastik bereits auf höchst produktive Weise eingeführt. Es ist der argentinische Kritiker Jaime Alazraki, der mit Hilfe von Torodovs Systematik die Besonderheit von Cortázars Erzählungen, ihren Unterschied zur erzählten Fantastik des 19. Jahrhunderts, als „Neofantastik" zu bestimmen versucht. Laut Alazraki (1983) entsprechen die Erzählungen Cortázars – wie die von Kafka, Borges und anderen Autoren des 20. Jahrhunderts – nicht der in der erzählten Fantastik üblichen Unschlüssigkeit zwischen einer natürlichen und einer wunderbaren Erklärung der beobachteten Dinge. Das, was Todorov (1972: 155) das „verallgemeinert[e] Fantastisch[e]" nennt, beschränkt sich nicht auf das außergewöhnliche Ereignis: „Was in der Welt der [fantastischen Erzählung] eine Ausnahme war, wird hier zur Regel" (Todorov 1972: 155). Die Unschlüssigkeit des Lesers verlagert sich damit von dem Ereignis auf diese Regel selbst; er wundert sich über die rätselhaften und unerklärten Gesetze einer Welt, die von deren Bewohnern relativ gelassen hingenommen werden.

Insbesondere für die Sujets von *Bestiario* (1951), Cortázars erstem Erzählungsband, leuchtet diese Analyse sofort ein. Die Familie, die ihr Haus mit einem Tiger teilt, der Mann, der Kaninchen aus seinem Rachen zieht, die Geschwister, die ihr Haus Raum für Raum an unsichtbare Eindringlinge verlieren, sie sind alle besorgt, verunsichert, überrascht, traurig – aber letztlich fügen sie sich in den Lauf der Dinge, so seltsam er sein mag, und bestätigen dadurch eine unerwartete Normalität des Anormalen. Ihre Reaktionen wirken für uns ebenso seltsam wie die Überraschung Gregor Samsas, als er in ein Insekt verwandelt aufwacht, und seine Anpassung an die neue Situation. Keine dieser Figuren zieht die Möglichkeit des Geschehenen in Frage. Insbesondere die kausale Motivierung der Handlungen und Ereignisse weicht einer Unbestimmtheit, einer Unschärfe: Strukturalistisch gesprochen handelt es sich dabei also um eine Auffälligkeit des Syntagmas, nicht des Paradigmas (Alazraki 1983: 35, in Bezug auf Todorovs (1972: 150–153) Analyse von Franz Kafkas *Die Verwandlung*). Das Rätsel einer anderen Wirklichkeit, bei deren Erzählung die Kategorie der Kausalität durch andere Prinzipien der Verknüpfung ersetzt wird, charakterisiert die ‚neue Fantastik' des 20. Jahrhunderts. Und Todorov und Alazraki haben selbst schon die Analogie zu der Traumlogik der Psychoanalyse, zur Quantenmechanik und zum mythischen Denken als „symbolische Form" gezogen, um diese Unbestimmtheit mentalitätsgeschichtlich zu situieren (Todorov 1972: 142–144; Alazraki 1983: 50–59).

Diese Beschreibung der „Neofantastik" steht in engem Bezug zur Poetologie Julio Cortázars, den Alazraki erforscht. Der argentinische Autor selbst hat an verschiedenen Stellen sein Interesse an einer nicht-wissenschaftlichen Form der Kausalität beschrieben, die sich in einer Art parallelen Welt, einer Welt von Figuren oder Sternbildern/Konstellationen („mundo de las figuras, […] mundo de las constelaciones") (Prego 1985: 88) artikuliere. Dennoch passt diese Strukturbeschreibung nur auf einen Teil seiner Erzählungen; in den Fiktionen Cortázars finden sich zahllose selbstreflexive Verfahren, bei denen die Frage nach dem Lesen, nach dem Schreiben und nach dem Text die theoretische Neugier auf die Welt und die Figuren dominiert. Insbesondere die erzählerischen Kunstgriffe wie die Metalepse und die Mise en abyme, von denen Cortázar reichlich Gebrauch macht, weisen auf eine pragmatische „Paradoxie", die Sabine Schlickers (2005) unterstrichen hat – eine Paradoxie, die den Status der Fiktion und das Funktionieren fiktionaler ‚Rahmen' überhaupt betrifft. Wird der Protagonist in „Continuidad de los parques" (1956) zum Opfer einer Figur, die in die fiktive Welt des Romans, den er liest, gehört? Oder handelt es sich um einen Fall von Ähnlichkeitswahn, bei dem der Leser ein zufällig im Roman erwähntes Element der Leserwelt – den grünen Samtsessel – überinterpretiert? Diese Fragen bleiben innerhalb der Erzählung unbeantwortet. Man müsste also die Alternative Alazrakis zumindest um eine dritte Möglichkeit ergänzen: Zu dem paradigmatischen Effekt der Unschlüssigkeit und der syntagmatischen Unterbestimmtheit kommt eine pragmatische Unschärfe: Berührung von diegetischen Ebenen und Ähnlichkeit (Mise en abyme) oder Interaktion (Metalepse) über ihren ‚Rahmen' hinweg. Möchte man diese letzte Möglichkeit zu den beiden anderen in Beziehung setzen, für die sich die Bezeichnungen „Fantastik" und „Neofantastik" eingebürgert haben, so kann man sie als „Metafantastik" zu fassen suchen. Dieses Konzept führt allerdings über die genannten erzählerischen Verfahren hinaus.

2 Der Dichter und die Tradition: Fantastik und Metafantastik im faktualen Schreiben

Das Konzept der „Metafantastik" trägt auch der Tatsache Rechnung, dass ein großer Teil von Cortázars Erzählungen, und insbesondere die Romane, zwar nicht fantastisch ist, aber doch mit Motiven und Sujets der Fantastik spielt. Dies tut auch der Autor selbst, wenn er zu seinen Romanen erläutert: „Das Thema der Fantastik als solcher interessierte mich nun ebenso wenig wie es mich vorher verschlungen hatte. Zu diesem Zeitpunkt [während der Arbeit an „El perseguidor", veröffentlicht 1959] war mir bewusst geworden, wie gefährlich die Perfektion des Erzählers ist, der ab einem gewissen Niveau von Perfektion unendlich so weitermachen kann" (übers. aus Harss 1991: 691). In erster Linie ist damit eine bewusste Transgression von Strukturen erzählter Fantastik angesprochen, die sich zu automatisieren drohen. Diese Äußerung bietet zudem auch ein gutes Beispiel für Cortázars auffällig lockeren Umgang mit Poetologie, von seiner eigenen fiktionalen und faktualen Inszenierung von Theorie. Und dies ist schon eine zweite Teilbedeutung, die den metapoetischen, selbstreflexiven Charakter der gemeinten Fiktionen zu beschreiben gestattet. Zwischen diesen beiden Polen, der avantgardistischen Irritation über Strukturen und der post-avantgardistischen Ironie, mit der die gleichen Strukturen bejaht werden können, bewegt sich die Metafantastik bei Cortázar.

Genau genommen ist diese Entwicklung nicht so linear, wie sie das Gespräch Cortázars mit Harss darstellt. Oft führen die beschriebenen fantastischen, neofantastischen oder paradoxalen Effekte zu einer Reflexion über Fantastik, die zu dieser eine Distanzierung aufbaut – so dass die fantastischen Verfahren nicht einfach eingesetzt, sondern thematisiert, durch intertextuelle Bezüge verfremdet oder ironisch-humorvoll gebrochen werden. Dass Cortázar ein gelehrter Autor ist, und dass das Wissen um Literatur die Praxis ebenso wie die ästhetische Erfahrung unterwandert und zersetzt, widerspricht nicht dem Topos des exzentrisch halluzinierenden Genies, das in den poetologischen Schriften erscheint: Die Selbststilisierung des Autors in diesen faktualen Texten steht bereits im Zusammenhang eines theoretischen Wissens und einer technischen Modellierung, die sie verfremdet.

Die Selbststilisierung als anti-rationalistischer Seher-Dichter erscheint beispielsweise in der Entstehungsgeschichte der sogenannten „Cronopios", der Cronopien, die eine tiefe Spur durch Cortázars Werk ziehen. Diese Fantasiegestalten, die ein paralleles Universum bevölkern, sind das Ergebnis einer Vision, die in verschiedenen Gesprächen erzählt wird:

> Es ereignete sich kurz nach meiner Ankunft in Frankreich. Eines Abends befand ich mich im *Théâtre des Champs-Elysées*, wo ein Konzert aufgeführt wurde, das mich sehr interessierte; ich war alleine, ganz oben auf der Galerie, wo die Plätze am wenigsten kosteten. Während der Pause gingen alle hinaus, um zu rauchen oder etwas zu trinken, aber ich hatte keine Lust aufzustehen und blieb auf meinem Platz, und bald darauf fand ich mich in einem fast leeren Theater. Nur wenige waren im Saal geblieben, fast alle waren hinausgegangen. Ich saß also da, und auf einmal sah ich (aber ich frage mich, ob man das Verb „sehen" in seiner unmittelbar sensoriellen Bedeutung verstehen sollte, oder ob es sich um eine Vision anderer Art handelte, wie der Vision, die du haben kannst, wenn du die Augen schließt und dann etwas Erinnertes siehst); also dann sah ich im Saal grüne Gegenstände schweben, eine Art grüner Luftballons, die sich um mich drehten. Aber, ich wiederhole, es gab nichts greifbares, ich sah sie nicht wirklich, auch

wenn ich sie auf eine gewisse Weise sah. Und zur gleichen Zeit wie die Erscheinung dieser grünen Gegenstände, die mir aufgebläht wie kleine Luftballons oder Kröten oder Tiere dieser Art schienen, kam mir die Idee, dass dies die Cronopien seien. Das Wort und die Vision kamen gleichzeitig zu mir. (übersetzt von mir aus Prego 1985: 123f., vgl. Canfield 2005: 56; diese Anekdote berichtet Cortázar schon bei Harss 1991: 699f.)

Die Erscheinung von Ektoplasmen in einem Theater lehnt sich an bestimmte historische Vorbilder an. Insbesondere erinnert die Vision an die Phantasmagorie-Shows des späten 18. und 19. Jahrhunderts, die eine technisch simulierte Form von Fantastik darstellten (vgl. Castle 1988), und über die Erzählungen Horacio Quirogas auch in argentinischem Kontext in fantastische Sujets übersetzt worden waren (in seinen Erzählungen „El espectro", „El puritano" und „El vampiro"; vgl. Utrera 2010). Die Betonung der Unschlüssigkeit durch Cortázar („ich frage mich…", „ich sah sie nicht, auch wenn ich sie auf eine gewisse Weise sah") in einem Gespräch, das zwischen 1982 und 1984 stattfand, steht offensichtlich unter dem Einfluss der Definition des Fantastischen durch Todorov – für den eben diese Unschlüssigkeit ein konstitutives Merkmal darstellt. Sie belegt nicht nur die Kenntnis dieser Definition, die zu diesem Zeitpunkt schon über zehn Jahre alt und wirklich einschlägig war, sondern auch einen strategischen Einsatz, um das eigene Erlebnis in die Tradition einer struktural verstandenen Fantastik zu stellen. Gerade für die „Cronopios", die eher im Bereich des surrealistischen Humors zu situieren sind, lag dies nicht unbedingt nahe. Der wiederholt erzählte Ursprungsmythos belegt also ein auffälliges Interesse an dieser Tradition und ihrer typischen Struktur.

Wie dieses Verhältnis zur Tradition zu verstehen sei, wird aus einem anderen Essay deutlich. Cortázar kommt auf die Bedeutung der technischen Simulation – und indirekt auf Quiroga – zu sprechen, wenn er in „Notas sobre lo gótico en el Río de la Plata" (1975) die Region Argentiniens und Uruguays als einen besonders fruchtbaren Boden für das Imaginäre präsentiert. Die üblichen geosoziologischen Erwägungen werden jedoch nur kurz, eingangs, zusammengefasst. Die wirkliche Besonderheit der argentinisch-uruguayischen Literatur sieht der Autor in einer Abwendung von der erzählten Fantastik des 19. Jahrhunderts, die einem Erwachsenwerden und einem Verlust der Unschuld entspricht – also in der Abwendung von der erzählten Fantastik und der Hinwendung zu einer stärker reflektierten, kritischen Form. Diese Abwendung wird laut Cortázar durch die Konkurrenz mit dem Kino provoziert. Das Hauptargument des Essays wird aus dem Vergleich von fantastischem Film und fantastischer Literatur gezogen: Während im Horrorkino die fantastischen Tricks und Effekte noch unmittelbar funktionieren, hat sich in der Literatur – durch die kulturelle Bedeutung der Schrift – eine kritische Rezeptionshaltung durchgesetzt, die diese nur noch in ironischer Brechung akzeptierbar macht.

Cortázar findet, dass insbesondere das fantastische Kino eine Rückkehr in die Kindheit darstellt, in einen Zustand vor der symbolischen Ordnung der Welt, während dieser Rückzug im Bereich der Schrift nicht möglich sei. Dieser „estado principalmente audiovisual", der vorrangig audiovisuelle Zustand, den der Betrachter im Kino erreicht, sei der gleiche wie der, den das Kind beim Hören von Zaubermärchen erlebt (vgl. Cortázar 1975: 150). Die rationalistische Form der erzählten Fantastik sei hingegen nicht mit diesen unmittelbaren Effekten vereinbar, sondern weise eher die Eigenschaften auf, die Sigmund Freud – und mit ihm der Kritiker Maurice Richardson[1] – dem „Unheimlichen" zuschreibt: das Auftauchen von Doppelgängern und ähnlichen Erscheinungen vor einem realistischen Hintergrund, und für ein kritisches Auge. Der Unterschied zwischen dem Leser fantastischer Literatur in der La-Plata-Region und dem dortigen Filmpublikum (und dem Leser „anderer Regionen") besteht nicht zuletzt darin, dass die Effekte nicht um ihrer selbst gesucht werden, sondern in dem intertextuellen Horizont einer lokalen Tradition der fantastischen Literatur rezipiert werden (vgl. Cortázar 1975: 151). Cortázars Essay charakterisiert also die Poetik seiner rioplatensischen Vorgänger – und implizit auch seine eigene – über den reflektierten Dialog mit Musterautoren der Fantastik und mit Fantastik-Theorie (Freud, Richardson).

Die beiden soeben kurz kommentierten faktualen Texte unseres Autors unterstreichen seine spannungsvolle und bewusste Relationierung zur erzählten Fantastik. Auf der einen Seite schlüpft Cortázar für die Vision der „Cronopios" in die Rolle des unschlüssigen Subjekts und verlässt damit die Autorposition zugunsten eines ironisch-postavantgardistischen Spiels mit fantastischer Struktur; auf der anderen lobt er die Verfremdung und Überwindung der fantastischen Effekte zugunsten des „Unheimlichen", so wie es die Autoren der rioplatensischen Avantgarde vorgeführt haben. Beide funktionalen Aspekte der Metafantastik, Fiktionsironie und Verfremdung, lassen sich auch in den Erzählungen identifizieren.

3   Das Konzept der „figura" in den fiktionalen Texten

3.1   Totalisierungswille und Theoriebruchstücke

Lucille Kerr schreibt treffend über Cortázars Roman *62: modelo para armar* (1968), es handle sich um „both a literary experiment and a quasi-theoretical proposition" (Kerr 1998: 93). Das lässt sich auf andere Werke übertragen. Die Anzahl an theoretischen Begriffen, die Cortázar im Lauf seiner literarischen Tätigkeit, in Paratexten, aber auch vermittelt durch Erzähler- und Figurenkom-

---

[1]   Richardson ist zu diesem Zeitpunkt ein einflussreicher Kritiker und Herausgeber, der die Tradition der Fantastik in psychoanalytischer Perspektive präsentiert (Richardson 1959).

mentare, präsentiert, muss auch in der kritischen Analyse berücksichtigt werden. Aber soll diese poetologische und metapoetische Konzeptualisierung als Grundlage der Interpretation seiner Erzählungen genommen werden, oder lässt sich davon absehen (auf dieses Problem weist schon Kerr 1998: 105, Anm. 10)?

Mein Vorschlag wäre es, den Gebrauch der Konzepte selbst als ein literarisches Verfahren zu interpretieren und auf die gleiche Ebene zu stellen wie andere literarische Verfahren der Verfremdung. Dies bedeutet einerseits: Diese Vorstellung einer „Fantastik zweiten Grades", einer nicht „naiven" Fantastik, die sich nicht nur gegen die fantastischen Verfahren des Zaubermärchens, sondern auch gegen die unreflektiert verwendeten fantastischen Effekte des Kinos absetzen, muss bei der Analyse von Cortázars Erzählungen berücksichtigt werden. Narrative Verfahren werden hier nicht nur eingesetzt, sondern auch inszeniert und theoretisch verfremdet – mit entscheidenden Folgen für die Wirkung dieser Texte. Andererseits jedoch wird Theorie immer wieder auch im Stil der „Pataphysik"[2] spielerisch ironisiert, was eher zu einem postavantgardistisch-entspannten Umgang mit Strukturen und Schemata passt. Das Beispiel dieser metafantastischen Reflexion, auf das ich näher eingehen möchte, ist der Umgang mit dem Begriff der „figura".

Die Forschung zu diesem Begriff ist äußerst umfangreich, so dass hier kein vollständiger Überblick geboten werden kann. Dennoch möchte ich einige Aspekte aus der Sekundärliteratur diskutieren, die für die Einschätzung der Metafantastik relevant scheinen. Erstens stellt sich die Frage, inwiefern es sich hier um ein (a) stabiles und (b) für das gesamte Werk Cortázars pertinentes Konzept handelt. Der erste ausführliche Bezug auf das Konzept der „figura" findet sich im Zusammenhang des Romans *Los premios* (1960). Laut Christoph Schamm wirkt die „systematisch ausgeformte, metafiktional reflektierte Allegorik" der Figur an dieser Stelle „bereits vollständig ausgearbeitet", so dass die späteren Romane *Rayuela* (1963) und *62: Modelo para armar* nur darauf zurückgreifen müssen (Schamm 2010: 359f.). Dagegen beobachtet Joan Hartmann (1969: 540f.) eine allmähliche Entwicklung, die von „La noche boca arriba" (1956) zu „Una flor amarilla" (1964) führt. Während in der ersten dieser Erzählungen die Themen der Reinkarnation und der Wechselwirkungen von Traum und Realität an einen einzelnen Protagonisten gebunden sind, erscheint in letzterer die Vorstellung der „figura" als unendliche Serie von Verkettungen, in welche der Einzelne eingebunden ist. Aber damit endet die Entwicklung noch nicht: In „Todos los fuegos el fuego" (1966) erscheint eine strukturelle und geradezu mathemati-

---

2   Die „Pataphysique" (Verschmelzung der französischen Ausdrücke „patate" – Kartoffel – und „métaphysique" – Metaphysik) ist eine parodistische Praxis, bei der im Paris der zweiten Hälfte des 20. Jahrhunderts verschiedene Künstler und Autoren die Praktiken und Inhalte des akademischen Betriebs persiflieren – unter anderem durch die Organisation in skurril benannten Hierarchien und die Formulierung absurder ‚wissenschaftlicher‘ Diskurse. Zu Cortázar und der Pataphysik vgl. Scheerer 1983.

sche Verknüpfung der Figuren miteinander, die als „Konstellation" die individuelle Existenz übergreift und so einen Totalisierungswillen ausdrückt (vgl. Hartmann 1969: 544–546). Steven Boldy (1980: 22) unterstreicht noch entschiedener als Hartmann die Elastizität des Konzepts, das unterschiedlichen Akzentuierungen dient. Dennoch sieht er darin eines der zentralen Themen von Cortázars privater Mythologie: Zwischen dem Doppelgänger (auf der Ebene der Figur) und dem verdoppelten Text (auf der Ebene des Erzählers) bezeichnet die „figura" eine überindividuelle Tiefenstruktur auf der Ebene der Geschichte (Boldy 1980: 7f.).

Allerdings sind die Korpora, von denen Hartmann und Boldy ausgehen, auf die Werke der sechziger Jahre zentriert (der letzte von Boldy betrachtete Roman ist *Libro de Manuel*, erschienen 1973). Im Lauf des Spätwerks rückt das Konzept dagegen an den Rand. Beispielsweise findet es sich nicht unter den drei Leitbegriffen („Ritos", „Juegos", „Pasajes"), unter denen er seine gesammelten Erzählungen 1976 für eine Taschenbuchausgabe ordnet (vgl. Berg 2000). Das muss freilich nicht bedeuten, dass die Idee der geometrischen Struktur, der Gestalt der Handlung, verschwindet. In „Botella al mar" (1980) spricht Cortázar (1983: 21) z. B. von einer „unberechenbar schönen Symmetrie" („incalculablemente hermosa simetría"), um die unerwarteten Beziehungen zu charakterisieren, die Fiktion und Realität verknüpfen.

In Anschluss an Hartmann wurde die Bedeutung der „figura" als spezifisch strukturale Alternative zum unheimlichen Doppelgänger gedeutet. Fantastik wird nicht mehr auf die psychologische Erfahrung eines Individuums, sondern auf eine Konstellation aus mehreren Individuen bezogen (vgl. Roy 1974: 229; Silva-Cáceres 1996: 25). Cortázar selbst sieht hier allerdings eine weniger prägnante Differenz, und zögert nicht, entsprechend zu kommentieren:

> Die „figuras" sind in gewissem Sinne eine Extremform des Doppelgänger-Themas, in dem Maße, in dem hier eine Verkettung, ein Zusammenhang verschiedener Elemente aufgezeigt wird (oder zumindest versucht wird), die unter einem logischen Gesichtspunkt unvorstellbar wäre. (übersetzt von mir aus Harss 1991: 699)

Die „figuras" werden also zum Anlass, einen avantgardistisch-metafantastischen Diskurs zu konstruieren, der bereits die Idee einer seltsamen Verkettung enthält. Noch deutlicher als der Bezug auf die Syntagmatik, der für Alazraki zentral werden sollte, tritt in den Äußerungen des Autors das Interesse für die strukturale Analyse insgesamt hervor:

> Persio [eine der Figuren des Romans *Los premios*] sieht die Dinge aus der Höhe, so wie die Möwen sie sehen. Das heißt, er hat eine Art totale und vereinheitlichende Überschau. [...] Das ist die Vorstellung, die ich „figuras" nenne. Es ist wie das Gefühl – das wir wahrscheinlich alle haben, aber das ich besonders intensiv erlebe – dass wir abgesehen von unseren individuellen

Schicksalen Teil von Figuren sind, die wir selbst nicht kennen. Ich glaube, dass wir alle uns zu Figuren zusammensetzen. [...] Jedenfalls hat Persio ein wenig eine strukturale Vorstellung von dem, was geschieht. Er sieht die Dinge immer als Figuren, als ein Ganzes, so wie große Komplexe, und versucht, sich die Probleme aus diesem Blickwinkel zu erklären, der eine Art von Überschau darstellt. (übersetzt von mir aus Harss 1991: 693)

Im Jahr 1967 ist die Betonung der Vogelperspektive und des Begriffs der „Struktur" nicht überraschend: das Gespräch ereignet sich ein Jahr nach dem Höhepunkt des französischen Strukturalismus, und insbesondere der strukturalen Narratologie, den die 8. Ausgabe von *Communications* markiert. Genettes *Figures* belegen zudem, wie geläufig der Begriff im Pariser Diskurs ist. Anders als Berg, der in „figura" ein Synonym von „Zeichen" (Berg 1996: 29) sieht, scheint mir also der Vergleich mit dem Konzept der Struktur näher zu liegen. Solche Strukturen, die eine Matrix des Möglichen bieten, sind das „Mandala"-Motiv und die mit Kreide gezeichnete Springmühle, die das Titelmotiv bildet – offensichtliche Illustrationen der „figura" als semiotisches System (vgl. Gertel 1988: 290). Cortázar stellt mit diesem Konzept also die strukturale, totalisierende Weltbetrachtung einer individualisierenden Sichtweise entgegen. Indem er auf diese Weise einen in der Erzähltheorie verankerten Diskurs in sein Werk einführt – und programmatisch in metapoetischen Passagen seiner Werke inszeniert – nimmt er gewissermaßen Todorovs struktural-semiotischen Zugriff auf die Fantastik – einschließlich der „verallgemeinerten Fantastik" – vorweg.

Zu dem strukturalen Zugriff kommt nun allerdings noch eine dritte und diese Totalität wieder dekonstruierende Art von Ähnlichkeitsstruktur, wenn man den Text und eine mögliche Verdoppelung des Erzählers mit der „figura" vergleicht (vgl. Boldy 1980: 8; Goloboff 1991). Tatsächlich löst sich die Einheit der „figura" in eine Vielfalt von Diskursen und intertextuellen Anknüpfungspunkten auf, die dieser formalen Struktur eine changierende Bedeutung verleihen. Die Sekundärliteratur geht gerne auf diese Spuren ein, die der gelehrte Autor gelegt hat. Während Hartmann sich eingehend mit der Philosophie des Buddhismus beschäftigt und Boldy (1980: 22–25) neben C.G. Jung und den von Erich Auerbach analysierten mittelalterlichen Begriff der „figura" (vgl. Berg 1996) auch Autoren der argentinischen Fantastik wie Jorge Luis Borges und Leopoldo Lugones nennt, betrachtet Silva-Cáceres (1996: 23–25) die Affinitäten zum französischen Surrealismus, insbesondere zu André Breton (zu den Differenzen vgl. Sicard 1972: 232), und Gertel (1988: 288, 294) den Bezug auf Henry James' *The Figure in the Carpet* (1896). Nicht nur das Changieren dieser möglichen Quellen, sondern auch ihr Reichtum gehen auf Spuren zurück, die der Autor bewusst gestreut hat – etwa indem er die Allegorie der Konstellation im Gespräch mit Luis Harss auf das Drogen-Tagebuch Jean Cocteaus zurückführt, der besonders das Unbewusste der Konstellation betont („Nosotros vemos la Osa Mayor, pero las estrellas que la forman no saben que son la Osa Mayor", übersetzt „Wir sehen den großen Bären, aber die Sterne, die ihn formen, wissen nicht, dass sie der große Bär sind", Harss 1991: 693). Man könnte diese Referenzen mühelos um weitere Deutungshorizonte erweitern und Cortázars Auseinandersetzung mit den nur aus der Luft sichtbaren Nazca-Linien und Kracauers Schriften über Ornament und Masse (in Bezug auf den „menschlichen Tausendfüßler") erforschen, schließlich mit dem Kontext der „Gestalt" als einem Leitbegriff der Moderne (vgl. Simonis 2001). Alle diese Horizonte füllen die „figura" mit verschiedenen und auch nicht ganz miteinander vereinbaren Bedeutungen; sie entfernen dieses Konzept damit von der strukturalen Abstraktion.

Das Totalisierungsstreben steht also in einer auffälligen Spannung zur Vielfalt ausdrücklicher Literaturverweise – die zum Erbe Jorge Luis Borges' gehören – sowie zu den von Boldy (1980: 22–23 und 25) nachgewiesenen Entlehnungen aus Autoren der Avantgarde. Dies beginnt bereits mit *Los premios*, wo die Figur Persio eine Theorie der „figura" ausgehend von dem französischen Unanimismus – einer der avantgardistischen Strömungen – entwickelt:

> „Tatsächlich falle ich in den aus der Mode gekommenen Unanimismus zurück, aber ich suche den Weg von einer anderen Seite her. Es ist allgemein bekannt, daß eine Gruppe mehr und zugleich weniger ist als die Summe ihrer Teile. Was ich nun gerne finden würde, wenn ich zugleich innerhalb wie außerhalb der Gruppe sein könnte – und ich glaube, das ist möglich –, ist die Antwort auf die Frage, ob der menschliche Tausendfüßler in seinem Zusammenfinden und seiner Auflösung etwas anderem als nur dem Zufall gehorcht; ob er eine Figur im magischen Sinne des Wortes ist und ob diese Figur fähig ist, sich unter bestimmten Umständen in wesentlicheren Bezirken zu bewegen als ihre isolierten Glieder. Uff." – „Wesentlicheren?" sagte Claudia. „Schauen wir uns erst einmal dieses verdächtige Vokabular an." – „Wenn wir ein Sternbild betrachten", sagte Persio, „dann haben wir so etwas wie die Gewißheit, daß die Harmonie, der Rhythmus, welche die Sterne darin verbindet (und den natürlich wir ihnen unterlegen, den wir ihnen aber deshalb unterlegen, weil auch dort etwas vorgeht, das diese Harmonie bestimmt), daß also dieser Rhythmus tiefer, wesentlicher ist als die isolierte Existenz jedes dieser Sterne. Ist Ihnen nie aufgefallen, daß die einzelnen Sterne, die armen, denen es nicht gelingt, sich in ein Sternbild einzufügen, neben dieser nicht zu entziffernden Schrift unbedeutend erscheinen? Die Gründe der Astrologie und der Mnemotechnik allein erklären noch nicht die heilige Verehrung der Sternbilder. Von Anfang an muß der Mensch gespürt haben, daß jedes von ihnen wie eine Sippe, eine Gemeinschaft, eine Rasse war: etwas entschieden Eigenes, vielleicht sogar Gegensätzliches. In manchen Nächten habe ich den Krieg der Gestirne miterlebt, ihr unerträgliches Spiel von Spannungen. Dabei kann man von der Terrasse meiner Pension aus gar nicht allzu gut sehen, immer hängt etwas Dunst in der Luft." – „Hast Du die Sterne mit einem Teleskop betrachtet, Persio?" – „O nein", sagte Persio. „Weißt Du, gewisse Dinge muß man mit dem bloßen Auge betrachten. Nicht daß ich etwas gegen die Wissenschaft hätte, aber ich denke, nur eine poetische Sichtweise kann die Bedeutung jener Figuren erfassen, welche die Engel aufschreiben und in ihre Ordnung bringen. Heute abend, hier in diesem armseligen Café, kann es eine von diesen Figuren geben." (Cortázar 1988: 40f.)

Cortázar spielt an dieser Stelle bewusst mit den gelehrten Referenzen, die in eine Reihe von Widersprüchen verstrickt werden. Der Unanimismus ist zwar ein Vorbild, soll aber gegen den Strich gelesen werden. Die Sternbilder liefern zwar das Denkmodell für diese Sympathie der Menschen zueinander, aber die „figura", um die es Persio geht, liegt jenseits wissenschaftlicher Beobachtung. Sie ist zugleich eine substanzielle Struktur und verankert in der existenziellen Situation, dem Hier und Jetzt („[h]eute abend, hier in diesem armseligen Café"). Als „menschlicher Tausendfüßler" erinnert sie an die Kultur der Industriegesellschaft und doch ist sie in der Mystik einer „unentzifferbaren Schrift", einer Schrift der Engel begründet. Durch diese Widersprüche wird der Aufbau einer einheitlichen Deutungsebene verhindert. Und dies nicht in dem Sinne, dass etwa eine fantastische Unschlüssigkeit entstehen könnte, sondern als ein metafantastisches Spiel, bei dem Bruchstücke von Theorie – die traditionell zur Stabilisierung fantastischen Erzählens dienen – gegeneinander montiert und verfremdet werden.

3.2   Die „figura" als Werkmetapher und Weltmetapher

Vor allem für das Konzept der figuralen Lektüre und des entsprechenden Texts ist es relevant, dass Fantastik nicht nur durch Theorie, sondern auch durch Technik gebrochen wird; dies kontrastiert auffällig mit dem vormodernen Ursprung der „figura", der an einer anderen Stelle von *Rayuela* (Kap. 116) eingeführt wird (zur Beziehung von „figura" zum vormodernen Geschichtsverständnis vgl. ausführlich Berg 1996). So wird die Suggestion des aktiven Lesens in *Rayuela* unmittelbar mit den neuen Erkenntnissen der ‚Gestaltpsychologen' in Bezug gebracht: „Das Buch sollte etwas von den Zeichnungen haben, die die Gestaltpsychologie vorschlägt: die vorhandenen Linien sollten den Beobachter dahin bringen, die zum Abschluß einer Gestalt fehlenden Linien in seiner Vorstellung zu ergänzen. Aber zuweilen seien die fehlenden Linien die wichtigsten, die einzigen, die wirklich eine Bedeutung hätten" (Cortázar 1987: Kap. 109, 535; vgl. Cortázar 1991: 386). Der antike Topos „ut pictura poesis" wird an dieser Stelle für die Verwendung von sehr speziellen Zeichnungen – den experimentellen Zeichnungen der kognitiven Psychologie – als Werkmetaphern verwendet. Diese Erscheinung ist nicht vereinzelt, und sie geht weit über die übliche Topik hinaus. Insbesondere in diesem Zusammenhang fällt es auf, dass das Buch im experimentellen Roman den Platz der zentralen Werkmetapher verliert. Dies bedeutet konkret, dass die „figura" nicht nur die Einheit von Autor und Leser übergreift, sondern dass auch die Fiktion als textuelle Gegebenheit – mit den entsprechenden sprachlichen und medialen Strukturen – durch ihre imaginäre, also nicht als Text gegebene Fortsetzung überwunden werden soll.

Das literarische Werk wird nicht mehr vorrangig als ein „Buch" präsentiert, sondern als eine andere Form, oder, besser gesagt, als ein Bündel alternativer Formen. Cynthia Stone hat erläutert, wie das Mandala, das Himmel-und-Hölle-

Spiel, das Kaleidoskop, das Armaturenbrett, die Brücke diese Position übernehmen und die Erzählung strukturieren (vgl. Stone 1987: 180, zitiert bei Juan-Navarro 1992: 237). Diese Werkmetaphern, allen voran die im Titel den Romanen *Rayuela* und *Modelo para armar* und den Erzählungen „Anillo de Moebius" (1980) und „Botella al mar" (1982) vorangestellten Allegorien, sind nicht nur für die Deutung der Erzählung und ihrer semantischen Struktur relevant, sondern steuern auch die Rezeption der Texte (vgl. Juan-Navarro 1992: 238). Der Autor suggeriert nicht nur die Möglichkeit endloser Sinnbildung ausgehend von der Kombinatorik von Baukästen und Springmühlen (vgl. Juan-Navarro 1992: 246), sondern legt auch nahe, die Rezeption der Literatur an den Umgang mit den jeweiligen Objekten anzupassen, und strebt danach, den Leser von einer konventionellen Lektürepraxis zu distanzieren. Auch wenn der Rezipient nicht buchstäblich auf einem Feldmuster springen oder mit einem Baukasten spielen wird, beeinflusst diese Suggestion die Vorstellung, die der Leser von seiner Lektüre hat und welche diese Lektüre begleitet, wenn nicht prägt. Das durch diese Metaphern imaginär überformte Lesen trifft sich mit der narrativen Überformung des Lesens in Metanarrationen wie „Continuidad de los parques", „Las babas del diablo" (1959) oder eben „Botella al mar" und fördert eine besondere Art von ästhetischer Unschlüssigkeit. Diese betrifft aber nicht so sehr die erzählte Welt und ihre Ereignisse als die Rezeptionspraxis selbst: Die Frage lautet nicht „Traum oder übernatürliche Wirklichkeit?" sondern „Lese ich oder handle ich?" bzw. „Lese ich oder imaginiere ich?". Diese Metafantastik ist klar verschieden von dem, was Jaime Alazraki vor allem angesichts des Frühwerks als „Neofantastik" bezeichnet, und das vollständig im Bereich der erzählten Welt analysierbar ist.

Diese Metafantastik ist auch nicht identisch mit der Selbstreferenz, Metaliterarizität und Spiegelung der Lektüre, die von den Dekonstruktivisten in allen Texten entdeckt wurde (vgl. Juan-Navarro 1992: 247f.). Die Doppelung von „unverzichtbaren Kapiteln" und „verzichtbaren Kapiteln" in *Rayuela* ist das auffälligste – aber nicht das einzige – Mittel dieser Dekonstruktion, bei dem die Suche nach Präsenzerfahrung durch die supplementären, selbstreflexiven Betrachtungen (vgl. Boldy 1980: 12f. und 113) und Sprachspiele (vgl. Goloboff 1991) kompliziert wird. Die Werkmetapher findet jedoch ein direktes Komplement in der Weltmetapher. So wie das Werk erlebt wird, wird die Welt erlesen; auch hier dient das Konzept der „figura" als Schnittstelle. Morelli, eine fiktive Autorfigur, erklärt in *Rayuela*: „Sagen wir, die Welt ist eine Figur, man muß sie lesen. Mit Lesen meinen wir, sie erzeugen" (Cortázar 1987: Kap. 71. S. 438; vgl. Cortázar 1991: 311, zitiert bei Juan-Navarro 1992: 242). Die lesende Welterschließung bietet also einen referenziellen Kern der Metatextualität. Allerdings nimmt Cortázar bzw. der fiktive Autor Morelli es mit dieser Metaphorik weder so ernst wie die Kunsttheorie der Avantgarden, noch wie die theoretischen Diskurse der Konstruktivisten. Man darf nicht vergessen, dass all dies nicht als Manifest proklamiert, sondern im Medium der Fiktion inszeniert und regelmäßig fiktionsironisch gebrochen wird – nicht zuletzt durch die betont mündliche Konzeption dieser „Morelliana". Diese Fiktionsironie steckt in der Metafantastik und unterscheidet sie deutlich von dem ernsten Unterfangen, eine fantastische Unschlüssigkeit (gleich welcher Art) zu produzieren:

> Eine Kristallisation, in der nichts untergeordnet wäre, in der aber ein luzides Auge das Kaleidoskop überblicken und die große polychrome Rose verstehen könnte als eine Figur, als imago mundi, die sich außerhalb des Kaleidoskops in ein Wohnzimmer im provenzalischen Stil verwandelt oder in ein Damenkränzchen, wo man Tee trinkt und dazu Bagley-Kekse ißt. (Cortázar 1987: 535; vgl. Cortázar 1991: 387)

Die Metaphern des Kaleidoskops und der Kristallisierung greifen zwar über Baudelaire (vgl. Juan-Navarro 1992: 250) respektive Stendhal auf zwei der Väter der Moderne zurück, aber Cortázar gelingt es nicht, den Ernst einer Kunst- oder Liebestheorie zu wahren, wie sie die Essays *Le Peintre de la vie moderne* (1863) und *De l'amour* (1822) darstellen. Stattdessen kombiniert er sie in bewusstem Bathos, also einem gewollten Bruch des ernsten und emphatischen Stils, mit den teetrinkenden und auf die Kekse einer bestimmten Marke schwörenden Damen.

Das Verfahren ist in *Rayuela* übrigens direkt aus *Los Premios* übernommen, wo es am Ende des bereits zitierten Kapitels heißt:

> „Sehen Sie, Claudia, die Anordnung der Figur hat nichts Funktionelles oder Pragmatisches. Wir sind nicht die große Rosette der gotischen Kathedrale, sondern die einen flüchtigen Augenblick lang erstarrte Rose des Kaleidoskops. Doch bevor sie abtritt und ihre Blätter bei der nächsten launenhaften Drehung des Kaleidoskops auseinanderfallen, was für Spiele werden zwischen uns gespielt werden, wie werden sich die kalten und die warmen Farben, die unter dem Zeichen des Mondes und die unter dem des Merkur Geborenen, die Charaktere und die Temperamente zusammenfinden?" – „Von was für einem Kaleidoskop sprichst du, Persio?" fragte Jorge. Man hörte jemanden einen Tango singen. (Cortázar 1988: 42)

Das entscheidend variierte Selbstzitat ist selbstverständlich Teil der fiktionsironischen Strategie. Und auch hier erfolgt der Abschluss mit einem Scherz: auf die theoretischen Höhenflüge Persios antwortet ein Tango, also Volksmusik.

Wolfram Nitsch (1997) hat das Nebeneinander von fiktionsironischem Spiel und terroristisch-unheimlichem Ernst in *Rayuela* auf die einprägsame und sehr erhellende Formel von der „lockeren" und der „festen Schraube" gebracht. Dies gilt nun auch für die Metafantastik, die einerseits in dem jovialen Spiel mit den Grenzen des Textes, andererseits in dem avantgardistisch-gewaltsamen Übergriff auf den Leser besteht. Ein solcher Stilbruch wie in der zitierten Passage erscheint auch in Bezug auf die mystische Einordnung des Textes in eine metaphysische Struktur: „Schreiben bedeutet, mein Mandala zeichnen und es gleichzeitig durchlaufen, die Läuterung erfahren, indem man sich läutert; Fron des armen weißen Schamanen in Nylonunterhosen" (Cortázar 1987: 460; vgl. Cortázar

1991: 330). Die burleske Verfremdung der Fantastik, die von einem Schamanen in industriell gefertigten Unterhosen aus Kunstfaser verfasst wird, greift hier nicht zufällig auf die Text-Gewebe-Allegorie zurück. Die Metalepse des „Mandala [Z]eichnens und es gleichzeitig [D]urchlaufens" wird durch dieses komische Ende als Mittel der selbstironischen Distanzierung interpretiert. So trifft das Bathos nicht zuletzt den Manifest-Autor Morelli, von dem es in Zusammenhang mit der Poetik der „figura" heißt, seine „Koketterie und Anmaßung auf diesem Gebiet waren grenzenlos" (Cortázar 1987: Kap. 109, 535; vgl. Cortázar 1991: 386).

Die metafantastische Reflexion nimmt progressiv mehr Platz ein, bis sie in einer Erzählung wie „Botella al mar" eine vollständig distanzierte Sicht der eigenen Verfahren präsentiert, als „einige Anzeichen von Fantastischem oder Außergewöhnlichem" („algunos ribetes de fantástico o de insólito"), die sich eben in seinen Erzählungen fänden (Cortázar 1983: 19). Insgesamt reicht die „Metafantastik" derart bis zu den Antipoden dessen, was Alazraki als „Neofantastik" beschreibt: Die Annahme, dass eine pragmatische Unschlüssigkeit aus der Auseinandersetzung mit der modernen Naturwissenschaft entsteht, ist nicht falsch. Tatsächlich hat die neuere Forschung gute Gründe gefunden, um *Rayuela* als ein „libro atómico", als fiktionale Inszenierung moderner Physik zu interpretieren (vgl. Mahlke 2008). Diese Unschlüssigkeit ist allerdings bereits als eine literarische Strategie reflektiert; und damit steht sie schon unter ganz anderen Vorzeichen als die von Todorov beschriebenen Verfahren, einschließlich der „verallgemeinerten Fantastik". Das Totalisierungsbestreben wird bei Cortázar in klare Grenzen gewiesen: Immer wieder führt die Suche nach der Tiefenstruktur auf gegenläufige Strategien der Fiktionsironie, der Vervielfältigung der theoretischen Referenzen, des Bathos, die in Erinnerung rufen, dass sie metafantastisch gebrochen werden müssen. Ein Beispiel ist der Bezug auf die Brown'sche Bewegung in *Rayuela*:

> Maga, wir werden eine absurde [...] Figur bilden, wir zeichnen mit unseren Bewegungen eine [...] Figur, so wie die Fliegen, wenn sie im Zimmer schwirren, hin [...] und her, jäh machen sie kehrt, her und hin, das ist die sogenannte Brownsche Bewegung, verstehst Du jetzt?, ein rechter Winkel, eine aufsteigende Linie, von hier nach da, von hinten nach vorn, nach oben und unten, ein Zucken, jäh abgebremst und im gleichen Augenblick in eine andere Richtung startend, und alles dies webt eine Zeichnung, eine Figur, etwas Nichtexistentes wie du und ich, wie die beiden in Paris verlorenen Punkte, die von hier nach da gehen, von da nach hier, ihre Zeichnung zeichnend, einen Tanz ausführend für niemand, nicht einmal für sich selbst, eine nicht endende Figur ohne Sinn. (Cortázar 1987: Kap. 34, 234f.; vgl. Cortázar 1991: 164f.)

Der Text parodiert letztlich einen wissenschaftlichen Diskurs, der Unanschauliches, so wie die Quantenphysik, schematisch-figural visualisiert, und eine strukturale Totalität, die eine überindividuelle Interpretation von einzelnen Bewegungen gestattet.

Bezugshorizont von Cortázars Metafantastik ist also nicht mehr eine erzählte Welt, sondern die Erzählung dieser erzählten Welt – ein Narrativ, das auf unterschiedliche Weise zugespitzt sein kann. Ausgangspunkt ist die Beobachtung, dass die Einsicht in die Tiefenstruktur der Fantastik den ästhetischen Effekt der fantastischen Unschlüssigkeit ebenso bedroht wie seine Trivialisierung. Denn eine in der Struktur der Dinge angelegte Ambivalenz, die als solche beschrieben wird, lässt niemanden mehr unschlüssig. Neben Todorovs Beobachtungen über die allegorische und poetische Lesart, durch welche Fantastik neutralisiert wird (Todorov 1972: 55–68), müsste man also im Grunde auch die strukturale Lesart stellen. Cortázars faktuale und fiktionale Schriften reagieren auf dieses Problem mit einer doppelten Strategie, die insgesamt als Metafantastik bezeichnet werden kann. Auf der einen Seite wird Struktur reflektiert und mit Hilfe von theoretischer Reflexion verfremdet; neben dieser kritischen Haltung, deren Wurzeln in der avantgardistischen Manifest-Literatur liegen, tritt jedoch die humorvoll-ironische Aufnahme theoretischer Bruchstücke, bei der das Spiel mit der fantastischen Tradition in den Vordergrund tritt. Beide Seiten dieser Strategie lassen sich in dem merkwürdig changierenden Konzept der „figura" beobachten; die Kommentare dieses Konzepts lassen es nicht nur als Struktur, sondern auch als Antistruktur erscheinen.

Literaturverzeichnis

Jaime Alazraki: *En busca del unicornio: Los cuentos de Julio Cortázar. Elementos para una poética de lo neofantástico*. Madrid 1983.

Walter Bruno Berg: ‚Figura' ¿Modelo para armar ‚otra' historia? Reflexiones acerca de la utilización del concepto en Auerbach y Cortázar. In: Revista de Filosofía Latinoamericana y Ciencias Sociales, Segunda Época, 9:21 (1996), S. 27–40.

Walter Bruno Berg: Ritos, juegos, pasajes: Julio Cortázar und seine Titel. In: *Randbezirke des Textes. Festschrift für Arnold Rothe*. Hg. v. Jochen Mecke u. Susanne Heiler, Glienicke/Berlin, Cambridge/Massachusetts 2000, S. 107–123.

Steven Boldy: *The Novels of Julio Cortázar*. Cambridge 1980.

Martha Canfield: Invención del Cronopio: de la fantasía onírica a la fantasía literaria. In: Cuadernos de literatura 9:18 (2005), S. 50–60.

Terry Castle: Phantasmagoria: Spectral Technology and the Metaphorics of Modern Reverie. In: Critical Inquiry 15:1 (1988), S. 26–61.

Matei Chihaia: Mögliche Welten als Allegorien der Fiktion. Die Grenzen narrativer Sinnstiftung bei Julio Cortázar. In: *Welten erzählen*. Hg. v. Frauke Bode u. Christoph Bartsch, Narratologia. Berlin u. a. [im Druck].

Julio Cortázar: Botella al mar (1980). In: *Deshoras*, Madrid 1983, S. 15–22.

Julio Cortázar: *Die Gewinner* (1960). Übersetzt v. Christa Wegen. Frankfurt am Main 1988.

Julio Cortázar: *Los premios* (1960). Barcelona 1984.

Julio Cortázar: Notas sobre lo gótico en el Rio de la Plata". In: Cahiers du monde hispanique et luso-brésilien 25 (1975), S. 145–151.

Julio Cortázar: *Rayuela* (1963). Hg. v. Julio Ortega u. Saúl Yurkievich. Paris 1991.

Julio Cortázar: *Rayuela* (1963), übersetzt v. Fritz Rudolf Fries. Frankfurt am Main 1987.

Zunilda Gertel: ‚Rayuela', la figura y su lectura. In: Hispanic Review 56 (1988), S. 287–305.

Gerardo Mario Goloboff: El ‚hablar con figuras' de Cortázar (1977). In: Julio Cortázar: *Rayuela*. Hg. v. Julio Ortega u. Saúl Yurkievich, Paris 1991, S. 751–759.

Luis Harss: Cortázar, o la cachetada metafísica (1967). In: Julio Cortázar: *Rayuela*. Hg. v. Julio Ortega u. Saúl Yurkievich, Paris 1991, S. 680–702.

Joan Hartmann: La búsqueda de las figuras en algunos cuentos de Cortázar. In: Revista Iberoamericana 35:69 (1969), S. 539–549.

Santiago Juan-Navarro: Un tal Morelli: Teoría y práctica de la lectura en Rayuela, de Julio Cortázar. In: Revista Canadiense de Estudios Hispánicos 16:2 (1992), S. 235–252.

Lucille Kerr: Between Reading and Repetition (Apropos of Cortázar's 62: A Model Kit). In: *Julio Cortázar. New Readings*. Hg. v. Carlos Alonso, Cambridge 1998, S. 91–109.

Kirsten Mahlke: El libro atómico. Los rayos de Rayuela. In: *Ficciones de los Medios en la Periferia*. Hg. v. Wolfram Nitsch u. a. Köln 2008, S. 323–338.

Wolfram Nitsch: Die lockere und die feste Schraube. Spiel und Terror in Julio Cortázars Rayuela. In: *Projekte des Romans nach der Moderne*. Hg. v. Ulrich Schulz-Buschhaus u. Karlheinz Stierle, München 1997, S. 263–287.

Omar Prego: *La fascinación de las palabras: conversaciones con Julio Cortázar*. Barcelona 1985.

Maurice Richardson: The Psychoanalysis of Ghost Stories. In: The Twentieth Century 166 (1959), S. 419–431.

Joaquín Roy: *Julio Cortázar ante su sociedad*. Barcelona 1974.

Christoph Schamm: Allegorien des Absurden in der europäischen und lateinamerikanischen Romanliteratur (Camus, Saramago, Bioy Casares, Cortázar). In: Romanistisches Jahrbuch 60 (2010), S. 359–382.

Thimas M. Scheerer: *Virides Julii candelae: über einige Aspekte von Cortázars ‚Rayuela'*. Rheinbach-Merzbach 1983.

Sabine Schlickers: Inversions, transgressions, paradoxes et bizarreries: la métalepse dans les littératures espagnole et française. In: *Métalepses. Entorses au pacte de la représentation*. Hg. v. John Pier u. Jean-Marie Schaeffer, Paris 2005, S. 151–166.

Alain Sicard: Figura y novela en la obra de Julio Cortázar (1972). In: *Julio Cortázar*. Hg. v. Pedro Lastra, Madrid 1981, S. 225–240.

Raúl Silva-Cáceres: *L'arbre aux figures. Étude des motifs fantastiques dans l'œuvre de Julio Cortázar*. Paris 1996.

Annette Simonis: *Gestalttheorie von Goethe bis Benjamin*. Köln u. a. 2001.

Cynthia Stone: El lector implícito de Rayuela y los blancos de la narración. In: *Los ochenta mundos de Julio Cortázar: Ensayos*. Hg. v. Fernando Burgos, Madrid 1987, S. 177–184.

Tzvetan Todorov: Einführung in die fantastische Literatur [*Introduction à la littérature fantastique*, Paris 1970. Übers. von Karin Kersten u.a.]. München 1972.

Laura Lorena Utrera: Notas críticas y relatos sobre cine: una lectura de su articulación en Horacio Quiroga. In: CELEHIS–Revista del Centro de Letras Hispanoamericanas 19:21 (2010), S. 123–145.

„Agens der Tiefe" – Zur Destabilisierung ,realistischer Oberflächen' in den Erzählungen George Saikos und Rolf Dieter Brinkmanns

Torsten W. Leine (Münster / Konstanz)

1 Fantastische Texte nach dem ,Ende der Fantastik'

Folgt man Tzvetan Todorov, dem Begründer der bis heute prägenden Struktur-Analyse fantastischer Texte, gibt es seit Anfang des 20. Jahrhunderts keine Fantastik mehr. Als maßgeblichen Grund führt Todorov den Siegeszug der Psychoanalyse an:

> Die Psychoanalyse hat die fantastische Literatur ersetzt (und damit überflüssig gemacht). Man hat es heute nicht mehr nötig, auf den Teufel zurückzugreifen, um über eine exzessive Begierde sprechen zu können, wie man auch der Vampire nicht länger bedarf, um deutlich zu machen, welche Anziehungskraft von Leichen ausgeht […]. Die Themen der fantastischen Literatur sind buchstäblich zum Gegenstand der psychoanalytischen Forschung der letzten fünfzig Jahre geworden. (Todorov 1972: 143)

Die Behauptung vom vermeintlichen Ende der Fantastik ist in der Forschung durch verschiedene Arbeiten widerlegt worden, die sich mit Texten in der zweiten Hälfte des 20. Jahrhunderts auseinandersetzen, die Todorovs Kriterien fantastischer Texte durchaus erfüllen (vgl. Durst 2007: 271–280). Dennoch macht Todorovs Kommentar auf zwei Gesichtspunkte aufmerksam, die in der Fantastik-Forschung nur selten explizit gemacht werden. Erstens zeigt sich, dass Todorovs systematischer Analyse immer schon eine historische Perspektivierung zugrunde liegt, die das fantastische Erzählen vorrangig zwischen dem späten 18. und dem späten 19. Jahrhundert verortet:[1]

> Todorovs Auffassung weist der phantastischen Literatur eine sehr präzise historische Funktion zu. Diese Literatur hätte nämlich Themen wie Inzest, Nekrophilie oder Homosexualität zu einer Zeit zur Sprache gebracht, als deren

---

[1] Als frühestes Beispiel nennt Todorov Cazottes „Le diable amoureux" von 1776, als spätestes Beispiel dienen die Novellen Guy de Maupassants (Todorov 1972: 157).

> Inszenierung in keinem anderen als ihrem Medium möglich gewesen wäre. Gemäß dieser Deutung mußte sie in dem Moment überflüssig werden, als diese Bedingung nicht mehr gegeben war, zu dem Zeitpunkt also, als ein unverstelltes Sprechen über das zuvor Tabuisierte möglich wurde. (Hartwich 1998: 192)

Damit hängt zweitens die Auffassung zusammen, dass die Fantastik eine literarische Vorform der Psychoanalyse darstellt. Die enge Verschränkung von Fantastik und Psychoanalyse in Todorovs Konzeption zeigt sich bereits darin, dass sich seine Bestimmung des Fantastischen wesentlich an Sigmund Freuds Studien zum Unheimlichen abarbeitet. So findet sich das für Todorov zentrale Kriterium der „Unschlüssigkeit" gegenüber den in der erzählten Welt geltenden Gesetzen (Todorov 1972: 26) in Freuds Konzept der ‚intellektuellen Unsicherheit' bereits angelegt (vgl. Hartwich 1998: 180).

Anhand ausgewählter Texte von George Saiko und Rolf Dieter Brinkmann soll im Folgenden exemplarisch dem Verhältnis von Fantastik und Psychoanalyse in der deutschsprachigen Literatur der 1950er und 1960er Jahre nachgegangen werden. Von einer allgemeinen Fantastik-Definition, wie sie etwa Neymeyr oder Kindt vorschlagen, wird bewusst abgesehen.[2] Denn im Zentrum der angestrengten Überlegungen steht nicht die Frage, ob die Texte Saikos und Brinkmanns der Fantastik als einer epochenübergreifenden Schreibweise zugeordnet werden können. Vielmehr soll dargestellt werden, auf welche Weise die Texte bestimmte Merkmale und Strukturen der klassischen Fantastik des 19. Jahrhunderts rezipieren und für eine Schreibweise fruchtbar machen, die um 1960 neue Formen des Weltbezugs gestaltet.

2   George Saikos ‚Realismus des inwendigen Menschen' als Transformation der Fantastik

George Saikos 1962 publizierte Erzählsammlung *Giraffe unter Palmen*[3] arbeitet sich an verschiedenen Merkmalen fantastischer Texte ab. Besonders deutlich

---

[2]   „Epochenübergreifend läßt sich die literarische Phantastik als eine Art der Darstellung charakterisieren, die irritierende Synthesen aus Realem und Irrealem schafft. Den Ausgangspunkt bilden traditionelle Wirklichkeitskonzepte, die zersetzt, ausgehöhlt und phantasmagorisch überformt werden – mit unter bis zur totalen Verfremdung der Realität" (Neymeyr 2007: 112). Dieser Position folgt auch Kindt (2012: 48): „Das Phantastische ergibt sich, so die zugrunde liegende Annahme, aus dem Neben- und Gegeneinander von natürlicher (oder realistischer) und übernatürlicher (oder nicht-realistischer) Welt".

[3]   Der Band erscheint 1962 als Sammlung verschiedener während der 1950er Jahre veröffentlichten Kurzgeschichten, die als Einzelerzählungen zum großen Teil in die Werkausgabe eingeflossen sind (Saiko 1990: 30–97).

zeigt sich der Verweis auf Erzählmuster und Motive der fantastischen Literatur in der kurzen Erzählung *Die Statue mit dem Gecko*, die das in der Fantastik prominente Motiv der Statuen-Belebung (vgl. Klotz 1999: 47–92) aufgreift. Die Kurzgeschichte, die in einer italienischen Küstenstadt situiert ist, handelt von einem Touristenpärchen Gil und Muriel, die sich von ihrer Reisegruppe abgesondert haben,[4] um im Meer schwimmen zu gehen. Von Beginn an herrscht eine unheimliche Stimmung, die sich im Beklemmungsgefühl der Protagonisten äußert, das Muriel zuerst artikuliert: „‚Es ist fast zum Fürchten. Ich werde das Gefühl nicht los, daß jemand mich beobachtet.‘ […] Er [Gil] glitt bereits wieder ins Wasser. Es war, als spürte auch er die unnennbare Bedrückung und wollte ihr entgehen" (Saiko 1990: 60). Kurz darauf bestätigt sich das unheimliche Gefühl der Figuren. Denn während Muriel am Strand auf ihren Partner wartet, erscheint plötzlich eine Gestalt, die als die im Titel bereits angekündigte ‚Statue' beschrieben wird:

> Der Bursche stand dort neben dem mannshohen Block, hinter dem er offenbar hervorgekommen war, tief sonnenverbrannt, in einer schwarzen Dreiecks-Badehose, die diesen Namen gerade noch verdient, hatte – und das gehörte mit zu der Überraschung, die Muriel aufatmen ließ – tizianblonde Haare und ganz schwarze, scharf und unablässig auf sie gerichtete Augen. […] Er war wie eine Statue, unbedingt klassisch, sogar der Schnitt seines Gesichts… unwillkürlich suchte sie die Unterteilung der Brust, die ovale Linie der Bauchdecke, die Formen des Kanons. (Saiko 1990: 60f.)

Für die Erzählung lässt sich Todorovs Kriterium der strukturellen Unschlüssigkeit fraglos veranschlagen, insofern der tatsächliche ontologische Status des unbekannten Mannes bis zum Ende unklar bleibt. Für eine realistische Lesart spricht, dass ‚der Bursche' während eines Tanzfestes am Abend als ein ortsansässiger Fischer wieder auftaucht, sowie die eher metaphorische Verwendung des Begriffs ‚Statue': „Die Statue lehnte an der Estrade, trug jetzt eine Fischerhose und ein orangenes Hemd" (Saiko 1990: 64). Eine Lesart, die das Geschehen als übernatürlich versteht, wird dadurch gestützt, dass die Gestalt ebenso unmittelbar erscheint wie verschwindet, sowie durch das Gefühl, das die Frau mit dem Erscheinen des Mannes verbindet: „Muriel fühlte genau wie am Nachmittag auf dem Badeplatz das Eiskalte über dem Herzen, den Schock, der sie alles hinzunehmen zwang" (Saiko 1990: 64). Zudem liefert die Erzählung weitere ungeklärte Details. So gibt der unbekannte Mann Muriel einen Gecko mit, den sie in einer Kiste in ihrem Hotelzimmer verstaut. Als sie am Abend nachsieht, ist dieser jedoch spurlos verschwunden (vgl. Saiko 1990: 64).

---

[4] Nebenbei wird erwähnt, dass die Reisegruppe sich der Malerei widmet. Dieser Umstand ist nicht unbedeutend da Muriels Wahrnehmung von einem ‚künstlerischen Blick' bestimmt ist (s. u.).

Obwohl die Erzählung explizit Motive und Strukturmerkmale fantastischer Texte aufruft, rückt die Frage, ob auf der Ebene der Diegese nun übernatürliche oder realistische Ereignisse erzählt werden, zugunsten einer psychologisch-psycho-analytischen Codierung in den Hintergrund. Die Dominanz dieser Codierung zeigt sich besonders deutlich in der ersten Begegnung zwischen Muriel und dem fremden Mann, die über das Motiv des Geckos implizit als Sexualakt erzählt wird, der die geheimen Wünsche Muriels zum Vorschein bringt:

> Unwillkürlich faßte sie nach seinem Arm, schüttelte ihn, da bemerkte sie den Gecko. Eine Art Eidechse, etwa zwei Spannen lang, an einem Faden, der um seinen Hals (wo der Hals gewesen wäre, wenn der Gecko einen gehabt hätte) gewickelt und an der Badehose festgemacht war. […] Er hielt seinen muskulösen, leicht beharrten Arm neben ihren glatten weißen mit den von der Sonne aufgezogenen Streifen. Dann faßte er ihre Hand und führt sie über den Rücken des Gecko, der sich feindselig zusammenzog. Sie erschrak noch mehr, aber es war nicht ihr Widerwille gegen die Berührung des Tieres, sondern als stünde, was der Bursche mit ihrer Hand tat, in einem gar nicht vorstellbaren und dennoch allem Zweifel entrückten Zusammenhang mit Gils Verschwinden […]. (Saiko 1990: 61f.)

Dieses Verfahren, das Merkmale fantastischer Erzählungen aufruft, um diese dann durch eine psychologische Codierung zu überformen, steht im Zentrum von Saikos Erzählsammlung *Giraffe unter Palmen*. Dies gilt für solche Erzählungen, die bis zum Schluss das Moment der Unschlüssigkeit aufrechterhalten wie auch für diejenigen Kurzgeschichten, die letztlich den Status des Fantastischen aufheben und ins Unheimliche verschieben.[5] Die Verlagerung auf die psychologische Disposition der Figuren entspricht dabei Saikos Programm eines ‚Realismus des inwendigen Menschen', das er bis 1960 in verschiedenen Texten ausführt und das deutlich in der sprach- und erkenntniskritischen Tradition der literarischen Moderne steht. Ausgangspunkt dieser Poetik ist die Skepsis gegenüber einer ob-jektiven Wirklichkeit, die in der klassischen Fantastik immerhin noch den Aus-gangspunkt des doppeltstrukturierten Verfahrens bildet (vgl. Durst 2007: 275–280):

> In der aus Joyce hervorgegangenen Darstellungsweise spielt die äußere Wirklichkeit, spielt die deskriptive Schilderung der ‚objektiven Welt' keine Rolle

---

[5]   Ein Beispiel für die erste Variante stellt auch die Erzählung *Giraffe unter Palmen* (Saiko 1990: 30–33) dar, in der bis zuletzt offen bleibt, ob die Figuren Zeugen über-natürlicher Ereignisse sind. Beispielhaft für die zuletzt genannte Struktur kann die Er-zählung *Der feindliche Gott* (Saiko 1990: 39–43) gelten, in der ein junger Mann mit einer – aus seiner Perspektive – irrealen Wirklichkeit konfrontiert wird, die bis zuletzt für ihn den Status des Irrealen behält, während der Leser die Ereignisse bereits als re-alistisch durchschaut hat.

mehr, weil es in ihr äußere Wirklichkeit nur insofern gibt, als sie zugleich innere Wirklichkeit, das heißt, von den gefühlsmäßigen Erlebnismomenten des Individuums her geformt ist. (Saiko 1986: 237)

Der Verzicht auf eine objektive Darstellung von Wirklichkeit impliziert jedoch nicht, dass Sprache jeglichen Weltbezug aufgeben muss. Vielmehr wird in der Darstellung subjektiv-psychologischer Vorgänge eine neue referentielle Ebene ausgemacht, auf der sich letztlich das Spiel der Fantastik wiederholt, insofern es auch hier zu einer Spannung zwischen rationalen und irrationalen Kräften kommt, zwischen rationalen Oberflächenphänomenen und irrationalen Tiefenprozessen:

> Der neue Realismus des ‚inwendigen Menschen', dieser magische Realismus ist jedoch nicht auf eines oder mehrere Grundmotive, die tiefenpsychologischen Veranlassungen der seelischen Erscheinungswelt beschränkt [...]. Sein unerschöpfliches Thema sind die affektiven Vorstellungen und ihre Verbindungen, das Triebhafte, die subjektiven Symbolbildungen, kurz, die vor- und unbewußten, eigentlich gestaltenden Kräfte, die im Dasein des einzelnen eine so entscheidende Rolle spielen. Die Aufgabe des Romanschreibers ist es zu zeigen, wie dieses ‚Agens der Tiefe', diese untergründigen, hintergründigen Mächte durch die oberste Konventionsschicht hindurchbrechen und zum Konflikt mit ihren Instanzen die eigentlichen Ursachen beisteuern. (Saiko 1986: 241)

Damit bleibt Saikos Magischer Realismus einerseits der klassischen Fantastik in zweifacher Hinsicht verpflichtet, insofern nicht nur wesentliche Motive der fantastischen Literatur übernommen werden, sondern auch das für die Fantastik zentrale Spannungsverhältnis zwischen einer realen und einer irrealen Wirklichkeit. Indem die in den fantastischen Texten bereits angelegten psychologisch-psychoanalytischen Muster übersteigert und generalisiert werden, findet andererseits eine Transformation der Fantastik statt.

Zeitgenössisch grenzt sich Saikos ‚Realismus des inwendigen Menschen' sowohl vom Surrealismus ab, der laut Saikos die irrationalen Kräfte absolut setzt, als auch von einem (epochenübergreifenden) Naturalismus, der einseitig „impressionistische Umweltschilderung und rational-naturalistische Psychologie" (Saiko 1986: 235) betreibe. Hubert Roland stellt Saikos Programm deshalb in die Tradition des deutschsprachigen Magischen Realismus der Zwischen- und Nachkriegszeit, den Roland in Anlehnung an Michael Scheffels Untersuchungen wie folgt beschreibt: „Zentral ist hier die Spannung zwischen der quasi neusachlichen ‚Schärfe' in der Beschreibung einer auf den ersten Blick vertrauten Welt und dem Bewusstsein der ständigen Präsenz eines ‚Geheimnisses', das sich hinter den Dingen verborgen hält" (Hubert 2008: 173). Gerade im Vergleich mit dieser Tradition des Magischen Realismus erweist sich jedoch Saikos Beharren auf psychologische Prozesse als besonders entscheidend. Denn während etwa die Texte Elisabeth Langgässers, Oskar Loerkes und Georg Brittings nachdrücklich an metaphysischen Erklärungsmusters festhalten (vgl. Leine 2014), werden diese in Saikos ‚Realismus des inwendigen Menschen' konsequent psychologisiert: „Die Grundlagen seiner Begriffsbildung liegen in den Theorien Freuds und Jungs. Dieses ausdrückliche Interesse für die Psychologie bzw. die Psychoanalyse unterscheidet ihn von anderen Theoretikern des Magischen Realismus" (Hubert 2008: 178).

Damit befindet sich Saiko in den 1950er und 1960er Jahren in guter Gesellschaft. Schon Jean-Paul Sartre spricht sich in seinem 1947 publizierten Essay *Aminadab oder das Phantastische als eine Sprache*, der 1965 auch in deutscher Sprache erscheint, für eine psychologisierende Fantastik aus, die sich von den metaphysischen Konzeptionen der Nachkriegszeit distanziert:

> Allerdings wird sich das Phantastische, um im zeitgenössischen Humanismus Platz zu finden, wie alles andere domestizieren, auf die Erforschung der transzendenten Realitäten verzichten und sich damit bescheiden, das Menschsein zu transkribieren. [...] So nähert sich das Phantastische durch seine Humanisierung der idealen Reinheit seines Wesens und wird, was es war. Es hat alle künstlichen Zutaten abgestreift: leere Hände, leere Taschen; die Fußspur am Boden haben wir als die unsere erkannt; keine Sukkuben, keine Gespenster, keine weinenden Quellen mehr, es gibt nur noch den Menschen [...]. (Sartre 1978: 96)[6]

Die Akzentuierung subjektiv-psychologischer Prozesse wird ab den 1950er Jahren offenbar so bedeutsam, dass sie auch die literaturwissenschaftliche Rezeption des deutschsprachigen Magischen Realismus der Zwischen- und Nachkriegszeit bestimmt. So deutet Leonard Forster Ernst Jüngers, Hermann Kasacks oder auch Elisabeth Langgässers magisch-realistisches Erzählen dezidiert als Projekt, den Menschen „samt den Tiefen seines Wesens" (Forster 1950: 87) zu erschließen:

> Hier werden drei Wege eingeschlagen: erstens die Adaptierung und Deutung der alten Mythologie, vor allem in der Nachfolge Nietzsches; zweitens die Ergründung der Traumwelt; drittens die Erfassung und Deutung der äußeren Welt im Lichte des Unbewussten. Dies heißt, so wie ich es verstehe ‚magischer Realismus'. (Forster 1950: 87)

Auch Steven de Winter präsentiert in seinem zehn Jahre später veröffentlichtem Aufsatz, der an die Ergebnisse Forsters anknüpft, eine psychologische Lesart des Magischen Realismus:

> Jedenfalls kommt es jetzt darauf an, den rationalen, bewussten Menschen in den Tiefen seines Wesens zu erfassen. Im Grossen und Ganzen kann man in der magisch-realistischen   Literatur   drei   Verfahren   unterscheiden,   die

---

[6]   Der Verweis auf Sartres Fantastik-Verständnis findet sich bereits bei Barbetta (2002: 61).

selbstverständlich in einem Werk neben- und durcheinander angewendet werden können. Erstens die Anpassung und Deutung der alten Mythologie (Langgässer, Kasack, Warzinsky, Joyce u. a.), zweitens die Ergründung der Traumwelt (Hofmann, Meyrink, Jünger), drittens die Erfassung und Deutung der Welt im Lichte des Unbewussten, oder besser des Unterbewussten. (de Winter 1960: 252)

Wie die neuere Forschung zeigen konnte, sind psychologische Erklärungsmuster in den Texten des Magischen Realismus der Zwischen- und Nachkriegszeit jedoch keinesfalls die Regel (vgl. Scheffel 1990: 87f.). Forsters und de Winters Einordnungen erweisen sich damit vor allem als ein rezeptionsgeschichtliches Phänomen der 1950er und frühen 1960er Jahre.

Der Unterschied zwischen Saikos ‚Realismus des inwendigen Menschen' und dem Magischen Realismus der Zwischen- und Nachkriegszeit lässt sich anhand von Saikos Erzählsammlung *Der Opferblock* beispielhaft illustrieren. Analog zu zahlreichen Texten des deutschsprachigen Magischen Realismus verhandelt auch Saikos Erzählsammlung Kriegserfahrungen des 20. Jahrhunderts. Die Texte des Magischen Realismus figurieren den Krieg jedoch zumeist als dämonische Erscheinung, die von außen in die Welt der Figuren einbricht und die Koordinaten einer alltäglichen Wirklichkeit erschüttert. Im Angesicht der Undurchschaubarkeit der Welt stellen die Texte wiederholt die Frage nach einem übergeordneten metaphysischen Sinn. Dabei wird die Weltordnung nicht selten als schicksalhafter Zusammenhang imaginiert, dem das einzelne Subjekt ausgeliefert ist (vgl. Leine 2014). Als paradigmatisch kann die Auffassung des dänischen Königs Hamlet aus Georg Brittings Roman *Lebenslauf eines dicken Mannes, der Hamlet hieß* gelten: „Irgendwas war, was einen trieb und schob, da war nichts zu bereuen, und vielleicht würde man einmal erfahren, was einen gestoßen und geschoben hatte, wahrscheinlich war es ja nicht, daß man je Aufklärung erhielt" (Britting 1983: 225).[7]

Auch *Der Opferblock* setzt sich mit dem Verhältnis des einzelnen Subjekts zur Katstrophe des Ersten und Zweiten Weltkrieges auseinander. Im Gegensatz zu den Texten des Magischen Realismus der Zwischen- und Nachkriegszeit verlagert sich die Aufmerksamkeit in Saikos Erzählung jedoch von der Opazität einer objektiven Weltordnung auf die Rätselhaftigkeit der subjektiven Erfahrung. In der Erzählung *Die Schwingen des Doppeladlers* versucht eine Figur namens Hugo aus zeitlicher Distanz die Ereignisse in einem Feldlager des Ersten Weltkrieges zu rekonstruieren. Dabei greift die Erzählung zur Darstellung der Lagerrealität zunächst auf Motive der fantastischen und magisch-realistischen Literatur zurück. So wird beispielsweise der Besuch eines Lagerbordells als ein unheimliches Geschehen erzählt:

---

[7] Der Hamlet-Plot dient in Brittings Roman als Vorlage, um Kriegserfahrungen des Ersten Weltkriegs zu verhandeln. Die zeitgenössischen Bezüge sind im Text selbst angelegt (Leine 2014: 36–39).

> Keine lebendige Seele da; ein viel zu großer Lüster, an dem dicht nebeneinander zwei Flammen brannten, so daß die eine Hälfte des Raums wie von einem nicht abzusehenden Block Finsternis zugedeckt war, während die andere im gespenstischen Dämmergrau der Spiegel ihre Grenzen verlor. [...] Beinahe stand er heute wieder so wie damals, starrte auf die braunen Samtportieren, dachte, was sie wohl verbargen, und hatte das Gefühl, daß er nicht allein sei. (Saiko 1990: 106)

Auf der Ebene der Diegese liest sich die Beschreibung des unbestimmten, seine Grenzen verlierenden Raums zunächst als Verweis auf die Auflösung einer fest umrissenen, klar strukturierten Wirklichkeit, die in Zusammenhang mit der Kriegserfahrung des Protagonisten steht. Das Gefühl des Protagonisten, ‚daß er nicht allein sei', ließe sich in diesem Zusammenhang als Hinweis auf die Präsenz einer unbestimmt bleibenden Instanz verstehen, die über eine Deutungshoheit verfügt, die dem Protagonisten vorenthalten bleibt, der ‚finstere Block' als Verweis auf ein verborgenes Geheimnis.[8] Tatsächlich bezeichnet der ‚finstere Block' jedoch kein Unbestimmtheitsmoment auf der Ebene der Diegese, sondern eine Leerstelle im Erinnerungsprojekt der Figur, wie der im Zitat ausgesparte Satz explizit formuliert: „Die erste bedeutende Gedächtnislücke – diese Szenen des Hergangs, die er als Trug, Ausflucht, Täuschung unmöglich hinnehmen konnte. Aber wen wollte er täuschen? Er erinnerte sich haargenau und wußte dennoch, es war falsch" (Saiko 1990: 106).[9]

Der Konflikt zwischen dem erinnernden Bewusstsein und der Vergangenheit, die sich als Referenzpunkt dem sinnstiftenden Zugriff des Erinnernden entzieht, drückt sich auch im weiteren Verlauf der Szene aus, in der Hugo einer Prostituierten begegnet, die ihn, wie sich herausstellt, tatsächlich heimlich beobachtet hat. Das Unheimliche, das sich weiterhin mit der Figur verbindet, liegt letztlich vor allem darin begründet, dass ihr anscheinend gelingt, was dem Protagonisten verwehrt bleibt. Denn während die Erinnerungsarbeit Hugos lediglich an der Oberfläche der Erscheinungen kratzt, scheint der Blick der Prostituierten bis in die Tiefe seines Wesens vorzudringen:

> Nun kam sie zwei Schritte heran, beugte sich hinab, als durchdringe sie ihn mit den Blicken, sehe durch und durch, während er mit ihrem Äußeren beschäftigt war (mager, wahrscheinlich größer als er, offenbar hatte sie einiges hinter sich,

---

[8]   In den Texten des Magischen Realismus werden solche gegenüber der Figuren- und Erzählperspektive externen Deutungsinstanzen immer wieder figuriert. Als paradigmatisch kann der Mann im Mond gelten, der in Jüngers poetologischem Brief als eine alle Zusammenhänge überschauende Gestalt vorgeführt wird, welcher der Erzähler des Briefes mit seiner beschränkten Wahrnehmung gegenübersteht (vgl. Jünger 1984).

[9]   Bereits Burgstaller konstatiert, dass „Hugos Vergangenheitsrekonstruktion weniger auf äußeres Geschehen als auf psychische Reaktionen und Bewegungsabläufe zwischen den Akteuren abzielt" (Burgstaller 1977: 225).

sehr brünett, einen flachen Teller aus Haar über dem Scheitel [...]. Eigentümliche Augen, glitzendes Gelb, ein kräftiges Braun hineingemischt, sie behielten etwas Unbestimmtes auch jetzt, wo sie ihn musterte; viel Routine und zu viel Kosmetik). (Saiko 1990: 107)

Zwar wird in der Darstellung der Prostituierten das für fantastische Texte klassische Motiv des bösen Blicks der *femme fatale* noch anzitiert,[10] ohne jedoch weiter ausgestaltet zu werden. Im Verlauf der Erzählung zeigt sich vielmehr, dass die Prostituierte Irene kein Werkzeug einer unheimlichen Macht darstellt, sondern selbst Opfer einer sozialen Intrige des Befehlshabers wird, der nicht nur das Leben der Prostituierten, sondern auch das seiner Soldaten aufs Spiel setzt, um höheren Instanzen zu imponieren (vgl. Saiko 1990: 111f.). Die Frage nach einem verborgenen Sinn, einer metaphysischen Bedeutung des Krieges wird damit konsequent entmythologisiert und auf psychologische und soziale Zusammenhänge übertragen:

> Der Massenverschleiß von Menschenleben gehört naturgemäß zur Definition des Krieges. Doch die in den hier vorgelegten Ansichten des militärischen Alltags auftretenden Verluste fallen nicht einem anonymen Kriegswesen zum Opfer. Saikos den inneren Mechanismus des Heereslebens durchleuchtende Betrachtungsweise zeigt sie als Opfer der irrationalen Handlungsweise des einzelnen Befehlsgebers, die ihrerseits in vielfach trivialen, doch den Umständen gemäß tödliche Konsequenzen zeitigenden psychischen Spannungen und Konflikten gegründet scheint. (Burgstaller 1977: 228)

Folgerichtig führt auch die Frage der Soldaten nach dem verborgenen Sinn ihrer eigenen Handlungen unvermeidlich zur Reflexion des militärischen Apparats, in dem sie agieren:

> Beide fühlten sie nicht das Lächerliche und Unwürdige ihrer Lage, sondern die neuartige Abhängigkeit, die durch fremde Gesichtspunkte bestimmt, mit völlig ungewohnten Maßstäben zu messen war. Jeder Beschluss über sie ging von Instanzen aus, die sie nicht einmal mit Namen kannten, mit denen vertraut zu werden kaum faßbar, vielleicht unmöglich schien. (Saiko 1990: 102)

Anders als in der Fantastik und in ausdrücklichem Gegensatz zum Magischen Realismus der Zwischen- und Nachkriegszeit werden die ‚fremden Gesichts-

---

[10] „Das alte Motiv des *bösen Blicks* [...] verbindet sich seit der Romantik mit der Dämonie des verführerischen Blicks und erzeugt ein ‚Pandämonium des Blicks‘ (Beispiele bei Tieck, Hoffmann, Jean Paul); ‚Magie‘ ist hier nicht Zauberkunst, sondern Resultat einer neidvollen und sinnlichen Natur" (Frenschkowski 2013: 412). Vgl. auch Hilmes (2013: 362–370) Ausführungen zur *femme fatale* in der fantastischen Literatur.

punkte' konkreten sozialen Instanzen zugewiesen. Unheimlich ist hier nicht eine den Menschen von außen entgegentretende Macht, sondern der Mensch selbst.

3   Rolf Dieter Brinkmanns frühe Prosa und der Magische Realismus

Die Überführung von Metaphysik in Psychologie, die Saikos ‚Realismus des inwendigen Menschen' von der Tradition des Magischen Realismus der Zwischen- und Nachkriegszeit unterscheidet, lässt sich ansatzweise auch in Brinkmanns früher Prosa ausmachen. Es zeigt sich jedoch, dass Brinkmanns frühe Texte „dem ‚Alten Magischen Realismus' immer verhaftet" (Schäfer 2001: 256) geblieben sind.

Brinkmanns bis 1985 unveröffentlicht gebliebene Erzählung *Früher Mondaufgang*, die zu den ersten Prosastücken des Autors zählt, bedient sich, wie bereits Schäfer herausgestellt hat, dezidiert eines „magisch-realistischen Tableau[s]" (Schäfer 2001: 260). Erzählt wird davon, dass eine Gruppe von Jungen am Ende eines Sommers ein unbewohntes und verfallenes Haus aufsucht, das „für sie etwas Geheimnisvolles" (Brinkmann 2008: 396) hat. Dabei unterstützt die Sprache des Textes die Atmosphäre des Geheimnisvollen auf der Ebene der Diegese.[11] Oliver Kobold spricht von „Kompositabildungen mit Synästhesiewirkung, die keine Präzision erzielen, sondern eine Stimmung des Ungreifbaren, Unbestimmten erzeugen" (Kobold 2008: 177).

Zunächst lassen sich auch Merkmale der fantastischen Literatur ausmachen, da der Text vorübergehend offen lässt, ob es in dem Haus spukt oder nicht. So stellen die Jungen mit dem Betreten des Hauses zwar erleichtert fest, dass es sich bei dem Gebäude nur um ein gewöhnliches Haus handelt, ein „altes Haus ohne Märchen (denn wer von ihnen glaubte noch an Märchen, denn über ein solches Alter waren sie längst hinausgewachsen), kein Hexenhaus" (Brinkmann 2008: 401). Die für fantastische Texte typische Unschlüssigkeit wird jedoch durch den Verweis auf ein unbestimmtes Geräusch aus dem oberen Stockwerk, „ein Scharren, ein Schrittgeräusch, das herunterrieselte" (Brinkmann 2008: 402) zunächst aufrechterhalten. Erst als den Jungen klar wird, dass sich Heiner, ein Mitglied der Gruppe, unbemerkt ins obere Stockwerk begeben hat, wird eine realistische Ordnung re-etabliert.

---

[11]   „Da war das alte Haus, in dem schon lange niemand mehr wohnte, umgeben von einem großen Gartenstück, das verwildert und ins Formlose verschoß [...]. Daß die Kinder hier am liebsten spielten und sich durch das Gebüsch trieben, in welches sie Gänge und Höhlen gebrochen hatten, war nur zu verständlich, denn es war wohl Urwald und mit Geheimnissen angefüllt, flirrendes Grün, luftige, grüne Blütengruft, Halbschatten, blätterschattrig und Geruch von mürbem, abgestorbenem Unterholz [...]" (Brinkmann 2008: 393f.).

Obwohl der Text also keine übernatürlichen Ereignisse erzählt, wird die alltägliche Realität der Jugendlichen dennoch erschüttert, da Heiner kurz darauf durch die morsche Decke des oberen Stockwerks stürzt und tödlich verunglückt. In Heiners Unglück bestätigt sich die „dunkle Ahnung" (Brinkmann 2008: 400), welche die Jugendlichen von Anfang an verspüren:

> [...] was war, wußte jeder von ihnen auf eine erregende Empfindung hin, daß irgendetwas geschehen würde, aber das war, ohne daß sie es hätten wiederum sagen können, war um sie herum und war in sie eingedrungen, war, und es hatte auch so kommen müssen, das war wie ein Dunkles, das sie anzog [...].
> (Brinkmann 2008: 400)

Auf der Textebene wird die ‚dunkle Ahnung' der Jugendlichen in dem synästhetischen Ausdruck des „dunkle[n] Aufschlagen[s]", mit dem der Sturz Heiners beschrieben wird, auch formal eingelöst: „Es war ein dumpfes Aufschlagen zu hören, so wie ein Kartoffelsack auf die Erde fällt, nicht einmal zu laut oder polternd und auseinanderfallend, sondern als ein dunkles Aufschlagen" (Brinkmann 2008: 403). Indem der Text ein reales Geschehen in den Kontext einer numinosen Schicksalsordnung stellt, schwenkt der Text von einem fantastischen in einen magisch-realistischen Code: Der Status des Erzählten ist eindeutig, die Wirklichkeit selbst bleibt jedoch geheimnisvoll.

Der fantastischen wie auch der metaphysischen Codierung steht allerdings auch in Brinkmanns Erzählung eine psychologisch-psychoanalytische Codierung gegenüber, die sich jedoch erst jenseits der Figurenperspektive erschließt. So lässt sich das Eindringen der Jungen in das fremde Haus auch als adoleszenter Initiationsritus verstehen, als „Übergang in eine neue Lebensphase" (Kobold 2008: 173). Angelpunkt dieser Codierung, die Oliver Kobold herausgearbeitet hat, bildet ein Gespräch unter einer Gruppe älterer Jungen, das für die jüngeren überhaupt erst die Motivation liefert, das Haus aufzusuchen. So mutmaßen die älteren Jungen, dass sich eine Frau in dem Haus aufhalte, die etwas „Handfestes unter der Bluse" (Brinkmann 2008: 397) habe. Auch der deutliche Verweis auf die Übergangzeit („Spätsommer, Hochsommer, Fallobstzeit, Äpfelzeit", Brinkmann 2008: 395), die sich mit der Sehnsucht der Jungen verbindet, „noch etwas [zu] erleben, das alles andere übertreffen sollte" (Brinkmann 2008: 397), weist das Eindringen in das vermeintlich unbewohnte ‚Hexenhaus' als ein sexuell konnotiertes Geschehen aus: „Die sexuellen Konnotationen sind damit eindeutig exponiert. Die Vorstellung, in das öde Haus ‚einzudringen', ist für die Jungen mit einer ‚erregenden Empfindungen' verbunden" (Schäfer 2001: 259).

Anders als in Saikos Erzählung wird in Brinkmanns Text jedoch weder die metaphysische noch die psychoanalytische Codierung durch die Erzählinstanz autorisiert. Die Erzählung endet damit, dass Rainer, einer der Jungs, den Mondaufgang durch das Fenster beobachtet. In dieser abschließenden Szene überlagern sich psychologische und metaphysische Codierung, ohne dass es zu einer Auflösung kommt:

> [...] und Rainer sah noch, als er sich halb umwandte und zufällig, daß ganz nah und tief und voll-dotterig schwer der Mond am Fensterkreuz hing, nahm es nur flüchtig wahr, aber mit schmerzender Eindringlichkeit, hatte nicht einmal bewußt hingesehen, denn er drängte doch auch zur Tür, nahm es in sich auf, war überdeutlich zu sehen, hatte es vorher gar nicht beachtet: das war hochgekommen: ein Laubmond, Herbstmond, Septembermond, aufgedunsen und wild, schwer, das Schwarz hing durch nach unten hin, war nach unten durchgebrochen, das Dottrige schwamm im Fenster, gelbe Gelatine, das war nur augenblicklang, aber wie nah, während er noch zur Tür hingesogen wurde, er fiel zur Tür hin [...]. (Brinkmann 2008: 403)

Im Kontext der metaphysischen Codierung reflektiert der ‚frühe Mondaufgang' den verfrühten Untergang beziehungsweise den Sturz Heiners spiegelverkehrt in einer kosmischen Ikonografie und weist den Sturz Heiners als Resultat einer dem menschlichen Bewusstsein entzogenen Weltordnung aus. Dabei wird der als ‚wild und aufgedunsen' personifizierte Mond als eigentlicher Akteur der Szene figuriert. Denn das Aufsteigen des Mondes bewirkt erst das ‚nach unten Durchbrechen' der Dunkelheit (das letztlich den Todessturz Heiners abbildet), während Rainer passiv bleibt (‚während er noch zur Tür hingesogen wurde'). Die Überblendung von Mond und Fenster-‚Kreuz' unterstützt den Verdacht, dass der Mond mit dem Tod Heiners auf geheimnisvolle Weise in Verbindung steht. Vor dem Hintergrund der psychologischen Codierung des Textes liest sich die Beschreibung des Mondaufgangs, die Rainer ‚nicht einmal bewusst' wahrnimmt, aber ‚mit schmerzender Eindringlichkeit', als ein impliziter Verweis auf einen Vorgang in Rainers Psyche: ‚das war hochgekommen'. Der Mondaufgang erweist sich in diesem Sinne nicht als kosmische Spiegelung, sondern als eine Projektionsfläche, auf der sich das Trauma von Heiners Sturz für Rainer wiederholt.

Die für *Früher Mondaufgang* charakteristische Überlagerung von Metaphysik und Psychologie bestimmt auch noch Brinkmanns Erzählung *In der Grube*, die 1962 als Prosadebüt des Autors in Dieter Wellershoffs Erzählband *Ein Tag in der Stadt. Sechs Autoren variieren ein Thema* veröffentlicht wird. Vordergründig handelt die Erzählung davon, dass ein Mann eine Bahnreise unterbricht, um seine Heimatstadt zu besuchen, wo er sich dann mit verschiedenen Erinnerungen aus seiner Kindheit und Jugend konfrontiert sieht. Anders als *Früher Mondaufgang* ist der Text konsequent intern fokalisiert und damit immer schon als subjektive Erfahrung des Protagonisten markiert, der abwechselnd als homodiegetischer Erzähler (Ich) und als Figur (Er) auftritt. In der detaillierten Beschreibung der Umgebung der Figur, die dem programmatischen Ziel verpflichtet ist, „das Phänomen Stadt zu erfassen" (Brinkmann 2008: 408),[12] kommt zunächst die für

---

[12]   In Wellershoffs Sammlung ist jeder Erzählung ein programmatisches Begleitwort beigefügt, das in der hier zitierten Ausgabe im Anhang abgedruckt ist.

Brinkmanns Spätwerk typische Poetik der Oberfläche zum Ausdruck,[13] die der Autor an anderer Stelle folgendermaßen benennt:

> Worauf es ankommt, ist, sich den ‚Fakt' abzuschauen, das vorhandene Material aufzunehmen, *sich das ‚Bild' zu beschaffen*, also: in der Stadt herumzugehen, Zeitung zu lesen, ins Kino zu gehen, zu ficken, sich in der Nase zu bohren, Schallplatten zu hören, dumm mit Leuten reden… sich selbst und anderen auf die Nerven zu fallen! […] *ich finde gewöhnliche Sachen schön, weil sie nichts bedeuten, und daß sie nichts bedeuten, ist ihre Tiefe* – je weniger ‚etwas' Bedeutung hat, desto mehr ist es ‚es selbst' und damit Oberfläche, und allein Oberflächen, wie jeder weiß, sind ‚tief'!" (Brinkmann 1984: 141f.)

Diesem Verfahren lässt sich in der Erzählung *In der Grube* augenscheinlich auch das Neutralitäts-Postulat zuordnen, eine Gleich-Gültigkeit gegenüber Wahrnehmung und Darstellung, die regelmäßig wiederholt wird:

> [E]r war übernächtigt, überwach, eine überwache Empfindlichkeit, die er verspürte, mit dem Geschmack nach nichts auf der Zunge, fade, wirklich nach nichts, was zu schmecken war, gleichgültig, und er stand da, gegen die Fliesenwand, Kacheln, weiß, weiße Vierecke, das gleichmäßige Muster, Platten, hatte sich die Hose aufgeknöpft, und er knöpfte sich die Hose wieder zu, gleichgültig, nahm das Rieseln des Wassers auf, es rieselte aus den Nickelknöpfen, breit ausgefächert […]. (Brinkmann 1984: 8)

Die Empfindlichkeit des Protagonisten in Verbindung mit der behaupteten Neutralität suggeriert eine wertfreie Dokumentation von Wahrnehmungen, eine direkte Überführung von oberflächlicher Anschauung in oberflächliche Darstellung, die hier paradigmatisch in der Beschreibung der flachen Kacheln des Urinals zum Ausdruck kommt. Damit wäre Brinkmanns frühe Erzählung reibungslos in die Poetologie seines Spätwerkes eingereiht.

Ganz so einfach ist es jedoch nicht. Denn der detaillierten und simultanen Protokollierung der urbanen Oberfläche steht in Brinkmanns *In der Grube* die Erinnerung des Protagonisten an Kindheit und Jugend gegenüber, die letztlich die Oberflächenwahrnehmung immer wieder durchbricht und irritiert: „und draußen gingen sie vorbei, nur Bewegungen, Schritte, Mäntel, Taschen, Hüte, Frauen, Kinder, Männer, Mädchen, Autos fuhren vorüber, das war nicht mit einzubeziehen für ihn, er war zurückgefallen" (Brinkmann 2008: 26). Metaphorisch drückt sich dieses Zurückfallen in der Metapher des In-der-Grube-

---

[13] Zu Brinkmanns Ästhetik der Oberfläche siehe Strauch (1998: 47ff.) und Selg (2001: 37–39).

Sein aus: „Der Erinnernde befindet sich in der ‚Grube' seiner Vergangenheit" (Kobold 2008: 497).[14]

Betrachtet man nun die Gesamtgestaltung von Brinkmanns Erzählung, so fällt eine deutliche Diskrepanz zwischen dem ‚Realismus der Oberfläche' auf, der auf die Erfassung des Phänomens Stadt gerichtet ist, und der Erinnerung, die durch die topologische Markierung des In-der-Grube-Seins bereits metaphorisch mit dem Prädikat einer wie auch immer gearteten Tiefendimension ausgestattet ist. Moritz Baßler betrachtet darum das ‚Mantra der Gleichgültigkeit', das sich programmatisch mit dem Realismus der Oberfläche verbindet, als durchaus problematisch. Baßler zufolge ist

> die gewollte, programmatisch positive Gleichgültigkeit der Erzählinstanz als defizitärer, aber durchaus bedeutsamer Zustand entlarvt, der aus unbewältigten Kindheits- und Jugenderinnerungen herrührt. Oder noch einmal anders formuliert: Der Neue Realismus gelingt Brinkmann nur um den Preis einer künstlichen Verschleierung der dichten – um nicht zu sagen: dicken – Semantik seiner Prosa, einer Verschleierung, die sowohl im Kommentar als auch auf der Erzähloberfläche aktiv betrieben wird. (Baßler 2011: 29)

Damit ist auch für Brinkmanns Texte eine Dynamik ausgemacht, die für Saikos ‚Realismus des inwendigen Menschen' gilt: eine psychologisch markierte Spannung zwischen der ‚obersten Konventionsschicht' und einem unbestimmten ‚Agens der Tiefe'. Was genau die oberste Konventionsschicht hier eigentlich verschleiert, zeigt sich vor allem in den Episoden, die das Verhältnis des Protagonisten zu seiner Jugendliebe Manon zum Thema haben. Hier verweist das In-der-Grube-Sein auf mehr als eine ambivalent bewertete Vergangenheit und verbindet sich mit der Erfahrung einer auf triebhafte und anatomische Vorgänge reduzierten Sexualität:

> [...] ihr Atem, sein Atem, wo es in ihm aufgebrochen war, ein Blutgerinnsel, eine Blutwelle, die ihn überschwemmt hatte, dunkel, Strudel, der Sog nach unten, saugend, die Falle, die Fleischfalle, oder so ähnlich war das gewesen, was er gedacht hatte: Herz, unser Herz, was ein dick aufgedunsener Blutegel ist, und er hatte geatmet, lebte, und neben ihm an ihn gelehnt war ein anderes gewesen, das hatte auch geatmet, lebte, hatte innen ebensolch einen Blutsauger, Blutegel, innen

---

[14]   Diese Grube der Vergangenheit ist durchaus ambivalent gezeichnet, insofern sich mit der Erkundung der eigenen Jugend und Kindheit sowohl negative Erfahrungen einstellen als auch der utopische Wunsch verbindet, „sich wieder einzunisten im Mutterleib" (Brinkmann 2008: 57). Die ‚Grube' ist in dieser Hinsicht sowohl *locus terribilis* als auch ein Ort infantiler Sehnsucht. Als Schreckensort erweist sich die Kindheit aber auch, weil die Möglichkeit aufgerufen wird, dass Ich/Er als Kind von anderen Kindern tatsächlich in eine Grube geworfen worden ist: „und vielleicht hatten sie ihn beim Spielen wirklich in eine der vielen Gruben geworfen" (Brinkmann 1984: 60).

ebensolch eine mit Blut vollgesogene Qualle, was sich bewegte, ausschied und sich wieder vollsog, [...] aber das war ein als ein großes, anderes Fremdes geworden, ein Dunkles, schwarzes Fleisch, Fußangeln [...]. (Brinkmann 1984: 28)[15]

Als problematisch erweist sich die Erfahrung dieser Sexualität vor allem, weil aus ihr heraus Gewalthandlungen des Protagonisten gegenüber Manon resultieren: „es war ein Fluten, in dem ich forttrieb, und dann hatte ich Manon ins Gesicht geschlagen, mitten in das Gesicht geschlagen, hatte geschlagen, unvermittelt, und Rainer hat mir später erzählt, daß Manon Nasenbluten hatte, als sie zurück in den Keller kam" (Brinkmann 1984: 38f.).

Kobold liest die als pathologisch dargestellte Sexualität primär als Folge „einer Kindheit und Jugend im Nachkriegsdeutschland, deren exemplarische Züge dem Erinnerungsstrom des Protagonisten entnommen werden können" (Kobold 2008: 508). Die Verurteilung der eigenen sexuellen Erfahrung und die daraus resultierende aggressive und autoaggressive Haltung versteht Kobold als einen Effekt der frigiden sozialen Normen der Nachkriegsgesellschaft: „Sie verurteilen die körperliche Nähe zu Manon und verhindern ein unbefangenes sexuelles Begegnen" (Kobold 2008: 523). Diese kulturgeschichtlich zunächst überzeugende Einordnung ist jedoch im Text selbst nicht klar markiert. Tatsächlich konstruiert der Text das In-der-Grube-Sein weniger als historische, sondern als metaphysische Konstitution:

[...] und das Schwungrad hatte sich gedreht groß im Dunkeln, großes Rad mit dem saugenden Kolben, wo es ausgelaufen war, sie beide aufs Rad geflochten, große Bewegung im Dunkeln, das mußte es gewesen sein, was ihm im Café vor der halb leer getrunkenen Tasse Kaffee, süß, schwarz einfiel, ohne Grund in ihm sich wiederholte, in aller Eindringlichkeit, und es schob sich alles ineinander, es drängte ihn zurück, wo sich dann wieder der Leerraum auftat, wie er dort saß und es ihn nicht mehr unmittelbar betraf [...], und das Saugende, der Kolben, groß im Dunkeln, das Schwungrad, was ihn hochgesogen hatte, [...] ein großer Mund, unersättlich, Schoßmund, Muttermund, Nacht, und aus dem zähflüssigen Dunkel hatte man ihn herausgesogen, aufs Rad geflochten, ans Licht getragen, verdammt in das Fleisch geschlagen, Lebensrad, Glücksrad [...]. (Brinkmann 1984: 29)

Zwar lässt der Text an dieser Stelle immer noch eine psychologische Lesart zu, indem auf den „Schoßmund", den „Muttermund", die „Nacht" und das „zähflüssige[...] Dunkel" verwiesen wird, aus dem ‚man ihn herausgesogen' hatte. Der

---

[15] An anderer Stelle wird diese Erfahrung explizit mit dem In-der-Grube-Sein bezeichnet: „was Welt für uns genug gewesen war, etwas anderes hatte es auch gar nicht gegeben, Haaröl, Manon, die Haare in die Stirn gekämmt, Mädchen, bis daß es nach und nach in mir aufgebrochen war, Schlamm, was hochgespült worden war und hängengeblieben, die Grube, in der ich mich gesehen hatte" (Brinkmann 2008: 17).

‚saugende Kolben', der metaphorisch zunächst an den Sexualakt anknüpft, verbindet sich jedoch mit dem Begriff des ‚Schwungrads' und ruft das in den Texten Loerkes und Brittings prominente Bild einer kosmischen Ordnung auf, die sich in den Begriffen ‚Lebensrad' und ‚Glücksrad' dann konkretisiert. Robert Schreyer spricht an dieser Stelle vom „Schwungrad als Marterinstrument", das „die an sie gebundenen Opfer ohne Aussicht auf Änderung vorwärts" (Schreyer 1981: 66) treibt. Der Erzähler (Ich) selbst spricht bedeutungsschwer von einem „Immerdunkel" (Brinkmann 1984: 39), in dem er sich bewegt, sein Geschlechtsorgan wird ihm zum Symbol für „das große, schmerzhafte Gesetz […], das einzige Gesetz" (Brinkmann 1984: 37f.).

Damit werden die Gleichgültigkeitsbehauptungen der Erzählinstanz nicht allein durch die „Hintergrundstrukturen widerlegt, deren ‚Realismus der Tiefe' man eigentlich überwunden zu haben glaubte" (Baßler 2001: 31), sie erweisen sich sogar als Effekt genau dieser Hintergrundstrukturen. Bürgerlichkeit, materieller Besitz, Populär- und Jugendkultur, Journalismus erscheinen belanglos im Angesicht einer Weltordnung, die den Menschen zum bloßen Epiphänomen marginalisiert:

> Der Mann hatte eine Glatze. Der Herr trug einen Siegelring, Gold Initial, gepflegt, maßgeschneiderter Anzug. Das sind sicherlich Schülerinnen. Schon Damen. Keß. Junge Damen. Coca-Cola. Sie redeten durcheinander. Sie lachten. Er dachte, daß es blödsinnig war, die Fahrt zu unterbrechen. Er hätte sich doch eine Zeitung kaufen sollen. Was es Neues gibt. Nichts Neues. Es war immer das Alte. […] Rotze, Kot, Würmer, Schaben, Blähungen, Fernsehen, Hämorrhoiden, Altersschwäche, Verbrennungen, Gehaltserhöhung, Raketen, Weltraum, Zerstörung, Mikroben, Krebs, Sand, Wasser, Nebel, Erektionen, Blutung, Sterne, das führte den wilden Tanz auf, den großen Reigen […]. (Brinkmann 1984: 35, 63)

Abschließend lässt sich damit festhalten, dass die hier verhandelten Texte Saikos und Brinkmanns einige Gemeinsamkeiten aufweisen, insofern beide Autoren um 1960 in kritischer Auseinandersetzung mit den Traditionen des Magischen Realismus und der Fantastik Schreibweisen erproben, die einem psychologisch-psychoanalytisch ausgerichteten Erzählen verpflichtet sind. In der konkreten Ausgestaltung dieser Schreibweisen lassen sich jedoch deutliche Unterschiede festmachen. Wo Saikos Texte das ‚Agens der Tiefe' als Merkmal psychischer Prozesse beschreiben, haftet diesem in Brinkmanns Erzählungen eine metaphysische Aura an, die letztlich auf die Irrationalität der Weltordnung selbst verweist. Während Saikos ‚Realismus des inwendigen Menschen' deutlich an die Tradition einer psychologisch-psychoanalytisch inspirierten Fantastik anknüpft, bleibt Brinkmanns ‚Realismus der Tiefe' zumindest zu einem gewissen Anteil der Tradition des Magischen Realismus der Zwischen- und Nachkriegszeit verpflichtet.

Literaturverzeichnis

Moritz Baßler: In der Grube. Brinkmanns neuer Realismus. In: *Medialität der Kunst. Rolf Dieter Brinkmann in der Moderne*. Hg. v. Markus Fauser. Bielefeld 2011, S. 17–31.

María Cecilia Barbetta: *Poetik des Neo-Phantastischen. Patrick Süskinds Roman ,Das Parfum'*. Würzburg 2002.

Rolf Dieter Brinkmann: Anmerkungen zu meinem Gedicht ,Vanille'. In: *Mammut. März Texte 1969–1984*. Hg. v. Jörg Schröder. Herbstheim 1984, S. 141–144.

Rolf Dieter Brinkmann: *Erzählungen. In der Grube/Die Bootsfahrt/Die Umarmung/ Raupenbahn/Was unter die Dornen fiel*. Reinbek bei Hamburg 2008.

Georg Britting: *Lebenslauf eines dicken Mannes, der Hamlet hieß*. Stuttgart 1983.

Erich Burgstaller: Zu Georg Saikos Erzählungen ,Der Opferblock'. In: Sprachkunst 8 (1977), S. 223–239.

Uwe Durst: *Theorie der phantastischen Literatur*. Berlin, Münster 2007.

Leonard Forster: Über den ,Magischen Realismus' in der heutigen Dichtung. In: Neophilologus 34 (1950), S. 86–99.

Marco Frenschkowski: Magie (Böser Blick, Alraune, Zauber). In: *Phantastik. Ein interdisziplinäres Handbuch*. Hg. v. Hans Richard Brittnacher. Stuttgart 2013, S. 407–413.

Carola Hilmes: Femme fatale/femme fantôme. In: *Phantastik. Ein interdisziplinäres Handbuch*. Hg. v. Hans Richard Brittnacher. Stuttgart 2013, S. 362–370.

Karl-Ulrich Hartwich: Phantastik und/oder Psychoanalyse. Anmerkungen zu einigen Aspekten einer problematischen Beziehung. In: *Die magische Schreibmaschine. Aufsätze zur Tradition des Phantastischen in der Literatur*. Hg. v. Elmar Schenkel et al., Frankfurt a. M. 1998, S. 173–198.

Ernst Jünger: Sizilischer Brief an den Mann im Mond. In: Ernst Jünger: *Blätter und Steine*. Hamburg 1934, S. 110–124.

Tom Kindt: ,Das Unmögliche, das dennoch geschieht'. Zum Begriff der literarischen Phantastik am Beispiel von Werken Thomas Manns. In: Thomas Mann Jahrbuch 24 (2011), S. 43–56.

Volker Klotz: *Venus Maria. Auflebende Frauenstatuen in der Novellistik. Ovid, Eichendorff, Mérimée, Gaudy, Bécquer, Keller, Eça de Queiróz, Fuentes*. Bielefeld 1999.

Oliver Kobold: *,Lange nachdenkliche Gänge'. Rolf Dieter Brinkmanns Lyrik und Prosa 1959–1962*. Heidelberg 2008.

Torsten W. Leine: Ungeheure Gestalten. Narrative Strategien der Traumaverarbeitung im Magischen Realismus der Zwischenkriegszeit. In: *Interférences littéraires / Literaire interferenties. Der Magische Realismus als narrative Strategie in der Überwindung historischer Traumata*. Hg. v. Eugene Arva u. Hubert Roland. Oktober 2014, S. 29–39. URL: interferenceslitteraires.be

Barbara Neymeyr: Phantastische Literatur – intertextuell. E.T.A. Hoffmanns ,Abenteuer der Sylvesternacht' als Modell für Kafkas ,Beschreibung eines Kampfes'. In: E.T.A. Hoffmann-Jahrbuch 15 (2007), S. 112–128.

Hubert Roland: George Saikos Kriegserzählungen und die Tradition des ,magischen Realismus' in der österreichischen Literatur der Nachkriegszeit. In: Germanistische Mitteilungen 67 (2008), S. 172–185.

Jean-Paul Sartre: Aminadab oder Das Phantastische als Sprache. In: Jean-Paul Sartre: *Der Mensch und die Dinge. Aufsätze zur Literatur 1938–1946*. Hg. v. Lothar Baier. Reinbeck bei Hamburg 1978, S. 93–106.

George Saiko: *Sämtliche Werke in fünf Bänden. Die Erzählungen*. Hg. v. Adolf Haslinger. Salzburg u. Wien 1990. Bd. 3.

George Saiko: *Sämtliche Werke in fünf Bänden. Drama und Essays*. Hg. v. Adolf Haslinger. Salzburg u. Wien 1986. Bd. 4.

Burkhard Schäfer: *Unberühmter Ort. Die Ruderalfläche im Magischen Realismus und in der Trümmerliteratur*. Frankfurt a. M. u. a. 2001.

Michael Scheffel: *Magischer Realismus. Die Geschichte eines Begriffs und der Versuch seiner Bestimmung*. Tübingen 1990.

Robert Schreyer: Aus den leeren Wiederholungen, die blendende Helligkeit vor Augen … Über die frühe Prosa Rolf Dieter Brinkmanns. In: *Rolf Dieter Brinkmann*. Hg. v. Heinz Ludwig Arnold. München 1981, S. 65–75.

Olaf Selg: *Essay, Erzählung, Roman und Hörspiel. Prosaformen bei Rolf Dieter Brinkmann*. Aachen 2001.

Michael Strauch: *Rolf Dieter Brinkmann. Studie zur Text-Bild-Montagetechnik*. Tübingen 1998.

Tzvetan Todorov: *Einführung in die fantastische Literatur* [*Introduction à la littérature fantastique*, Paris 1970. Übers. von Karin Kersten u.a.]. München 1972.

Steven de Winter: Der magische Realismus und die Dichtung Hermann Kasacks. In: Studia Germanica Gandensia 3 (1961), S. 249–276.

Wenn die Wirklichkeit aus den Fugen gerät. Über das konfliktbeladene Aufeinandertreffen inkompatibler Glaubens- und Erkenntnissysteme in drei britischen fantastischen Filmen des Jahres 1973 (*The Legend of Hell House, Don't Look Now, The Wicker Man*)

Keyvan Sarkhosh (Frankfurt a. M.)

1   Ein Kristallisationspunkt des fantastischen Horrors im britischen Kino

Mit dem Abstand von etwas mehr als einem Vierteljahrhundert stellten Ali Catterall und Simon Wells (1999) in ihrem Feuilletonbeitrag in der englischen Tageszeitung *The Guardian* fest: „Three great horror movies were made in 1973: The Exorcist, Don't Look Now – and The Wicker Man." Den Verfassern geht es dabei vor allem um den letztgenannten Film, bei dem Robin Hardy Regie führte und zu dem Anthony Shaffer das Drehbuch lieferte, sowie die komplizierte Distributionsgeschichte dieses Films: Vom Produzenten und Verleiher einst als einer der schlechtesten Filme aller Zeiten und praktisch nicht zu vermarkten eingestuft, hat er sich in den über 40 Jahren seit seiner Entstehung nicht nur zu einem Kultfilm, sondern auch zu einem modernen Klassiker des britischen Kinos entwickelt: „Forty years old, the film burns brighter than ever across the scarred terrain of British Cinema" (Pratt 2013: 24).

Als *The Wicker Man* seinerzeit in die englischen Kinos kam, wurde er als B-Film in einem Doppelprogramm gemeinsam mit Nicolas Roegs *Don't Look Now* (dt. *Wenn die Gondeln Trauer tragen*) vermarktet (vgl. Bartholomew 1977: 40; Pratt 2013: 29). Nicht allein dieser wohl eher unglückliche Umstand bezeugt die enge Verbindung von *The Wicker Man* mit Roegs Film *Don't Look Now*, der sich ebenso wie jener – und lange vor ihm – fest als ein Klassiker der Filmgeschichte etabliert hat.[1] Die Entstehung beider Filme ist zugleich untrennbar mit

---

[1]   Bereits als *Don't Look Now* in die Kinos kam, wurden der Film und sein Regisseur als Klassiker gefeiert. So betont etwa David Robinson (1973: 15) in seiner Besprechung in der *Times*: „Nicholas [*sic*] Roeg is firmly established as the outstanding talent to have emerged in British cinema in least the past decade." Dominik Graf (2005: 13), der wiederholt Roegs Bedeutung hervorgehoben hat, summiert: „Roeg ist ein bis heute weitgehend unterschätzter Regisseur, der sich allein mit seinen ersten sechs

Peter Snell verbunden, der seinerzeit Produzent bei der sich im Umbruch befin-
denden Produktions- und Distributionsfirma British Lion war. Dominik Graf
(2009: 146) summiert treffend: „Der zuständige Producer Peter Snell war der
richtige Mann zur richtigen Zeit. Snell fabrizierte innerhalb eines Jahres gleich
zwei denkwürdige Horrorfilme für die renommierte, stockkonservative Firma
British Lion." Gemeint sind natürlich die beiden genannten Filme.

Hätte *The Wicker Man* seinerzeit den Erfolg und die Anerkennung erfahren,
die dem Film dann erst Jahrzehnte später zuteilwurden, so hätte der Kino-Herbst
1973, wie es Vic Pratt (2013: 27 u. 29) formuliert, eine besonders ertragreiche
Ernte versprochen – für das britische Kino im Allgemeinen, aber auch für
Freunde des Horror-Genres im Besonderen. Tatsächlich kam in diesem Jahr mit
William Friedkins *The Exorcist* (dt. *Der Exorzist*) auch der dritte von Catterall
und Wells (1999) ins Feld geführte Film in die Kinos, und sie attestieren diesem,
ebenso wie Roegs *Don't Look Now*, dass er die Art und Weise, wie Regisseure
und Zuschauer das Genre des ‚Gothic Horror'-Films betrachten, radikal verändert habe. Ebenso heben Marsha Kinder und Beverle Houston (1987: 45) die
Verbindung und die gleichsam revolutionäre Bedeutung dieser beiden Filme
hervor: „Both *Don't Look Now* and *The Exorcist* reject the assumptions of most
other recent horror films. They deny psychological explanations of the supernatural and accept the metaphysical nature of good and evil."

Auch für *The Wicker Man* stellt Friedkins Film gewissermaßen eine Referenzfolie dar, wenngleich eine negative: Erster war knapp zu früh fertig gestellt
worden, um auf der Erfolgswelle des zweiten reiten zu können. Davon ist
zumindest David Bartholomew (1977: 40) überzeugt: „The film was also com-
pleted well before *The Exorcist* smash, and the rash of Anti-Christ movies which
have ridden in on its coattails, all mostly successfully, from which angle *The
Wicker Man* could have been exploited (if crassly)."

Gleiches könnte man in Bezug auf einen weiteren Film behaupten: John
Houghs *The Legend of Hell House* (dt. *Tanz der Totenköpfe*). Auch dieser Film
lief bereits einige Monate vor *The Exorcist* an. Doch während dieser offensichtlich den Geist und Geschmack der Zeit zu treffen vermochte und ein großer Erfolg war, so kommt jener als ein geradezu altmodisch anmutender Film daher.
Brendan O'Connor (2011) sieht darin den nur mäßigen Erfolg von *The Legend of
Hell House* begründet: „One commonly stated reason is that 1973 was the year
of *The Exorcist* – a brazen new world of free-flowing profanity and bodily functions – so audiences weren't as likely to be captivated by old-school atmospherics captured on film just months before."

Nun ließe sich vermutlich vortrefflich darüber streiten, ob *The Legend of Hell
House* ein Meisterwerk ist. Während David Pirie (1973: 193) den Film in einer

Filmen, von 1970 bis Mitte der Achtziger, einen eigenen Kontinent der Filmgeschichte eroberte."

zeitgenössischen Besprechung als prätentiös und stereotyp abqualifiziert und von „a hastily prepared and extremely formulary haunted-house movie script" spricht, bezeichnet Joseph Stannard (2011: 11) den Film als unterbewertet, „underrated" – ebenso wie O'Connor (2011), der auf den Kultstatus verweist, den der Film bei seinen Fans genießt, und lobend hinzufügt: „For one thing, the mood of the film is genuinely and perpetually unsettling." Was ihn aber im Gegensatz zu *The Exorcist*, einer US-amerikanischen Produktion, mit *Don't Look Now* und *The Wicker Man* eint, ist die Tatsache, dass es sich hierbei um einen britischen Film handelt.[2] Damit erscheint das Jahr 1973 gewissermaßen als ein Kristallisationspunkt der Fantastik im britischen Kino.

Mehr noch: Alle drei Filme firmieren gewöhnlich unter dem Label des Horrors.[3] Horror und Fantastik stehen freilich in einem engen Verhältnis. So verweisen etwa Georg Seeßlen und Bernt Kling (1977: 135) auf die enge Verwandtschaft der beiden Genres, die Seeßlen und Rodolf Weil (1980: 37) wiederum darin begründet sehen, dass „das Phantastische des Horror-Genres" im „Interesse, das Wunderbare in einem logisch-rationalen Denksystem zu verarbeiten bzw. es zurückzudrängen", bestehe (vgl. auch Seeßlen/Jung 2006: 61). Jens Malte Fischer (1978: 21) wiederum schlägt vor, „den Begriff ‚Phantastischer Film' als Oberbegriff zu wählen und ‚Horror-Film' als Unterbegriff für diejenigen phantastischen Filme vorzubehalten, die zu erheblichen Teilen mit Elementen des Schreckens, der Angst, des Unheimlichen arbeiten." Noël Carroll (1990: 14) zufolge wiederum sind Elemente des Wunderbaren und übernatürlichen Entitäten zwar in der Tat in vielen Horrorerzählungen und -filmen präsent; ihm zufolge stellen sie jedoch kein das Genre konstituierendes Merkmal dar. Dieses sieht er allein in der affektiven Wirkung des Schreckens, d. h. des Horrors, begründet, die im Leser oder Zuschauer hervorgerufen wird, und von der sich der Name des Genres ableite.

2   Fantastik als konfliktbeladenes Aufeinandertreffen inkompatibler Wirklichkeitsentwürfe

Gleichwohl besteht jenseits der Tatsache, dass alle drei hier behandelten Beispiele britische Filme sind, das Verbindende von *The Legend of Hell House*, *Don't Look Now* und *The Wicker Man* nicht nur in dem Umstand, dass es sich

---

[2]   *The Legend of Hell House* ist zwar eine Adaptation des Romans *Hell House* (1971 [1999]) des amerikanischen Autors Richard Matheson, der auch das Drehbuch für den Film verfasste. Gedreht und hergestellt wurde der Film allerdings in England mit überwiegend englischen Schauspielern und einer englischen Crew. Auch John Hough, der Regisseur des Films, ist Brite (vgl. hierzu auch Nowell 2014: 54).

[3]   Vgl. hierzu etwa die entsprechenden Genreeinträge in der *Internet Movie Database* (www.imdb.com).

um drei Horror-Filme handelt. Uneingeschränkt ließe sich dies wohl nur von ersterem behaupten – doch dazu später mehr.[4] Auch geht es in den hier verhandelten Filmbeispielen weniger um das konkrete Vorkommen, Walten und Sichtbarwerden übernatürlicher Kräfte und Entitäten (wenngleich sich zumindest in *The Legend of Hell House* die für das Horror-Genre typische affektive Wirkung zu einem erheblichen Maße aus den Trickeffekten speist, die der Darstellung eben dieser übernatürlichen Kräfte dienen). Was sie eint, ist vielmehr der Umstand, dass in ihnen, wenngleich in je unterschiedlicher Weise, das konfliktbeladene Aufeinandertreffen inkompatibler Glaubens- und Erkenntnissysteme verhandelt wird, die eng an Vorstellungen und Zurückweisungen eben solcher (vermeintlich) übernatürlicher Welt- und Wirklichkeitsentwürfe gebunden sind. Zentrales Thema aller drei Filme ist demnach die Frage nach unterschiedlichen Weisen des Entwerfens und Erfassens von Wirklichkeit(en), aus denen die Gültigkeit bzw. der Vorrang einer jeweils bestimmten Seinsordnung abgeleitet werden. Dabei nehmen insbesondere der Zusammenhang von Erkenntnis und Verkennen sowie das Problem von Deutungshoheit und Gültigkeit beglaubigender Autoritäten eine wichtige Rolle im Handlungsverlauf ein.

Damit erfüllen die Filme freilich nur bedingt eine restriktive Auslegung des Fantastik-Begriffs, wie sie von Tzvetan Todorov vertreten wird (vgl. Kindt 2011: 51), für den das Fantastische unabdingbar an das Moment der Ungewissheit über den Vorrang einer Seinsordnung (der natürlichen oder der übernatürlichen) gebunden ist. „Das Fantastische", so nimmt Todorov (1972: 25) an, „ist die Unschlüssigkeit, die ein Mensch empfindet, der nur die natürlichen Gesetze kennt und sich einem Ereignis gegenübersieht, das den Anschein des Übernatürlichen hat." Innerhalb der erzählten Welt der Filme spielt – darauf wird freilich noch genauer einzugehen sein – eine solche Unschlüssigkeit zunächst keine Rolle. Ganz im Gegenteil: Die Figuren treten geradezu als überzeugte Vertreter ihrer jeweiligen Weltauffassung und der ihr zugrundeliegenden vermeintlichen rationalen oder irrationalen Erkenntnis- und Beglaubigungsweise auf.

Der Begriff ‚Welt', wie er hier zugrunde gelegt wird, ist dabei weniger im Sinne eines „System[s] des Möglichen, Notwendigen und Wahrscheinlichen" (Kindt 2011: 46), d. h. als eine ontologische Ordnung, sondern als ein epistemisches System, als eine Form des Wirklichkeitsentwurfs, zu verstehen. Das fantastische Element der drei Filme besteht eben nicht in einer anhaltenden Unschlüssigkeit über den Status und die Gültigkeit einer Seinsordnung, wie sie für Todorovs minimalistische Fantastik-Definition kennzeichnend ist. Es bietet sich daher an, Tom Kindts (2011: 55) Vorschlag eines erweiterten Fantastik-Begriffs aufzugreifen, diesen jedoch einer weiteren Modifikation zu unterziehen. Demnach lassen sich die drei hier verhandelten Filme insofern als fantastisch verste-

---

[4] Wheeler W. Dixon (2010: 121) dagegen spricht von *The Legend of Hell House* als „[o]ne of the more interesting supernatural thrillers of the early 1970s".

hen, als in ihnen das konfliktbeladene Aufeinandertreffen unterschiedlicher und inkompatibler Welten zum Thema gemacht wird, wobei diese Welten das Resultat unterschiedlicher Glaubens- und Erkenntnissysteme sind, die sich durch einen jeweils spezifischen Zugang zum vermeintlich (Über-)Natürlichen auszeichnen.[5] Dabei ist es letztlich nicht entscheidend, ob in der (filmischen) Erzählung schließlich Gewissheit über den Vorrang eines Wirklichkeitsentwurfs geschaffen wird oder ob der Zuschauer bis zum Ende (und darüber hinaus) in einem Zustand der Unschlüssigkeit darüber verweilt, welcher Alternative er den Vorrang geben soll.

Nicht zuletzt kommt der Aspekt des Weltbezugs bei *The Legend of Hell House*, *Don't Look Now* und *The Wicker Man* aber noch in einer weiteren, gleichsam viel profaneren Weise ins Spiel. Konkret äußert er sich zunächst einmal in der unbedingten Zeitgenossenschaft der erzählten Welten zur Lebenswelt der Zuschauer. Die Handlung der Filme ist in einer – zum Zeitpunkt ihres Entstehens – gegenwärtigen Lebensrealität situiert, und auch die Handlungsorte sind an reale Lokalitäten zurückgebunden. Damit sind die Filme gewissermaßen in unmittelbarer Nähe zur „‚Alltagswelt' der Rezipienten" (Kindt 2011: 47) angesiedelt. Gleichwohl wird gerade dieser Welt- und Gegenwartsbezug, der die Erzählwelt so real und vertraut erscheinen lässt, in allen drei Filmen einer Destabilisierung unterworfen, und zwar nicht zuletzt vermittels einer mehr oder minder impliziten Rückbindung an Traditionen der Fantastik des 19. Jahrhunderts und, damit zusammenhängend, im Viktorianismus virulente Diskurse.

3   „She had to destroy my beliefs, before mine could destroy hers" –
     The Legend of Hell House

Von den drei hier zur Diskussion stehenden Beispielen ist *The Legend of Hell House* der Film, der am deutlichsten an die Tradition des viktorianischen ‚Gothic Horror' und damit an für die Fantastik der zweiten Hälfte des 19. Jahrhunderts prägende Diskurse anknüpft. *The Legend of Hell House* und Mathesons dem Film zugrundeliegender Roman *Hell House* können dabei als eine aktualisierte und in Sachen Gewalt und Sexualität deutlich explizitere Umarbeitung[6] von Robert Wises genau ein Jahrzehnt älterem Film *The Haunting* (1963) und dem die-

[5] Auch Rolf Giesen geht implizit von einem solchen konfliktreichen Aufeinandertreffen unterschiedlicher Glaubens- und Erkenntnissysteme aus. Er definiert das Fantastische als das unerwartete Eindringen einer „irrational-übersinniche[n] Erscheinung [...] in eine von Vernunft regierte Welt, d. h. Rationalität wird mit Irrationalität konfrontiert" (Giesen 1980: XIf.).
[6] Gegenüber der Romanvorlage hat Matheson aber das Drehbuch deutlich umgearbeitet und wesentlich entschärft. Der Roman geht in der expliziten Darstellung abnormer sexueller Handlungen und grausamer Brutalität deutlich über den Film hinaus.

sem zur Vorlage dienenden Roman *The Haunting of Hill House* von Shirley Jackson (1959 [2009]) angesehen werden (vgl. Bansak 2003: 520; Dixon 2010: 121; Reece 2012: 47). Beide Filme (und beide Romanvorlagen) gehen von derselben Prämisse aus: ein Haus, in dem übernatürliche Kräfte ihr Unwesen treiben. Im Falle von *The Legend of Hell House* ist dies das Anwesen, das einst dem Millionär Emeric Belasco gehörte, und das den Beinamen „Hell House" trägt. Im Auftrag des moribunden Industriellen und jetzigen Eigentümers des Hauses Rudolph Deutsch (Roland Culver) hat der Physiker Dr. Chris Barrett (Clive Revill) den Auftrag erhalten, die dortigen Vorgänge zu untersuchen, um so eine Antwort auf die Frage zu erhalten, ob ein Leben nach dem Tod möglich ist. Neben seiner Frau Ann (Gayle Hunnicutt) wird Dr. Barrett auch noch von den beiden spiritistischen Medien Ben Fisher (Roddy MacDowall) und Florence Tanner (Pamela Franklin) begleitet.

Die Ankunft im Belasco-Haus gleicht einem Weg aus der realen und gegenwärtigen Alltagswelt hinaus in eine zeitlich entrückte, hermetisch abgeriegelte Alternativwelt. „Look at the windows", ruft Ann Barrett aus, als die Gruppe vor dem in Nebel gehüllten Haus steht, und Fisher erklärt: „He had them bricked up so no one could see in." Woraufhin Tanner ergänzt: „Or out." Dabei scheint die im Film dargestellte Welt zunächst durchaus an die außerfiktionale Realität zurückgebunden zu sein: Das anfängliche Treffen zwischen Dr. Barrett und Mr. Deutsch wurde in und außerhalb von Blenheim Palace in der Grafschaft Oxford gedreht (vgl. Pykett 2008: 81). Als Kulisse für die Außenaufnahmen des fiktiven Belasco-Hauses diente wiederum das reale Herrenhaus Wykehurst Place in West Sussex. Während in der filmischen Fiktion das Baujahr des Belasco-Hauses von Fisher auf das Jahr 1919 datiert wird, wurde das reale Wykehurst Place im Jahr 1871 im Stil der Neugotik errichtet. Doch nicht nur in seinem äußeren Erscheinen verweist damit das Belasco-Haus implizit auf das viktorianische Zeitalter. Auch die in Studioaufnahmen kreierten Interieurs evozieren, wie es Murray Leeder (2014: 32, Anm. 1) treffend formuliert, „a particularly ugly brand of quasi-Victorian kitsch".

Das Belasco-Haus erfüllt damit in geradezu idealer Weise das typische Charakteristikum von Spukhäusern im Film. „The *mise en scène* of the haunted house film is overwhelmingly possessed by the spirit of the nineteenth century", schreibt Barry Curtis (2008: 25). Insbesondere das neugotische Element, wie es von Wykehurst Place verkörpert wird, ist kennzeichnend für diese Form des romantischen Historismus, der in seinem Rückgriff auf eine vermeintliche Vergangenheit unterschiedlichste Epochen, Stilelemente und geistige Strömungen amalgamierte.[7] „Gothic style dominates the *mise en scène* of haunted houses.

---

[7]   Dies ließe sich mit Recht auch von Wykehurst Place als Platzhalter für das Belasco-Haus behaupten: „The house [...] is a weird hodgepodge of architectural influences. The inspiration stemmed mainly from the huge chateaux of the Loire valley, but there is certainly more than a touch of Bavarian influence" (Pykett 2008: 184).

The advent of the haunting is accompanied by a regression into the imaginary nineteenth century and its own 'recreation' of a mysterious Gothic past" (Curtis 2008: 79). Das Belasco-Haus erscheint geradezu als Prototyp des „old dark house", das ein zentrales Motiv der „Gothic imagination" darstellt (Newman 2013: 96).

Die hermetische Abgeschlossenheit des Film-Hauses und seine pseudo-viktorianischen Interieurs können zugleich als Heraufbeschwörung eines spezifischen Zeitgeistes angesehen werden: „In the domestic interiors of the nineteenth century secluded inner spaces that in previous times were reserved for intimacy with God were increasingly secularized as locales of self-reflection, leading to an excess of inner life" (Curtis 2008: 40). Nicht ganz zufällig vielleicht sind es wiederholt Schlaf- und Badezimmer als säkulare Räume persönlicher Intimität, in die die Kamera den Protagonisten folgt. Die Kapelle des Hauses dagegen ist entgegen ihrer ursprünglichen Bestimmung als sakraler Ort vollständig profaniert: Sie erweist sich in der finalen Auflösung als Rückzugsort Belascos, von dem aus er das exzessive Grauen steuert. An die Stelle der transzendenten Intimität mit Gott ist damit der immanente Kult des Individuums getreten.

Der Rückbezug auf das 19. Jahrhundert hat indes nicht nur ästhetische Gründe. Er dient nicht allein dem Erzeugen jener „old-school atmospherics" (O'Connor 2011), die für die Stimmung und affektive Wirkung von *The Legend of Hell House* kennzeichnend sind. „The key theme of the haunted house films is the past's power to disrupt the present", betont Barry Curtis (2008: 84). In *The Legend of Hell House* vollzieht sich dieser Einbruch der Vergangenheit in die Gegenwart auf thematischer Ebene insbesondere im Aufgreifen und in der Reaktualisierung der im 19. und frühen 20. Jahrhundert virulenten okkultistischen und spiritistischen Diskurse. Als Denk- und Wissenssysteme haben diese Diskurse einen nachhaltigen Einfluss auf die literarische Fantastik jener Zeit ausgeübt (vgl. hierzu ausführlich Wünsch 1991: 84–151; vgl. auch Frenschkowski 2012).

Für das viktorianische England können Edward Bulwer-Lytton (1803–1873) und sein literarisches Werk als herausragende Beispiele für eine produktive Aneignung okkultistischer Inhalte und spiritistischer Themen angesehen werden (vgl. Franklin 2012). Nicht von ungefähr sieht Murray Leeder (2014: 33) eine – zumindest indirekte – generische Verbindung zwischen *The Legend of Hell House* und Bulwer-Lyttons Erzählung *The Haunted and the Haunters: or, the House and the Brain* (1859 [2010]), handele es sich doch in beiden Fällen um „haunted house stories that depend on the blurring of the scientific (particularly the electromagnetic) and the occult for the production of a sense of technological uncanny."

Es ist eben dieses Verhältnis zwischen einem rational-wissenschaftlichen und einem irrational-spiritistischen Zugang zu übernatürlichen Ereignissen, das das zentrale Thema des Films darstellt, wie Leeder (2014) in seiner luziden Analyse

– einer der wenigen zu *The Legend of Hell House* – überzeugend argumentiert. Dabei lässt der Film keinen Zweifel daran, dass die übernatürlichen Ereignisse, die unter einem erheblichen Einsatz von Trickeffekten dargestellt werden und die von Poltern und Bewegung von Objekten über Sprechen mit fremden Stimmen bis zu Besessenheit reichen, fiktional real sind. Insofern ist durchaus Reece (2012: 47) zuzustimmen: „The ghosts are definitely real in this film, although their identity remains mysterious until the end."

Es geht also nicht so sehr um eine Diskussion darüber, ob das Übernatürliche überhaupt existiert, sondern wie es sich am besten erfassen, erklären und letztlich bezwingen lässt. Dabei verkörpern innerhalb der Fiktion Dr. Barrett und Florence Tanner zwei konträre Standpunkte. „I take it you still don't believe in survival, Dr Barrett", unterstellt am ersten Abend in ‚Hell House' das spiritistische Medium dem Physiker, der diese Vermutung nur zu gerne bestätigt: „If you mean surviving personalities, you are correct." Für Tanner liegt die Ursache für die übernatürlichen Ereignisse nicht im Haus selbst; vielmehr ist sie davon überzeugt, dass hier die Seelen der im Haus Verstorbenen ihr Unwesen treiben, nicht nur die von Emeric Belasco. Die junge Frau wird dabei als gläubige Christin charakterisiert: Sie trägt sichtbar eine Kette mit Kreuz um den Hals, betet für das Seelenheil von Daniel Belasco, dem Sohn des Hausherrn, von dem sie annimmt, dass seine gequälte Seele im Haus waltet, und fungiert gar als Priester, als man die sterblichen Überreste eines Mannes beisetzt, von dem Tanner überzeugt ist, dass es sich um Daniel handle.[8]

Dagegen wird Barrett als ein Mann der Ratio dargestellt. „I don't think it. I know it", entgegnet er Tanner, und diese Worte könnten ebenso gut als seine grundsätzliche Maxime herhalten. Er strebt nach empirisch abgesicherten Erkenntnissen und hält für die Ereignisse im Haus eine rationale Begründung bereit: Sie lassen sich ihm zufolge physikalisch mit dem Phänomen der Elektrizität erklären: „There is one thing only in this house: Mindless, directionless power." Dem ‚Spuk' im Belasco-Haus gedenkt er mit dem von ihm entwickelten ‚Reversor' den Garaus zu machen: eine Maschine, die die elektrische Ladung umkehrt und das Haus damit gleichsam ‚deaktiviert'. Tanner freilich will diese Möglichkeit nicht akzeptieren: „You're so wrong, Dr Barrett. You cannot destroy a spirit."

Ungeachtet ihrer diametralen Positionen gleichen sich Tanner und Barrett in ihrem dogmatischen Starrsinn. „She had to destroy my beliefs, before they could destroy hers", resümiert Barrett, nachdem Tanner versucht hat, seine Apparatur zu zerstören. Barrett und Tanner können damit als reaktualisierende Repräsentanten zweier entgegengesetzter Glaubens- und Erkenntnissysteme angesehen

---

[8]   Leeder (2014: 35) geht sogar so weit, in Tanner eine Art spiritistische Fanatikerin zu sehen. Steve Cramer (1997: 134) wiederum bezeichnet sie als „an evangelistic Christian spinster".

werden, mehr noch: sie verkörpern gleichsam eine Form epistemologischer Schizophrenie, wie sie Leeder (2014: 33) als kennzeichnend für das viktorianische Zeitalter ansieht: „[…] the Victorian supernatural reflected a society simultaneously committed to rationalism and obsessed with the supernatural and occult." Gleichwohl belässt es der Film nicht einfach beim konflikthaften Aufeinandertreffen dieser Weltsichten. Der starre Dogmatismus und die Überheblichkeit Barretts wie Tanners führen zu einem Verkennen der Situation, was letztlich für beide tödliche Konsequenzen hat. In der festen Überzeugung, dass es der Geist von Belascos Sohn ist, der sie ruft, begibt sich Tanner in die Kapelle des Hauses und wird auf dem Altar vom herabstürzenden Kreuz erschlagen. Nachdem die anderen ihren Leichnam entdeckt haben, aktivieren sie den ‚Reversor' – scheinbar zunächst mit Erfolg: Das Haus scheint ‚gereinigt' – ein Irrtum, den Barrett mit seinem Leben bezahlen muss: Als er durch das Haus läuft, um es zu inspizieren, wird er von einem unter Funkenflug herabstürzenden Kronleuchter erschlagen.

Der Tod von Barrett und Tanner ebnet aber zugleich den Weg zur Aufklärung des Mysteriums. Als einziger Überlebender einer früheren Gruppe, die den Geheimissen des Belasco-Hauses auf den Grund gehen wollte, agiert Fischer über weite Teile des Films als Skeptiker und Mahner, der weiß, wozu das Haus im Stande ist. Seine Passivität ist seine Strategie, um das Haus lebend wieder verlassen zu können. Erst nach Tanners und Barretts Tod findet er das nötige Selbstvertrauen, um Belasco konfrontieren zu können, dessen mumifizierten Leichnam er schließlich in einem mit Blei verkleideten Raum hinter dem Altar findet – Belasco war Barrett einen Schritt voraus, indem er den Einsatz eines Gerätes wie den ‚Reversor' antizipierte und sich in einem elektrisch abgeschirmten Raum verschanzte.

Dabei sind es weniger seine medialen Fähigkeiten als vielmehr logische Deduktion, die Fisher dorthin führen: „Fischer achieves victory by taking on the role of another key Victorian archetype, the detective […]" (Leeder 2014: 38). Erst mit dem geöffneten Grab kann der ‚Reversor' seine Wirkung voll entfalten. Am Ende ist es also ein technisches Gerät, das dem Spuk ein Ende bereitet.[9] Von diesem Ende her betrachtet crscheint *The Legend of Hell House* womöglich nicht nur wie ein Bindeglied zwischen einer älteren Tradition des ‚Gothic Horror' und modernen Schauergeschichten à la Stephen King (vgl. Fischer 2009), sondern auch als Wegbereiter zu einem Film wie *Ghost Busters* (1984) und seinen absurden, pseudo-technischen Gimmicks (vgl. Schweitzer 2005: 340).

---

[9] Es ist dies ein Punkt, den auch Leeder (2014: 35) mit Nachdruck hervorhebt: „[…] the Reversor is a counterpoint to the machines of spiritualist fantasies that mixed mechanical and spiritual elements […]".

4 „Seeing is believing" und „Nothing is what it seems" – *Don't Look Now*

„Der Animist der Moderne" – mit diesen Worten hat der Filmwissenschaftler Thomas Koebner (2000: 163) versucht, den britischen Regisseur Nicolas Roeg und sein Werk zu charakterisieren – eine Auffassung, die auch Marcus Stiglegger (2006: 36) teilt. Roeg selbst dagegen bezeichnet sich in Abgrenzung zu einem als Sozialrealismus verstandenen ‚Naturalismus' als ‚Supernaturalist':

> Aber ich bin natürlich kein Naturalist. Die reine Wirklichkeit hat mich nie interessiert. Eher schon bin ich ein Supernaturalist. Die einzige Wirklichkeit, für die ich mich interessiere, ist die des menschlichen Verhaltens. Der Mensch und die menschliche Natur sind außerordentlich. (Suchsland 2008: 45)

Im Mittelpunkt von Roegs Filmen steht demnach der auf sich allein gestellte Mensch, der sich in einer ihm fremden und befremdlichen Welt zurechtfinden muss (vgl. Sarkhosh 2014: 137–152). Für Roeg ist diese Welt eine gottlose: statt an die Existenz Gottes glaubt er an die Natur (vgl. Sarkhosh 2014: 424) – eine Natur indes, die trotz ihrer Gottlosigkeit durchaus das Übersinnliche, das sich einer rein rationalen Erkenntnis entzieht, miteinschließt. Kaum einer seiner Filme bringt dies vielleicht deutlicher zum Ausdruck als *Don't Look Now*. So betont auch Fabienne Liptay (2006: 56): „Es ist auffällig, wie sehr der Film die Existenz übersinnlicher Kräfte behauptet und den Glauben an eine göttliche Macht, auch an die christlichen Werte der Vergebung und Gnade gleichzeitig zertrümmert."

Basierend auf der gleichnamigen Erzählung von Daphne du Maurier (1971 [2006]) handelt *Don't Look Now* vom Ehepaar John und Laura Baxter (Donald Sutherland, Julie Christie). Nach dem Unfalltod ihrer Tochter Christine (Sharon Williams), die beim Spielen in einem Teich vor dem Haus der Baxters ertrunken ist, begeben sich die beiden nach Venedig, wo John die Restaurierungsarbeiten an einer alten Kirche leitet. Während eines Restaurantbesuchs macht Laura Bekanntschaft mit den schottischen Schwestern Heather (Hilary Mason) und Wendy (Clelia Matania). Heather behauptet nicht nur, hellseherische Fähigkeiten zu besitzen, sondern auch, mit der toten Christine in Kontakt zu stehen. Geradezu ostentativ will Laura, die den tragischen Tod der Tochter noch immer nicht verarbeitet hat, den Schwestern Glauben schenken. John dagegen tritt als rationaler Zweifler auf. Die Beteuerung seiner Frau, sie fühle sich viel besser, da sie nun wisse, dass es Christine im Jenseits gut ergehe, kommentiert er spöttisch: „Seeing is believing."

So wie in *The Legend of Hell House* Dr. Barrett und Florence Tanner als Personifizierung entgegengesetzter Glaubens- und Erkenntnissysteme fungieren, so nehmen hier diese Rolle John und Laura Baxter ein. Vermittels der Hauptfiguren ließe sich damit *Don't Look Now* als ein Diskurs über Vernunft und Aberglauben verstehen. So verweist etwa Penelope Houston (1973: 205) auf jene Szene, in der Laura in einer Kirche eine Kerze anzündet, während John an der

Schnur eines elektrischen Lichts hantiert, und interpretiert diese als „a very un-stressed but quite complex visual comment on reason and superstition". Denn Laura erscheint im Film keinesfalls als eine religiöse Person. Als John sie dem Bischof (Massimo Serato), in dessen Auftrag er die Restaurierung der Kirche leitet, vorstellt, küsst sie zwar seinen Ring; von John später drauf angesprochen, ist ihr das dann aber peinlich, und sie hat keine Begründung dafür, warum sie es getan hat. Auf die Frage des Bischofs gar, ob sie eine Christin sei, entgegnet sie in geradezu naiver Manier: „I don't know. I'm kind to animals and children."

Umso überzeugter zeigt sich Laura von den hellseherischen Fähigkeiten Heathers. Gemeinsam mit den beiden Schwestern nimmt sie an einer Séance teil, in der Heather angeblich mit Christine in Kontakt tritt und eine Warnung übermittelt: Johns Leben sei in Venedig in Gefahr. Als Laura dies später ihrem Mann mitteilt und ihn dazu drängt, sie sollten Venedig verlassen, schleudert er ihr entgegen: „My daughter is dead. She does not come peeping from the fucking grave. Christine is dead. She is dead. Dead, dead, dead, dead, dead!!"

Die Séance, an der Laura teilnimmt, ist das wohl augenfälligste Moment, wie *Don't Look Now* an denselben im 19. und frühen 20. Jahrhundert populären Spiritismus-Diskurs anknüpft wie *The Legend of Hell House*.[10] Gleichwohl schlagen die Filme dabei sehr unterschiedliche Bahnen ein. Dies offenbart sich bereits auf der Ebene der Genrezugehörigkeit. Während kaum ein Zweifel daran bestehen kann, dass der zuvor diskutierte Film dem Horror-Genre angehört, so entzieht sich *Don't Look Now* einer klaren Genre-Zuordnung. Vielmehr vermischt der Film die Grenzen zwischen einzelnen Genres. Für Eckhard Haschen (2004: II) ist *Don't Look Now* ein „elegant zwischen Thriller, Horrorfilm und Melodram angelegte[s] Werk." Auch Beverle Houston und Marsha Kinder (1980: 70) betonen: „On the level of genre, Roeg integrates narrative action from a gothic horror movie with the stylistic surface beauty of the abstract 'visual' film."

Schon mit Blick auf die Genre-Zugehörigkeit des Films mag man also John Baxter zustimmen: „Nothing is what it seems." Mit diesen Worten kommentiert er die Feststellung Lauras, dass gefrorenes Wasser doch nicht flach, sondern gebogen sei. Der Satz könnte zusammen mit Johns Aussage „Seeing is believing" ebenso gut als zentrale Prämisse für den Film dienen, der das Problem von Sehen, Täuschung der Sinne und vor allem der Begrenztheit der menschlichen Wahrnehmung und Erkenntnis verhandelt.[11]

---

[10] Zum Interesse des Regisseurs an Parawissenschaften, Spiritismus und dem Übernatürlichen vgl. Roeg 2013: 206–210.

[11] Zu einer ähnlichen Feststellung gelangen auch James Palmer und Michael Riley (1995: 14): „Between these opposing and familiar attitudes, the film examines the dangers and rewards of different kinds of vision." Auf das Problem des Sehens und das Infragestellen visueller Gewissheit in *Don't Look Now* geht auch Leslie Dick (1997) ausführlich ein. Zur Bedeutung von Prämissen für die Konzeption und Hand-

Als die Baxters einen Anruf enthalten, dass ihr Sohn Johnny (Nicholas Salter) im Internat einen Unfall hatte, bricht Laura allein nach England auf. Umso überraschter ist John, als er Laura kurz darauf gemeinsam mit den schottischen Schwestern auf einer Trauergondel erblickt. John, der den Schwestern von Anfang an misstraute und sie als Scharlatane betrachtete, verdächtigt diese, seine Frau entführt zu haben, woraufhin er sich an die Polizei wendet, die den Fall aber nur widerwillig untersucht. Ein Telefonat klärt schließlich auf, dass Laura tatsächlich in England weilt und kurz davor ist, nach Venedig zurückzukehren. Zu einer Wiedervereinigung des Ehepaares kommt es indes nicht. Als John nachts in den Gassen Venedigs unterwegs ist, erblickt er eine vermeintliche Kindergestalt, die scheinbar denselben roten Regenmantel trägt wie seine Tochter im Moment ihres Unfalltods, und er folgt er ihr in ein verlassenes Gebäude. Dort entpuppt sich die Gestalt nicht als ein Kind, sondern als eine kleinwüchsige, alte Frau (Adelina Poerio), die John ein Messer in den Hals rammt, woraufhin er verblutet. Erst im Moment seines Todes erkennt er, dass es selbst ist, der über die Fähigkeit des In-die-Zukunft-Schauens verfügte: Das Bild seiner Trauer tragenden Frau auf der Gondel mit den schottischen Schwestern zeigt die Situation seiner eigenen Beisetzung.

Johns Tod ist nicht nur absurd (vgl. Kinder/Houston 1987: 60) – „what a bloody silly way to die", denkt er in der Novelle im Moment seines Sterbens (du Maurier 2006: 55) –, er kommt auch für ihn wie für den Zuschauer vollkommen überraschend und erscheint gänzlich unmotiviert, wodurch er umso schockierender wirkt. So urteilt auch Bansak (2003: 520) über *Don't Look Now*: „Because of its death-of-a-child theme, it is a disturbing film to endure, but the climax creates a frisson not easily forgotten." Wenn, dann ist es dieser dramatische Moment, der *Don't Look Now* zu einem Horror-Film werden lässt, denn, wie Bansak (2003: 520) zu Recht hervorhebt: „the identity of the film's killer is one of the most terrifying revelations in horror film history."

Dabei hat es in der Welt des Films nicht an Warnhinweisen gemangelt – auch jenseits von Christines vermeintlicher Nachricht aus dem Jenseits, die John als bloßen Hokuspokus zurückweist. Nur knapp entgeht John dem Tod, als bei seinen Arbeiten in der Kirche ein Balken aus der Decke bricht und auf sein Gerüst niederstürzt – auch dies ein Vorgang, den er kurz zuvor vorhersieht, ohne sich dessen bewusst zu sein (vgl. Sarkhosh 2014: 291f.). Kurz darauf wird er Zeuge davon, wie die Polizei die Leiche einer Frau aus einem der Kanäle birgt, was auf den Mörder verweist, der seit einiger Zeit in der Stadt sein Unwesen treiben soll.

Während es in *The Legend of Hell House* das aus der realen Welt entrückte Haus ist, von dem die tödliche Bedrohung ausgeht, so ist es hier die in der realen Welt situierte Lagunenstadt, die gleichsam eine aktive Rolle in der Handlungslo-

lungsentwicklung der Filme Roegs vgl. wiederum insbesondere Sarkhosh 2014: 417–425.

gik einnimmt: „Venice in *Don't Look Now* is more than just the setting of John Baxter's death" (Schülting 1999: 211). Vor Ort gedreht, macht *Don't Look Now* ausgiebig Gebrauch von der Stadtkulisse. Das Venedig des Films wirkt dadurch einerseits sehr authentisch, weil die Handlung des Films in der Alltags- und Gegenwartswelt verankert ist. Und zugleich erscheint die Stadt befremdlich und bedrohlich. Dies ist nicht nur dem Umstand geschuldet, dass wir es hier mit einer mit starker Symbolik von Glas, Wasser und Spiegeln aufgeladenen Repräsentation der Stadt zu tun haben, die Venedig in „ein einziges Vanitasbild" (Liptay 2006: 57) verwandelt. Die Tatsache, dass John Baxter in Roegs Film – anders als in der Novelle – ein Architekt ist, sieht Kristi Wilson (1999: 287–289) als Beleg für einen intertextuellen Bezug zu John Ruskin, zumal Baxter in seinem Hotelzimmer Zeichnungen studiert, die ihr zufolge eine große Ähnlichkeit mit jenen aus Ruskins Buch *The Stones of Venice* (1851–53) aufweisen.

Ruskins detaillierte Diskussion venezianischer Architektur beinhaltet insbesondere im dritten Band den berühmten Essay über „The Nature of Gothic", in welchem der Autor unter anderem eine Diskussion der das Wesen der Gotik bestimmenden Elemente vornimmt (vgl. Ruskin 2003: 157–190). Ruskin knüpfte an ältere Auseinandersetzungen mit der Neugotik und ihre Integration in das literarische Werk bei Horace Walpole, Ann Radcliffe und Walter Scott an und er wurde damit zugleich zu einem wichtigen Vermittler für die künstlerische und literarische Auseinandersetzungen mit Stilelementen der Gotik im Viktorianismus (vgl. hierzu Sage 1998). Darüber hinaus – und dies ist hier der springende Punkt – hat Ruskins Buch zugleich, wie Wilson (1999: 287–289) argumentiert, auch das touristische Bild Venedigs bis in die Gegenwart hinein nachhaltig geprägt. Doch die Stadt, wie sie der Film zeigt, läuft den typischen Klischees zuwider: Es ist eben nicht das sommerliche Touristen-Venedig, sondern eine graue und abweisende Lagunenstadt im Winter (vgl. Sarkhosh 2014: 171).

Verstärkt wird die Fremdheit und Bedrohlichkeit des im Film dargestellten Venedigs zudem durch die Kameraführung und eine oftmals ungewöhnliche, verzerrte Perspektive. Gerade das nächtliche Venedig wird dabei zu einem Labyrinth, in dem sich die Baxters nur allzu leicht verlaufen: „Hey, come, here, I think I've found the way", ruft Laura, als sich das Ehepaar bei einem nächtlichen Spaziergang in den dunklen Gassen Venedigs verläuft, doch John ist sich sicher: „We've been over this bridge already." Laura nimmt es gelassen: „I never minded being lost in Venice." Diese labyrinthische, Orientierung versagende Struktur impliziert zugleich eine Krise der Wahrnehmung: „Die geheimnisvolle Stadt Venedig bricht die Macht des kontrollierenden Blicks mit einem unüberschaubaren Labyrinth an Gäßchen und Brücken, Säulengängen und Kanälen" (Stiglegger 1998: 21). Insofern hat Marcus Stiglegger (1998: 20) mit seiner Feststellung, dass John Baxter „zum Opfer seiner aus den Fugen geratenen Sinneswelt" wird, vollkommen recht. Doch die Verunsicherung beschränkt sich nicht auf die Figur, sondern betrifft auch uns als Zuschauer, denn, so Kinder und Houston (1987: 57), „*Don't Look Now* forces us to see in new ways and confront the problems of interpretation. Hence the audience is placed in the same situation as the characters."

Zweifelsohne: *Don't Look Now* ist ein Film, der zu denken geben will. Während ein Film wie *The Legend of Hell House* wohl primär darauf angelegt ist, zu unterhalten, indem er Nervenkitzel bietet, fordert *Don't Look Now* die Zuschauer geradezu dazu auf, das Gesehene kritisch zu reflektieren und dabei Vertrautes in Frage zu stellen. Roegs Film ist nicht nur ein Spiel mit vermeintlich genretypischen Gegensätzen von Gut und Böse, sondern geradezu ein erkenntnistheoretischer Kommentar. Und damit hebt sich *Don't Look Now* zugleich deutlich von einer älteren Tradition des Horrorfilms wie auch von anderen erfolgreichen fantastischen Filmen seiner Zeit – und das heißt nicht zuletzt: vom filmischen Mainstream – ab. Entsprechend betonen auch Kinder und Houston (1987: 52):

> *Don't Look Now* takes a radical view of the supernatural. Instead of retreating to a Manichean vision of good and evil like *The Exorcist*, it challenges the basic polarities defined by our rational, dualistic culture: life/death, present/future, sacred/profane, ordinary/bizarre, good/evil, true/false, real/imagined, normal/crazy.

In einer Zeit, in der Rationalität und Naturbeherrschung scheinbar zu bestimmenden Maximen des Handelns und der Erkenntnis geworden sind, wirft *Don't Look Now* als ein Diskurs über die Möglichkeiten übernatürlichen Erkennens und blinden Verkennens deutliche Zweifel an deren (uneingeschränkter) Gültigkeit auf. Mit seiner befremdlichen, Orientierung und Kontrolle versagenden Welt bringt Roegs Film deutlich zum Ausdruck, dass ein – mit Horkheimer (2007) gesprochen – instrumenteller Vernunftbegriff, mittels dessen sich die Natur beherrschen lässt, und die Existenz einer vermeintlich eindeutigen, vorgefundenen Wirklichkeit Trugschlüsse sind. „I found the real world. It's down here", sagt John zu Laura, als er bei der nächtlichen Wanderung schließlich den Weg aus den labyrinthischen Seitenstraßen hinausgefunden hat – doch gerade die reale Welt, wie sie John sich herbeisehnt, und die er zu beherrschen können glaubt, erweist sich in der Logik des Films als reine – für die Figur letztlich tödliche, für uns als Zuschauer schockierende – Illusion.

5   „For believing what you do, we confer upon you a rare gift" – *The Wicker Man*

Ein nicht weniger radikaler Film als *Don't Look Now* ist *The Wicker Man*. Deutlicher noch als Roegs Film weist Robin Hardys auf einem Originaldrehbuch von Anthony Shaffer basierender Film ebenfalls ein manichäisches Weltbild und insbesondere einen klaren Dualismus von Gut und Böse zurück. Damit steht der Film zugleich in einem impliziten, wenngleich negativen Bezug zu einer Tradition des fantastischen Horrorfilms, die wesentlich auf einer solchen klaren Unterscheidung aufbaut: die Horrorfilme aus dem Hause der Produktionsgesellschaft Hammer. Auch Allan Brown (2000: 63) hält entsprechend fest: „Obviously, however, the tradition with which *The Wicker Man* remains most associated is the Hammer tradition, if only by virtue of Christopher Lee, Ingrid Pitt and the vaguely occultish nature of the film's subject matter."

Tatsächlich war und ist Lee, der hier die Rolle des Lord Summerisle spielt, vor allem als Graf Dracula aus zahlreichen Hammer-Produktionen bekannt. Ingrid Pitt wiederum, die in *The Wicker Man* eine Nebenrolle spielt, erlangte durch die Hammer-Vampirfilme *The Vampire Lovers* (1970) und *Countess Dracula* (1971), in denen sie die Hauptrolle spielte, Kultstatus. Dass die Hammer-Filme für Hardy und Shaffer tatsächlich eine Referenzfolie waren, bestätigt auch ersterer und verweist zugleich auf deren Klischeebehaftetsein: „We had been aficionados of the Hammer films. They used all the old clichés of the witchcraft thing, holding up crosses, garlic […]." (Pratt 2013: 26). Wie Brown (2000: 69) argumentiert, sind diese typischen Hammer-Klischees zugleich eng mit einem manichäischen Weltbild verhaftet, dass den Dualismus von Gut und Böse als eine unwandelbare Tatsache des Universums ansieht (und natürlich muss dem Prinzip poetischer Gerechtigkeit folgend in der Logik der Hammer-Tradition das Böse am Ende vernichtet werden). Ganz anders dagegen der Film von Hardy und Shaffer: „*The Wicker Man* presents a view of good and evil so evolved that the film removes itself from the horror genre and becomes an essay on moral philosophy" (Brown 2010: 68).

Die Frage der Genre-Zugehörigkeit von *The Wicker Man* ist in der Tat nicht ganz trivial. Vielleicht noch mehr als *Don't Look Now* entzieht sich *The Wicker Man* einer klaren Einordnung. Es ist ein Film, der, wie Dominik Graf (2009: 145) so schön formuliert, „dauernd sein Gesicht" wechselt. Anthony Shaffer selbst gibt an, dass die Intention gewesen sei, „to do an unusual picture in the horror vein" (Bartholomew 1977: 16); auch spricht er von *The Wicker Man* als „a high-class horror movie" (Shaffer 1995: 29). Für Jay Holben (2006: 24), den Kameramann des Remakes von 2006 (Regie: Neil LaBute), ist das Original allerdings „an odd horror yarn". Mikel J. Koven (2007: 278) spricht dagegen von „a low-budget horror/fantasy film". Nicht zu Unrecht stellt daher Justin Smith (2008: 162) die Frage: „So if it is not really a horror film, what kind of film is *The Wicker Man*?", und gelangt zu dem Schluss: „For the most part it is a curious mixture of detective story and folk musical." Paul Newland (2008: 119) wiederum zufolge kann der Film gleichermaßen als „a detective story, a thriller or as a fantasy" interpretiert werden.[12] Immerhin, so wie die Präsenz von

---

[12] Mit Blick auf die von Koven (2007) und Newland (2008) vorgenommenen Genrezuordnungen sei darauf verwiesen, dass im Englischen der Begriff „fantasy" als filmwissenschaftlicher Terminus weiter gefasst ist als in der deutschen Verwendung des nämlichen englischen Begriffs als Bezeichnung für ein populäres Subgenre der Phantastik (vgl. dazu Ewers: 2011); er dient als Oberbegriff für Horror, Science Fiction, Märchen und bestimmte Abenteuerfilme mit fantastischen Merkmalen und entspricht

Christopher Lee – zumindest für den zeitgenössischen Zuschauer – unweigerlich die Erwartungen weckt, die *The Wicker Man* an das Horror-Genre binden,[13] so ruft die Besetzung der Rolle Sergeant Howies mit Edward Woodward Assoziationen mit dem Kriminalfilm hervor. Melanie J. Wright (2007: 94) erklärt dazu: „In the 1970s, British television audiences knew Edward Woodward through his appearance as a British counter-intelligence agent in the popular series, *Callan*."

Tatsächlich beginnt *The Wicker Man* zunächst wie ein typischer Kriminalfilm: Durch einen anonymen Brief informiert, begibt sich der von Woodward gespielte Sergeant Howie auf die abgelegene Insel Summerisle an der schottischen Westküste, um das Verschwinden eines jungen Mädchens zu untersuchen. Schnell muss er feststellen, dass sich die Inselbewohner nur wenig kooperativ zeigen: Zunächst bestreiten sie, dass die vermeintlich vermisste Rowan Morrison (Gerry Cowper) je existierte; als Howie dann Rowans Grab entdeckt und die Tote exhumieren lässt, findet er lediglich einen Hasenkadaver.

Schockiert und geradezu angeekelt muss der strenggläubige Polizist feststellen, dass die Bewohner der Insel allesamt dem christlichen Glauben abgeschworen und sich stattdessen paganer Glaubensvorstellungen und Fruchtbarkeitskulte angeschlossen haben. Von Lord Summerisle, dem Herrscher über die Insel, erfährt er, dass dessen Großvater – „with typical mid-Victorian zeal", so der Nachkomme – nicht nur die Insel unter Einsatz neuer Anbau- und Zuchtmethoden in ein fruchtbares Land verwandelte, sondern die Inselbewohner auch zu ihrem vermeintlich alten, vorchristlichen Glauben ihrer Vorfahren zurückführte. Bald darauf wächst in dem Polizisten die Überzeugung, dass die vermisste Rowan nach einer Missernte im zurückliegenden Jahr als heidnisches Menschenopfer dargeboten wurde.

Spätestens an dieser Stelle hört *The Wicker Man* auf, ein bloßer Kriminalfilm zu sein. „Genre films seldom use the theme of the clash of religions (or systems of belief) to any great purpose beyond surface scares", konstatiert David Bartholomew (1977: 6). Dies ist der Grund, weshalb sich *The Wicker Man* einer klaren Genre-Einordnung entzieht. Der Konflikt zweier Religionen, zweier Glaubenssysteme – oder zweier Philosophien (vgl. Hogan 1997: 84), wenn man so will – ist das zentrale Thema des Films (vgl. auch Rose 2009: 28). Und hier bleibt sich der Film dann ungeachtet seiner Genre-Hybridität doch letztlich treu. Robin Hardy selbst bestätigt, dass es ihm und Shaffer von Anfang an darum ge-

---

daher dem deutschen Begriff Phantastik (vgl. Hayward 2013: 133–136 sowie Kuhn/Westwell 2012: 154f.).

[13]   Christopher Lee selbst hat seine Rolle in *The Wicker Man* nicht nur als „the best part I ever had" bezeichnet, sondern auch unterstrichen, wie sehr seine früheren Rollen in diesem Film mit eingeflossen sind: „You can say that Summerisle is an amalgam of many roles I have played onscreen. Figures of power, of mystery, of authority, of presence" (Bartholomew 1977: 32).

gangen sei, einen Film zu schaffen „with an original story that in effect has the cast of a superior horror film but which goes right back to people who believed in real magic, sympathetic magic, people who believed that the elements had real power." Und mit Nachdruck fügt er hinzu: „But we didn't want them all romping around in Early English period costumes or whatever and thought about doing it in a contemporary setting" (Bartholomew 1977: 10).

Insbesondere der unbedingte Gegenwartsbezug, den der Regisseur herausstellt, spielt in *The Wicker Man* eine ganz entscheidende Rolle. Auch Shaffer betont „that we took reasonable trouble to make it perfectly contemporary" (Bartholomew 1977: 14). Der Film kann in vielerlei Hinsicht als der Versuch gewertet werden, ein authentisches Bild einer paganen Kultur in der Gegenwart zu zeichnen. Dabei ist es vielleicht kein Zufall, dass er gerade auf einer abgelegenen schottischen Insel spielt. Paul Newland (2008: 125f.) verweist darauf, dass im britischen Kino die abgelegenen Landstriche Großbritanniens häufig mit alten Volkstraditionen assoziiert sind. Und dies gilt John Marmysz (2014: 9) zufolge insbesondere für Schottland, das im Film oft dargestellt werde „as a premodern wilderness where mystery, magic and monsters still exist."

Wenngleich der Film damit also auch auf gängige Klischees rekurriert, so verbirgt sich dahinter letztlich eine Authentifizierungsstrategie: Die Abgelegenheit des Ortes lässt es für den Zuschauer glaubhaft erscheinen, dass hier die alten vorchristlichen Bräuche und vor allem ein alternatives Glaubenssystem überlebt haben, mehr noch: gelebt werden könnten. Dass die im Film dargestellte Welt authentisch ist, bedeutet indes nicht, dass sie auch real ist – real im Sinne einer Identität mit der außerfiktionalen Wirklichkeit. Dies betrifft ebenso sehr die im Film dargestellte Lokalität wie auch die in der Welt des Films dargestellten paganen Bräuche. Wenngleich der Film vor Ort in Schottland gedreht wurde, so ist die Insel Summerisle doch ein Amalgam aus verschiedenen Lokalitäten – überwiegend in der Gegend Dumfries and Galloway (vgl. Pykett 2008: 129). Auch Summerisle Castle, der Sitz des von Lee gespielten Lords im Film, ist ein Hybrid aus zwei realen Schlössern: Während für die Außenaufnahmen Cuzlean Castle in South Ayrshire herhielt, diente für die Innenaufnahmen ein anderes Schloss, was Hardy mit der Inneneinrichtung von Cuzlean begründet: „the interior was Adam period, or 18th Century, which was contrary to the film's storyline which had Summerisle's grandfather, a classic Huxley-esque, Darwin-esque figure, coming to the island in the 1800's." Und er ergänzt: „The needed Victorian interior was located in Lord Stair's castle, near Wigtown" (Bartholomew 1977: 18).

Dieser Rückbezug auf das Viktorianische Zeitalter ist zugleich ebenso relevant für die im Film dargestellten Glaubensvorstellungen. So wie *The Legend of Hell House* und *Don't Look Now* aufgrund des Themas Spiritismus und Okkultismus in einem impliziten Bezug zu Traditionen des 19. Jahrhunderts stehen, so gilt dies für *The Wicker Man* aufgrund der Religionsthematik. Für die im Film dargestellten Rituale und Glaubensvorstellungen stellt James G. Frazers groß angelegte, religionsvergleichende Studie *The Golden Bough* (1890) die zentrale

Quelle dar (vgl. Pratt 2013: 27; Smith 2008: 162). Damit knüpft der Film an die im 19. Jahrhundert aufkommende vergleichende Religionswissenschaft und Ethnologie an, deren Aussagen dem Stand der heutigen Forschung zwar nicht entsprechen mögen und die teilweise als fehlerhaft zurückgewiesen wurden, die aber nichtsdestotrotz bis in das 20. Jahrhundert hinein einen fortwährenden Einfluss auf die Literatur und nicht zuletzt auch auf populäre Vorstellungen vorchristlicher, paganer Religion hatten. So betont auch Koven (2007: 273):

> Instead of recreating a modern survival of Britain's pagan past, Hardy and Shaffer (working clearly within the context of Frazer's popular reading audience) instead reproduce a late Victorian reconstruction of what such a past might have been like, complete with the ideology of the Empire.

Die Frage, ob die im Film dargestellten paganen Bräuche und Traditionen wissenschaftlich korrekt sind, ist für die Wirkung des Films nicht entscheidend. Sie erscheinen fiktional authentisch und bilden damit den glaubhaften Hintergrund für das im Film zentral verhandelte Thema des konflikthaften, unversöhnlichen Aufeinanderprallens zweier Glaubenssysteme und Weltentwürfe in der zum Zeitpunkt des Films gegenwärtigen modernen Lebenswelt: des Christentums auf der einen, einer alternativen (neo-)paganen Ordnung auf der anderen Seite.[14]

Wie auch in den beiden anderen Filmen wird dieser Konflikt vorrangig durch die zwei Hauptfiguren personifiziert. Lord Summerisle verkörpert die heidnische Kultur. Als er das erste Mal auf Sergeant Howie trifft, gesteht er über sich selbst: „A heathen, conceivably, but not, I hope, an unenlightened one." Im Gegensatz zu den Erwartungen, die Lees vorgehende Rollen wecken, wirkt Summerisle in der Tat nicht nur wie ein aufgeklärter Mensch, der scheinbar nichts zu verbergen hat, sondern geradezu als freundliche und warmherzige Person (vgl. auch Rose 2009: 28).

Ganz anders Howie. Newland (2008: 119) bringt es auf den Punkt, wenn er ihn als „a flawed and essentially dislikeable character" bezeichnet. Howie wird als überzeugter Christ dargestellt, der aus der Bibel liest (1 Kor 11, 23–26 über das Abschiedsmahl Jesu) und die Kommunion empfängt. Und als er Zeuge davon wird, dass die Inselbewohner eine alte Kirche zu einer Ruine verfallen lassen und sie zu profanen Zwecken missbraucht haben, versetzt ihn das geradezu in Rage. Dabei macht der Film über Howies Bekenntnis keinerlei explizite Aussagen. Bartholomew (1977: 6) bezeichnet den Polizisten als „a Christian, an Anglican" mit „nearly Calvinist beliefs", Hogan (1997: 84) wiederum verweist auf Howies „stolild Anglicanism". Dass der Polizist am Ende des Films erwähnt,

---

[14] Auch Wright (2008: 88) verweist auf den Eklektizismus der paganen Riten und Bräuche, die im Film zur Darstellung gelangen, hebt aber kurz darauf lobend an *The Wicker Man* hervor: „It is notable for its attempt to image (or to imagine) a believable, not idealised pagan society […]" (90).

dass er nicht die Beichte abgelegt habe („Let me not undergo the real pains of hell, dear God, because I die unshriven."), spricht ebenfalls eher für seine anglikanische (oder allenfalls katholische), nicht aber für eine calvinistische Glaubenszugehörigkeit. Dies wird auch noch einmal durch die auf dem Film basierende Romanfassung von *The Wicker Man* bestätigt: Dort heißt es, Howie sei keinesfalls Mitglied der Church of Scotland, der presbyterianischen Nationalkirche Schottlands, sondern vielmehr der deutlich kleineren Scottish Episcopal Church, einer Mitgliedskirche der Anglikanischen Gemeinschaft (vgl. Hardy/Shaffer 2000: 5).

Allem voran – und ungeachtet seines genauen Bekenntnisses – aber erscheint Howie über den gesamten Film hinweg als ein starrsinniger und belehrender Charakter. „But I must remind you, Sir, that despite everything you've said, you are the subject of a Christian country", entgegnet er auf Lord Summerisles Bekenntnis. Für den Glauben, die Praktiken und die zugrundeliegenden Lehren der Inselbewohner, die er als „filth" bezeichnet, hat er nur Verachtung übrig: „Everywhere I go on this island, it seems to me I find degeneracy." Vor allem die sexuelle Libertinage der Inselbewohner ist dem Polizisten ein besonderes Dorn im Auge, der zwar verlobt, aber noch nicht verheiratet ist, und der fest überzeugt das christliche Verbot vorehelichen Geschlechtsverkehrs respektiert. Als Willow (Britt Ekland), die Tochter des Wirts, bei dem Howie untergekommen ist, im Nebenzimmer einen aufreizenden Tanz aufführt, stellt ihn dies auf eine harte Probe dar. Doch er widersteht der Versuchung.

Der Film zeichnet ein deutliches Bild von Sergeant Howie als einem Menschen, der als Fremder in eine Gemeinschaft eindringt, die nicht nur fundamental von seinen Glaubens- und Moralvorstellungen abweicht, sondern die auch seinen Autoritätsanspruch nicht akzeptiert. Howie geriert sich dabei nicht nur als Vertreter einer Religion mit alleinigem Gültigkeitsanspruch, sondern auch als Repräsentant staatlicher Autorität, als deren Symbol er wiederholt seine Uniform in den Vordergrund rückt. „I, as you can see, am a police officer", belehrt er bereits bei seiner Ankunft die Männer im Hafen. In seiner Rolle als Polizist präsentiert Howie zugleich den Vernunftmenschen, der mit Methoden rationaler Erkenntnis und logischer Deduktion dem Verbleiben des vermissten Mädchens auf die Schliche zu kommen sucht. Der Kontrast zwischen dem Sergeant und Lord Summerisle und den Weltentwürfen, für die sie einstehen, könnte krasser nicht ausfallen. Toni Brass (2000: 221) schließt daraus: „The conflict between these two protagonists, representatives of rationality/science/the modern State and irrationality/mysticism/ancient tradition, is the sub-text of the film."

Am Ende des Films ist es sein Festhalten an seinen Überzeugungen, das Howie ins Verderben stürzt. Er, der Polizist, der sich der Ratio und der logischen Deduktion verpflichtet fühlt, ist blind für die eigentlichen Vorgänge. Er ist der Narr, in dessen Kostüm er schlüpft, um unerkannt an der Maitagsprozession der Inselbewohner teilzunehmen. Als er erkennt, dass das vermeintliche Verschwinden von Rowan Morisson nur ein Komplott war, um ihn auf die Insel zu locken, ist es bereits zu spät um ihn. Tatsächlich lag er richtig mit seiner Vermutung einer Missernte im Vorjahr. Doch das Opfer, um die heidnischen Götter gnädig zu stimmen, ist nicht das Mädchen, sondern er. „You, uniquely, were the one we needed", erklärt Summerisle dem Polizisten, worauf die anderen Dorfbewohner – einer älteren Beschwörungsformel gleich – deklamieren: „A man who would come here of his own free will. – A man who has come here with the power of a king by representing the law. – A man who would come here as a virgin. – A man who has come here as a fool." Wäre Howie der Versuchung erlegen, mit Willow zu schlafen, es hätte ihm sein Leben gerettet. Für diese Erkenntnis ist es freilich schon zu spät.[15] Howie dagegen bleibt selbst im Angesicht seines Todes seinem Glauben treu: „No matter what you do, you can't change the fact that I believe in the life eternal, as promised to us by our Lord, Jesus Christ", ruft er Summerisle entgegen, als man ihn für das Opferritual vorbereitet – eine Haltung, der Summerisle durchaus großen Respekt zollt: „That is good. For believing what you do, we confer upon you a rare gift these days – a martyr's death."

Das Ende des Films lässt es dem Zuschauer kalt den Rücken runter laufen (vgl. McGillivray 1974: 16); es ist, wie Graf (2009: 145) schreibt, „kommentarlos grausam." Zusammen mit zahlreichen Tieren wird Howie in eine riesige Weidenfigur, die einem Menschen gleicht, gesperrt, die daraufhin in Brand gesetzt wird. Gott und Jesus Christus anrufend verbrennt der Polizist im ‚Wicker Man'. Es ist dies vielleicht der einzige Moment realen Schreckens, der *The Wicker Man* letzten Endes doch zu einem Horrorfilm werden lässt.[16] Es ist zugleich jener Moment, der den Film als einen fantastischen auszeichnet: Todorov (1972: 26) zufolge ist das wesentliche Kennzeichen der Fantastik das Oszillieren einer Erzählung zwischen zwei Alternativen (einer natürlichen und einer übernatürlichen), wobei der Leser – bzw. hier der Zuschauer – am Ende realisieren muss, dass keine dieser beiden Alternativen befriedigend ist oder gar einen Vorrang hat. Somit verweilt der Rezipient in einem Stadium der Unschlüssigkeit.

Tatsächlich versagt *The Wicker Man* dem Zuschauer am Ende eine eindeutige Antwort, welche alternative Weltsicht die gültige ist. Der Film bezieht keine Position, er liefert keine Information darüber, ob die Götter nun durch das Opfer vermeintlich besänftigt werden oder ob eine weitere Missernte folgen und sich die Bewohner, wie Howie es vorhersagt, gegen ihren Lord wenden werden. Mehr noch: er propagiert kein Weltbild, in dem Gut und Böse als unverrückbare ontologische Tatsachen behauptet werden (denn wenn Summerisle richtig und

---

[15]   Entsprechend sieht Hogan (1997: 84) den Grund für Howies Versagen nicht nur in seinem Starrsinn, sondern vor allem in seiner unterdrückten Sexualität begründet.

[16]   „This bleak ending finally confirms the film as horror; for the moment is rife with genre traits – humiliation, torture, sacrifice and the very horror of being burnt alive for a heathen God", schreibt auch James Rose (2009: 27) und fügt bekräftigend hinzu: „If *The Wicker Man* is, finally, a horror film then the ending is its only scene of true graphic horror".

im Interesse seiner Untergebenen handelt, handelt er dann nicht in der Logik seines Weltentwurfs moralisch gut?). An die Stelle eines (genretypischen) manichäischen Dualismus setzt *The Wicker Man* die Aussage, dass alle religiösen Unterschiede und die von ihnen abgeleiteten Weltentwürfe und ihre moralischen Prinzipien nicht ontologisch vorgegeben, sondern gesellschaftlich konstruiert sind (vgl. auch Brown 2010: 68).

Zu Beginn der 1970er Jahre, und damit auf dem Höhepunkt aufkeimender neureligiöser Bewegungen in westlichen Gesellschaften wie beispielsweise dem Wicca-Kult oder dem „New Age" (vgl. hierzu Melton: 2004), verpackt der Film einen kritischen Kommentar über aktuelle Befindlichkeiten in Form eines Diskurses über das Religiöse im Gewand des Fantastischen – oder wie Christopher Lee zusammenfasst: „*The Wicker Man* is not an attack on contemporary religion but a comment on it, its strengths as well as its weaknesses, its fallibility, that it can be puritanical and won't always come out on top" (Bartholomew 1977: 34).

6　　Drei Filme als Angriff auf einen majoritären Realitätsbegriff – Fazit

Ausgehend von ihrem Welt- und Gegenwartsbezug, der die Erzählwelt so real und vertraut erscheinen lässt, wird in den drei hier besprochenen Filmen die vermeintliche Alltagswelt einer Destabilisierung unterworfen, wenngleich die drei Filme in der finalen Bewertung und Lösung, im eindeutigen Bekenntnis zum Primat einer Weise der Erkenntnis von Wirklichkeit und dem davon abgeleiteten Weltentwurf durchaus unterschiedliche Wege gehen: *The Legend of Hell House* überführt die Unsicherheit über den Vorrang einer Seins- und Erkenntnisordnung in einen hybriden, stabilen Zustand; *Don't Look Now* dagegen erschüttert das vermeintlich gültige Primat eines rationalen Weltentwurfs; *The Wicker Man* schließlich versagt bis zum bitteren Ende die Gewissheit über die Gültigkeit und den Vorrang eines Glaubenssystems vor dem anderen.

All dies geschieht nicht zuletzt vermittels einer mehr oder minder impliziten Auseinandersetzung mit „historischen Realitätsvorstellungen" (Kindt 2011: 49), und zwar konkret in der Rückbindung an Traditionen der Fantastik des 19. Jahrhunderts und an Diskurse, die im viktorianischen England virulent sind. Für *The Legend of Hell House* und *Don't Look Now* sind dies vorrangig Okkultismus und Spiritismus, für *The Wicker Man* dagegen ein religionsethnologischer Diskurs. Diese Diskurse stellen dabei für die drei Filme eine wesentliche Referenzfolie dar, um – die Formulierung Marianne Wünschs (2007: 73) aufgreifend – einen vermeintlich „majoritären Realitätsbegriff in Frage zu stellen". Damit liefern die drei Filme einen wesentlichen Beitrag zum Transport und zur Problematisierung von Wirklichkeitsvorstellungen (vgl. Kindt 2011: 50) zu einem spezifisch historischen Zeitpunkt im britischen Kino der frühen 1970er Jahre.

Literaturverzeichnis

Edmund G. Bansak: *Fearing the Dark: The Val Lewton Career*. Jefferson/NC, London 2003.

David Bartholomew: The Wicker Man. In: Cinefantastique 6:3 (1977), S. 4–19; 32–47.

Tom Brass: Nymphs, Shepherds, and Vampires: The Agrarian Myth on Film. In: Dialectical Anthropology 25:3–4 (2000), S. 205–237.

Allan Brown: *Inside The Wicker Man: The Morbid Ingenuities*. London 2000.

Allan Brown: *Inside The Wicker Man: How Not to Make a Cult Classic*. Edinburgh 2010.

Edward Bulwer-Lytton: The Haunted and the Haunters: or, the House and the Brain. In: *The Penguin Book of Ghost Stories. From Elizabeth Gaskell to Ambrose Bierce*. Hg. v. Michael Newton. London, New York 2010, S. 39–66.

Ali Catterall u. Simon Wells: Three Great Horror Movies Were Made in 1973: The Exorcist, Don't Look Now – and The Wicker Man. The Who? In: The Guardian, 08.01.1999.
URL: http://www.theguardian.com/film/1999/jan/08/1 (14.01.2015).

Steve Cramer: Cinematic Novels and 'Literary' Films. "The Shining" in the Context of the Modern Horror Film. In: *Trash Aesthetics: Popular Culture and its Audience*. Hg. v. Deborah Cartmell, I. Q. Hunter u. Heidi Kaye. London 1997, S. 132–142.

Barry Curtis: *Dark Places: The Haunted House in Film*. London 2008.

Leslie Dick: Desperation and Desire. In: Sight & Sound 7:1 (1997), S. 10–13.

Wheeler W. Dixon: *A History of Horror*. New Brunswick/NJ 2010.

Daphne du Maurier: Don't Look Now. In: *Don't Look Now and Other Stories*. London: Penguin 2006, S. 7–55.

Hans-Heino Ewers: Überlegungen zur Poetik der Fantasy. In: *Perspektiven der Kinder- und Jugendmedienforschung*. Hg. v. Ingrid Tomkowiak. Zürich 2011, S. 131–149.

Denis Fischer: The Legend of Hell House. Retrospective Review. In: Cinefantastique: The Website with a Sense of Wonder, 18.03.2009.
URL: http://cinefantastiqueonline.com/2009/03/hell-house-and-the-legend-of-hell-house-book-film-rew/ (07.03.2015).

Jens Malte Fischer: Phantastischer Film und phantastische Literatur. Mit einem Exkurs über „Rosemary's Baby". In: Zeitschrift für Literaturwissenschaft und Linguistik 8:29 (1978), S. 11–39.

J. Jeffrey Franklin: The Evolution of Occult Spirituality in Victorian England and the Representative Case of Edward Bulwer-Lytton. In: *The Ashgate Research Companion to Nineteenth-Century Spiritualism and the Occult*. Hg. v. Tatiana Kontou u. Sarah A. Willburn. Farnham 2012, S. 123–141.

Marco Frenschkowski: Okkultismus, Spiritismus, Seelenwanderung. In: *Phantastik. Ein interdisziplinäres Handbuch*. Hg. v. Hans Richard Brittnacher. Stuttgart 2012, S. 435–441.

Rolf Giesen: *Der Phantastische Film: Zur Soziologie von Horror, Science-Fiction und Fantasy im Kino. Teil 1: Geschichte*. Schondorf/Ammersee 1980.

Dominik Graf: Vom Alleinsein nach der Liebe. Nicolas Roegs „Wenn die Gondeln Trauer tragen", 1973. In: Süddeutsche Zeitung, 10.12.2005, S. 13.

Dominik Graf: Da liegt der Hase begraben. „The Wicker Man" von Robin Hardy, 1973. In: *Schläft ein Lied in allen Dingen. Texte zum Film*. Hg. v. Michael Althen. Berlin 2009, S. 144–148.

Robin Hardy u. Peter Shaffer: *The Wicker Man. A Novel*. London 2000.

Eckhard Haschen: Bewußte Desorientierung des Zuschauers. Ein Außenseiter der Filmgeschichte. Nicolas-Roeg-Reihe im B-Movie. In: Die Tageszeitung. Hamburg lokal, 05.02.2004, S. II.

Susan Hayward: *Cinema Studies: The Key Concepts*. London, New York [4]2013.

David Hogan: *Dark Romance: Sexuality in the Horror Film*. Jefferson/NC 1997.

Jay Holben: Revisiting a Cult Favorite. In: American Cinematographer 87:9 (2006), S. 24–31.

Beverley Houston u. Marsha Kinder: Cultural and Cinematic Codes in "The Man Who Fell to Earth" and "Walkabout". Insiders and Outsiders in the Films of Nicolas Roeg. In: *Self and Cinema. A Transformalist Perspective*. Pleasantville/NY 1980, S. 345–469.

Penelope Houston: Don't Look Now. In: Monthly Film Bulletin 40:468 (1973), S. 205.

Shirley Jackson: *The Haunting of Hill House*. London 2009.

Marsha Kinder u. Beverle Houston: Seeing is Believing. "The Exorcist" and "Don't Look Now". In: *American Horrors. Essays on the Modern American Horror Film*. Hg. v. Gregory A. Waller. Urbana 1987, S. 44–61.

Tom Kindt: „Das Unmögliche, das dennoch geschieht". Zum Begriff der literarischen Phantastik am Beispiel von Werken Thomas Manns. In: Thomas Mann Jahrbuch 24 (2011), S. 43–56.

Thomas Koebner: Der Animist der Moderne. Das Kino des Nicolas Roeg. In: *Splitter im Gewebe. Filmemacher zwischen Autorenfilm und Mainstreamkino*. Hg. v. Marcus Stiglegger. Mainz 2000, S. 163–180.

Mikel J. Koven: The Folklore Fallacy: A Folkloristic/Filmic Perspective on "The Wicker Man". In: Fabula: Zeitschrift für Erzählforschung/Journal of Folktale Studies/Revue d'Etudes sur le Conte Populaire 48:3–4 (2007), S. 270–280.

Annette Kuhn u. Guy Westwell: *A Dictionary of Film Studies*. Oxford 2012.

Murray Leeder: Victorian Science and Spiritualism in "The Legend of Hell House". In: Horror Studies 5:1 (2014), S. 31–46.

Fabienne Liptay: „Beyond the Fragile Geometry of Space". Zur Bildarchitektur in Nicolas Roeg's „Don't Look Now". In: *Nicolas Roeg*. Hg. v. Marcus Stiglegger u. Carsten Bergemann. München 2006, S. 53–61.

John Marmysz: Scotland As a Site of Sacrifice. In: Film International 12:2 (2014), S. 6–17.

Richard Matheson: *Hell House*. New York 1999.

David McGillivray: Wicker Man, The. In: Monthly Film Bulletin 41:480 (1974), S. 16.

Paul Newland: Folksploitation: Charting the Horrors of the British Folk Music Tradition in "The Wicker Man". In: *Seventies British Cinema*. Hg. v. Robert Shail, Basingstoke 2008, S. 119–28.

Kim Newman: The Old Dark House. In: *Gothic. The Dark Heart of Film*. Hg. v. James Bell. London 2013, S. 96–102.

Richard Nowell: *Merchants of Menace: The Business of Horror Cinema*. New York, London 2014.

Brendan O'Connor: Underrated: The Legend of Hell House – John Hough (1973). In: Orlando Weekly, 26.10.2011.
    URL: http://www.orlandoweekly.com/blogs/archives/2011/10/26/underrated-the-legend-of-hell-house-john-hough-1973 (07.03.2015).

James Palmer u. Michael Riley: Seeing, Believing, and 'Knowing' in Narrative Film: "Don't Look Now" Revisited. In: Literature Film Quarterly 23:1 (1995), S. 14.

David Pirie: Legend of Hell House, The. In: Monthly Film Bulletin 40:468 (1973), S. 193f.

Vic Pratt: Long Arm of the Lore. In: Sight and Sound 23:10 (2013), S. 24–31.

Derek Pykett: *British Horror Film Locations*. Jefferson/NC 2008.

Gregory L. Reece: *Creatures of the Night: In Search of Ghosts, Vampires, Werewolves and Demons*. London 2012.

David Robinson: Spellbound in Nicholas Roeg's Venice. In: The Times, 12.10.1973, S. 15.

Nicolas Roeg: *The World is Ever Changing*. London 2013.

James Rose: *Beyond Hammer: British Horror Cinema Since 1970*. Leighton Buzzard 2009.

Keyvan Sarkhosh: *Kino der Unordnung: Filmische Narration und Weltkonstitution bei Nicolas Roeg*. Bielefeld 2014.

Sabine Schülting: "Dream Factories": Hollywood and Venice in Nicolas Roeg's "Don't Look Now". In: *Venetian Views, Venetian Blinds: English Fantasies of Venice*. Hg. v. Manfred Pfister u. Barbara Schaff. Amsterdam 1999, S. 195–212.

Darrell Schweitzer: Ghosts and Hauntings. In: *The Greenwood Encyclopedia of Science Fiction and Fantasy. Themes, Works, and Wonders*. Hg. v. Gary Westfahl. Westport/CT 2005, S. 338–340.

Georg Seeßlen u. Fernand Jung: *Horror: Geschichte und Mythologie des Horrorfilms*. Marburg 2006.

Georg Seeßlen u. Bernt Kling: *Unterhaltung. Lexikon zur populären Kultur 1: Western, Science Fiction, Horror, Crime, Abenteuer*. Reinbek bei Hamburg 1977.

Georg Seeßlen u. Claudius Weil: *Kino des Phantastischen: Geschichte und Mythologie des Horror-Films*. Reinbek bei Hamburg 1980.

Anthony Shaffer: The Wicker Man and Others. In: Sight and Sound 5:8 (1995), S. 28f.

Justin Smith: The Wicker Man (1973). In: *Fifty Key British Films*. Hg. v. Sarah Barrow u. John White. London, New York 2008, S. 161–166.

Joseph Stannard: Out of the Woods. In: Sight and Sound 21:3 (2011), S. 11.

Marcus Stiglegger: Splitter im Gewebe der Existenz. Die Filme von Nicolas Roeg. In: Splatting Image 36 (1998), S. 19–24.

Marcus Stiglegger: „Vice. And Versa". Letale Doubles in den Filmen von Nicolas Roeg. In: *Nicolas Roeg*. Hg. v. Marcus Stiglegger u. Carsten Bergemann. München 2006, S. 33–42.

Rüdiger Suchsland: Gott liebt den nicht, der ohne Fehler ist. Ein Gespräch mit dem Regisseur Nicolas Roeg. In: Frankfurter Allgemeine Zeitung, 14.08.2008, S. 45.

Tzvetan Todorov: *Einführung in die fantastische Literatur* [*Introduction à la littérature fantastique*, Paris 1970. Übers. von Karin Kersten u.a.]. München 1972.

Kristi Wilson: Time, Space and Vision: Nicolas Roeg's "Don't Look Now". In: Screen 40:3 (1999), S. 277–294.

Melanie J. Wright: Religion and Film: An Introduction. London, New York 2007.

Marianne Wünsch: *Die fantastische Literatur der frühen Moderne, 1890–1930: Definition, denkgeschichtlicher Kontext, Strukturen*. München 1991.

Marianne Wünsch: Phantastische Literatur. In: *Reallexikon der deutschen Literaturwissenschaft, Bd. 3*. Hg. v. Jan-Dirk Müller et al. Berlin, New York 2007, S. 71–74.

Filmverzeichnis

Callan [TV-Serie]. Idee: James Mitchell. GB 1967–1972.

Countess Dracula (dt.: Comtesse des Grauens). Regie: Peter Sasdy. GB 1971.

Don't Look Now (dt.: Wenn die Gondeln Trauer tragen). Regie: Nicolas Roeg. GB 1973.

Ghostbusters (dt.: Ghostbusters – Die Geisterjäger). Regie: Ivan Reitman. USA 1984.

The Exorcist (dt.: Der Exorzist). Regie: William Friedkin. USA 1973.

The Haunting (dt.: Bis das Blut gefriert). Regie: Robert Wise. GB/USA 1963.

The Legend of Hell House (dt.: Tanz der Totenköpfe). Regie: John Hough. GB 1973.

The Vampire Lovers (dt.: Gruft der Vampire). Regie: Roy Ward Baker. GB/USA 1970.

The Wicker Man. Regie: Robin Hardy. GB 1973.

The Wicker Man (dt.: Wicker Man – Ritual des Bösen). Regie: Neil LaBute. USA/D/CDN 2006.

Konstruktion und Destabilisierung des Weltbezugs in ausgewählten Erzählfiktionen von Howard Phillips Lovecraft und Haruki Murakami

Annette Simonis (Gießen)

Im vorliegenden Beitrag möchte ich mich mit Fragen der Destabilisierung des Weltbezugs beschäftigen und dabei auf eine spezifische Form der modernen literarischen Fantastik eingehen, welche die traditionelle Zwei-Welten-Struktur fantastischen Erzählens[1] hinter sich lässt. So heißt es über den japanischen Erfolgsautor Haruki Murakami 2005 im *Stern* in diesem Sinne:

> Katzen können sprechen in seinen Werken, Fische regnen vom Himmel, Prostituierte zitieren Hegel, Riesenfrösche retten Tokio vor Erdbeben. Es sind Achterbahnfahrten für die Sinne. Murakami packt den Leser und nimmt ihn mit auf einen Trip, von dem er selbst nicht zu wissen scheint, wo er enden wird. (Streck 2005: 258)

Man könnte zunächst etwas impressionistisch sagen, dass es sich um einen Typ von Fantastik handelt, bei dem die Übergänge zwischen dem Realitätssystem und dem fantastischen System in der innerfiktiven Welt fließend werden. Es handelt sich, mit anderen Worten, um das plötzliche Hereinbrechen fantastischer Momente in eine ansonsten eher realistisch geschilderte Welt, die wiederum keine kohärente Gegenwelt oder alternative Welt zur innerfiktiven Wirklichkeit bilden.[2] Das Fantastische bleibt dabei bezeichnenderweise oft – jedenfalls bei vordergründiger Betrachtung – eher unscheinbar und unspektakulär. Es kann im Leser zwar durchaus noch jenes genretypische Zögern, die *hésitation* im Sinne Todorovs (Todorov 1970: 29) bewirken, jedoch steht dies kaum im Mittelpunkt

---

[1] Vgl. diesbezüglich die prägnante systematische Darstellung in der vorzüglichen Arbeit von Pinkas (2010: 11f.).

[2] Es will sich also nicht recht einfügen in die geläufigen Definitionen fantastischer Erzählwelten, in denen „das Aufeinandertreffen zweier Welten im Mittelpunkt der Schilderungen steht, wobei mit ‚Welten' hier Seinsordnungen gemeint sind, also Systeme des Möglichen, Notwendigen und Wahrscheinlichen" (Kindt 2011: 46). Auch ein maximalistischer Fantastik-Begriff, der sich auf Erzählungen mit klar erkennbaren wunderbaren und übernatürlichen Elementen bezieht, erfasst nicht ganz die Spezifik des hier diskutierten Typs.

der Lektüreerfahrung. Man kann diese Schreibweise als surreal oder surrealistisch bezeichnen oder auch vom magischen Realismus sprechen, um sie vom traditionellen fantastischen Erzählen abzuheben. Mit diesen Rubrizierungen, ganz gleich für welche man sich entscheidet, bleibt aber das grundsätzliche Problem bestehen, wie die Referenz auf Weltzusammenhänge oder die Wirklichkeitsdarstellung in diesem Fall von statten geht bzw. zu erklären ist.

Als typische Vertreter dieser recht jungen Erzählweise mit fantastischen Komponenten sind in der neueren Gegenwartsliteratur beispielsweise der bereits erwähnte japanische Autor Haruki Murakami und neuerdings die deutsche Autorin Annika Scheffel[3] zu nennen (die ich in Zusammenhang meines Beitrags nur erwähnen kann).

Als Vorläufer für den genannten Typ von narrativer Wirklichkeitskonstruktion darf Howard Phillips Lovecraft gelten, der insbesondere Murakamis Schreibweise inspiriert und dessen frühe, um 1990 entstandene Erzählungen geprägt hat. Allerdings vollzieht sich in seinen Geschichten anders als bei Murakami die Erfahrung des Surrealen noch abrupt, begleitet von Schrecken und angstvollem Staunen (der fiktiven Figuren und der Leser), ganz im Zeichen des Horrorgenres[4] in der Nachfolge Edgar Allan Poes und in dessen potenzierter Verlängerung als *Weird Fiction*.[5] Die unvertrauten Phänomene manifestieren sich hier ebenso punktuell wie eindringlich bzw. erschütternd.

Beide Autoren, Lovecraft und Murakami, greifen nicht zufällig meist auf die traditionsreiche Form der Ich-Erzählung zurück, die im Rezipienten bestimmte

---

[3] Annika Scheffel, geb. 1983, studierte in den Jahren 2005–2008 Theaterwissenschaft an der Justus-Liebig-Universität Gießen. Sie hat im Jahr 2008 ihre literaturwissenschaftliche Examensklausur über Fantastisches Erzählen im Werk von Haruki Murakami geschrieben. Für ihren zweiten, im Suhrkamp Verlag erschienenen Roman *Bevor alles verschwindet* wurde sie im September 2013 mit dem Phantastik-Preis der Stadt Wetzlar ausgezeichnet. Der Roman *Bevor alles verschwindet* handelt von einem Dorf, das geflutet werden und einem Stausee weichen soll. Vor dem drohenden Ende des namenlos bleibenden Orts wird der Leser eingeladen, die Bewohner etwa ein halbes Jahr zu begleiten und wird Zeuge einer sich allmählich ausbreitenden Untergangsstimmung. Das auffallendste Indiz für den Bruch mit dem realistischen Erzählen und die Integration surrealer bzw. phantastischer Momente ist der blaue Fuchs, der sich bevorzugt am Dorfbrunnen zeigt und dort durch ein Kind namens Marie beobachtet wird. Entspringt das blaue Tier der Phantasie des Mädchens oder hat er ein objektives Korrelat in der innerfiktiven Realität? Auf diese Frage gibt der Text bezeichnenderweise keine klare Antwort, auf die Bedeutung des Fuchses deutet aber der Umstand hin, das auch andere Dorfbewohner meinen, ihn gesehen zu haben.

[4] Lovecraft darf zu Recht als längst kanonisierter Autor und wichtiger Anreger der weiteren Entwicklung des Genres im 20. Jahrhundert gelten. Davon zeugt nicht zuletzt der neuere Sammelband von Schultz und Joshi aus dem Jahr 2012.

[5] Vgl. zum Begriff und zur Konzeption der ‚Weird Fiction' ausführlich den sachkundigen Beitrag von Isabella van Elferen (2014), passim.

Erwartungen auslöst. Der Ich-Erzähler gehört zu den beliebtesten narrativen Instanzen in der Weltliteratur, mit dem sich ebenso Suggestionen von Authentizität und Erfahrungsunmittelbarkeit verbinden, wie sich mit ihm häufig auch der Verdacht der Unzuverlässigkeit einstellt. Insofern der homodiegetische Erzähler selbst Teil der erzählten Welt ist, verfügt er notwendigerweise über eine begrenzte Perspektive und Sicht der Dinge. Solche Perspektivengebundenheit muss indessen nicht notwendig auch erzählerische Unzuverlässigkeit implizieren.

Bei Lovecraft begegnen wir einer besonderen Form des Ich-Erzählers, für den in der Forschungsliteratur unterschiedliche Begriffsbildungen vorgeschlagen worden sind. Der polnische Literaturwissenschaftler Marek Wydmuch nennt ihn den ‚erschrockenen Erzähler‘ („the scared narrator", Wydmuch 1984: 144), während Graham Harman im Hinblick auf Lovecrafts Stil auch von „weird realism" spricht (Harman 2012: 232–267), von ‚unheimlichem Realismus‘.

Wir haben es mit einem Typ von Weltbezug zu tun, der den Erzähler in verschiedener Hinsicht überfordert, seine Erzählabsicht und Schilderungen von Anfang an gewissermaßen zum Scheitern prädestiniert. Typisch für die Horrorgeschichten von Lovecraft ist der Beginn seiner Kurzgeschichte „Dagon", hier meldet sich ein Ich-Erzähler im Moment äußerster Bedrohung zu Wort, aus einer psychischen und physischen Extremsituation:

> I am writing this under an appreciable mental strain, since by tonight I shall be no more. Penniless, and at the end of my supply of the drug which alone, makes life endurable, I can bear the torture no longer; and shall cast myself from this garret window into the squalid street below. Do not think from my slavery to morphine that I am a weakling or a degenerate. When you have read these hastily scrawled pages you may guess, though never fully realise, why it is that I must have forgetfulness or death. (Lovecraft 1996: 37)

Charakteristisch erscheint in den zitierten Zeilen ein situationsbedingtes Erzählen aus der unmittelbaren Gegenwärtigkeit des Geschehens, das sich, fast ohne eine Differenz zwischen erzählendem und erlebendem Ich zu markieren, artikuliert. Der Erzähler spricht aus einer existenziellen Bedrohung oder Betroffenheit und wendet sich an den Leser als sozusagen letzten Zeugen des Mitgeteilten.

Ganz ähnlich gestaltet sich der Anfang von „The Beast in the Cave" (1905/1918). Auch hier haben wir es mit einer Schilderung zu tun, die offenbar der unmittelbaren Erfahrungssituation eines sprechenden, seine Eindrücke soeben narrativierenden Subjekts entspringt. Einzig das gewählte grammatische Tempus (past tense) deutet noch den bestehenden Abstand zwischen Erlebnis und Erzähler an, zwischen dem erzählenden und dem erzählten Ich:

> The horrible conclusion which had been gradually intruding itself upon my confused and reluctant mind was now an awful certainty. I was lost, completely, hopelessly lost in the vast and labyrinthine recess of the Mammoth Cave. Turn as

> I might, in no direction could my straining vision seize on any object capable of
> serving as a guidepost to set me on the outward path. (Lovecraft 1996: 1)

Immer wieder begegnen wir einem Ich-Erzähler, der dem zu erzählenden erleb-
ten Geschehen nach eigener Aussage nicht gewachsen ist, dessen kognitive und
sprachliche Mittel nicht hinreichen, um das Erfahrene gedanklich und psychisch
angemessen zu verarbeiten, geschweige denn erzählerisch zu bewältigen.
Nichtsdestoweniger vermag das erzählende Ich seine krisenhaften Eindrücke
zuweilen sehr eloquent und detailliert zu artikulieren. Davon zeugt auch der folgende Passus aus „The Book" (1934):

> My memories are very confused. There is even much doubt as to where they
> begin; for at times I feel appalling vistas of years stretching behind me, while at
> other times it seems as if the present moment were an isolated point in a grey,
> formless infinity. I am not even certain how I am communicating this message.
> While I know I am speaking, I have a vague impression that some strange and
> perhaps terrible mediation will be needed to bear what I say to the points where I
> wish to be heard. My identity, too, is bewilderingly cloudy. I seem to have
> suffered a great shock – perhaps from some utterly monstrous outgrowth of my
> cycles of unique, incredible experience. (Lovecraft 1996: 34)

In den zitierten Zeilen besteht eine Besonderheit der narrativen Darstellung darin, dass sich der Ich-Erzähler im Präsens zu Wort meldet, was die Unmittelbar-
keit und Gegenwärtigkeit des mitgeteilten Erlebens akzentuiert und die Differenz
zwischen dem erlebenden Ich und dem berichtenden Ich gegen Null tendieren
lässt. Die Krisenerfahrung und Existenzbedrohung erhalten auf diese Weise eine
besonders dramatische Kontur und reklamieren den Leser gewissermaßen als Figur des Dritten, als Zeugen des (fiktiven) katastrophischen Geschehens, an dem
er über die aufmerksame Lektüre partizipiert. Zu keinem geringen Anteil beruht
die Faszination einer solchen Erzählweise auf der raffiniert bewerkstelligten In-
klusion der Leser und dem Sog des Grauens, der von Lovecrafts Texten ausgeht.
Eine Schlüsselfunktion erfüllen dabei die Indizien des Unmittelbaren und Gegenwärtigen, etwa die grammatikalische Vorliebe für die Verlaufsform („I am
communicating", „while I know I am speaking") und die deiktischen Formen
(„this message"), welche die zeitliche und räumliche Distanz zwischen dem erzählenden Protagonisten und den Lesern sukzessive minimieren.

Es ist wichtig zu sehen, dass der Bezug auf eine derart destabilisierte Welt,
wie sie von Lovecraft evoziert wird, keineswegs automatisch einen destabili-
sierten Welt-Bezug impliziert. Eine Infragestellung der mimetischen Referenz
wird allererst durch die teilweise recht ausführlichen Reflexionen des Erzählers
hergestellt, der die herkömmliche Beziehung zwischen Wahrnehmung, Sprache
und Realitätserfahrung problematisiert bzw. unterwandert. Die Sprache als Medium des Erzählens gerät an ihre Grenzen; sie kann das Geschehen nur umkrei-

sen und umschreiben, ohne eindeutige Referenzen und Bedeutungszuordnungen herzustellen.

Häufig bedient sich Lovecrafts Erzähler bei den Schilderungen des Grauenhaften und Unheimlichen der vertrauten Topoi und Stilmittel der Unsagbarkeit[6] und verwendet verschiedene Elemente der Negativität und des ‚Als ob‘. (Im obigen Zitat wären als Indizien dafür etwa das Verb „seem" / „scheinen" sowie die Zustandsattribute „confused", „incredible" und „bewilderingly cloudy" zu nennen.) Diese gehen allerdings über rein rhetorische Mittel hinaus, indem sie das Prekäre des narrativen Wirklichkeitsbezugs signalisieren.

Was kann im Erzählvorgang Bestand haben, wenn die traditionellen Erzählfunktionen eingeschränkt sind? Welche Möglichkeiten narrativer Darstellung bieten sich an, ohne einen logischen Bruch zu riskieren, wenn das Weitererzählen nach eigener Auskunft der Erzählinstanz eigentlich unwahrscheinlich geworden scheint?

Die Erzählung nähert sich der „unglaublichen Erfahrung" an, ohne sie exakt definieren zu können. Der Moment des Schocks, der dramatisch beschworen wird, bleibt in Lovecrafts gezielter Erzählstrategie dabei insofern ungenau und unvollständig, als der Text das fürchterliche Ereignis (in einer „vague impression") mehr als Leerstelle umkreist, als es explizit namhaft zu machen.

Die Auslassungen dienen offenbar dazu, den Leser in die fiktive Wirklichkeitskonstruktion zu involvieren, ihn einzuladen, an dem komplexen Konstruktionsprozess des Erzählens aktiv teilzunehmen. Der Rezipient wird zum situativen Mitwisser, zum Zeugen und Partner bei der Genese fiktiver Räume und kooperiert dabei eng mit dem Erzähler, denn er überbrückt die ‚Schwachstellen‘ und Auslassungen durch eigene Imaginationen und zeigt aufgrund der erzeugten Spannung eine erhöhte Bereitschaft, dies zu tun. Da die Logik der empirischen Alltagswelt versagt, aktiviert er einen imaginären Horizont.

Das sich im Erzählverlauf entfaltende Imaginäre erweist sich in Lovecrafts Horrorgeschichten als ein Imaginäres der Krise, an dem Erzähler und Leser gemeinsam partizipieren. Der Horror beruht bei Lovecraft also insgesamt weniger auf der Schrecklichkeit des Wesens oder Ereignisses selbst als vielmehr auf der narrativen Inszenierung desselben, und zwar insbesondere darauf, dass sich eine Diskrepanz zwischen dem Gegenstand des Erzählens und den erzählerischen Mitteln auftut, die dem Ich-Erzähler zur Verfügung stehen. Das Objekt entzieht sich der mimetischen Erfassung, mehr noch, dieser Sachverhalt wird durch das erzählende Ich ausgiebig thematisiert und den Lesern anschaulich vor Augen gerufen, wie etwa die Beschreibung des Monsters in „The Call of Cthulhu" (1926/1928): „The Thing can not be described — there is no language for such

---

[6]   Solche Unsagbarkeitstopoi finden sich verbreitet auch bei anderen Vertretern des Horrorgenres. Vgl. diesbezüglich ausführlich Miess 2010: 243–245. Im Blick auf Lovecrafts rhetorisches Spiel mit der Unsagbarkeit siehe auch Mendlesohn 2013: 135.

abysms of shrieking and immemorial lunacy, such eldritch contradictions of all matter, force, and cosmic order" (Lovecraft 1997: 74).

Nicht nur die Mimesis wird als solche problematisch, die Möglichkeit der adäquaten Darstellung wird zudem durch den Erzähler und seine Überlegungen selbst in Frage gestellt, wie die diskutierten Beispiele gezeigt haben. Jenes Scheitern der Mimesis wird zumindest punktuell als Krise und Verunsicherung des erzählenden und erlebenden Ich erfahren. Die fantastischen Gestalten und Erfahrungen bilden in den Horrorgeschichten dabei keine kohärenten Weltzusammenhänge, gerade weil sie nur erahnt werden, sich dem Verständnis der Protagonisten im Besonderen und ggf. sogar dem menschlichen Fassungsvermögen im Allgemeinen entziehen. Paradoxerweise endet diese Bilanz indessen nicht mit dem Abbruch des Erzählens, sondern es wird zumindest eine ganze Weile sogar recht traditionell weitererzählt. Darin liegt, wenn man so will, eine gewisse Inkonsistenz.

Schon bei Lovecraft finden sich übrigens unklare, fließende Übergänge zwischen innerfiktiver alltäglicher Realität und übernatürlichen, surrealen Erfahrungen. Ein Beispiel dafür ist das spurlose Verschwinden eines Orts von der Landkarte, der zuvor mit einem realen Straßennamen eingeführt wurde, in „The Music Of Erich Zann" (1921/1922). Besonders auffallend ist das erwähnte Detail im Erzähl- bzw. Lektüreprozess dadurch, dass der Erzähler versucht, für diesen Umstand nachträglich rationale Erklärungen zu finden (etwa die Veränderung, der Ortsnamen im historischen Prozess unterliegen), nur um die in Erwägung gezogene Option letztlich wiederum auszuschließen:

> I have examined maps of the city with the greatest care, yet have never again found the Rue d'Auseil. These maps have not been modern maps alone, for I know that names change. I have, on the contrary, delved deeply into all the antiquities of the place, and have personally explored every region, of whatever name, which could possibly answer to the street I knew as the Rue d'Auseil. But despite all I have done, it remains an humiliating fact that I cannot find the house, the street, or even the locality, where, during the last months of my impoverished life as a student of metaphysics at the university, I heard the music of Erich Zann. (Lovecraft 1997: 7)

Der Ansatz, das Unerklärliche zu rationalisieren, ist vorhanden, wird aber zurückgenommen. Es kommt zu einem interessanten und rätselhaften Ineinander von realistischer Evidenz und Fantastischem. Die Stadt und ihre Kartografie suggerieren einen fast mathematisch-exakten Realitätsbezug, eine genaue Lokalisierung, die sich dann aber wiederum verflüchtigt.

Bei Murakami haben wir es im Gegensatz zu Lovecraft nicht mit klassischen Horrorgeschichten zu tun. In seinen Geschichten sind die krisenhaften Momente weniger spektakulär, auf den ersten Blick als solche nicht immer ersichtlich. Doch auch hier haben die scheinbar marginalen Ereignisse, die sich plötzlich oder schrittweise und untergründig bemerkbar machen, weiterreichende Folgen und können durchaus eine tiefgreifende Verunsicherung mit sich bringen. Die genannte Krisenhaftigkeit begegnet dabei unter der Oberfläche der zunächst harmlos erscheinenden Alltagswelt.

Als Beispiel dafür möchte ich eine frühe Kurzgeschichte des Autors herausgreifen, nämlich die Titelerzählung der Sammlung *The Elephant Vanishes*. Das zentrale Ereignis der genannten Erzählung, nämlich das Verschwinden eines Elefanten aus einer Vorstadt von Tokio, nimmt der Ich-Erzähler inmitten einer gewöhnlichen Alltagssituation zur Kenntnis, als er beim Frühstück die Zeitung durchblättert: „When the elephant disappeared from our town's elephant house, I read about it in the newspaper. My alarm clock woke me that day, as always, at 6:13. I went to the kitchen, made coffee and toast, turned on the radio, spread the paper out on the kitchen table, and proceeded to munch and read" (Murakami 2011: 308).[7]

Mit wenigen skizzenhaften Beobachtungen wird die typische Frühstückssituation vor Augen gerufen, zu der das Zeitunglesen ebenso wie Toast, Kaffee und Radio gehören. Der folgenreiche Artikel mit jenem Ereignis, das den Angelpunkt der Erzählung ausmacht, ist nun zunächst unauffällig im Regionalteil der Tageszeitung versteckt:

> The elephant article was the lead story in the regional section. The unusually large headline caught my eye. ELEPHANT MISSING IN TOKYO SUBURB, and, beneath that, in type one size smaller, Citizens' Fears Mount. Some Call for Probe. There was a photo of policemen inspecting the empty elephant house. Without the elephant, something about the place seemed wrong. It looked bigger than it needed to be, blank and empty like some huge, dehydrated beast from which the innards had been plucked. (Murakami 2011: 308)

In den zitierten Zeilen deutet sich schon ein gewisses Missverhältnis an, zwischen der ungewöhnlichen und beunruhigenden Metapher, die der Ich-Erzähler im Blick auf das leere Elefantenhaus verwendet, und der Vorstellung einer gewöhnlichen Zooarchitektur. Es erscheint ihm wie ein dehydriertes Tier, dessen Eingeweide herausgerissen worden sind. Die Wahrnehmung und Deutung des Fotos sind dabei ganz in der subjektiven Perspektive des Erzählers verankert, sie

---

[7] Im vorliegenden Beitrag zitiere ich Murakami bewusst nach der englischsprachigen Übersetzung und nicht nach der deutschsprachigen. Diese Option erscheint mir deshalb naheliegend, weil sie einer Vorliebe des Autors für die amerikanische Kurzgeschichte und das mit ihr verbundene Stilideal korrespondiert. In diesem Sinne notiert Matthew Strecher (2002: 12): „Indeed, part of the simplicity that has come to be so much a Murakami trademark is attributable (if the author himself is to be believed) to his early practice of writing in English, then translating himself back into Japanese. In so doing, he developed a style that would have made a minimalist proud".

entstammen bezeichnenderweise nicht dem Zeitungsbericht. Es handelt sich also um eine eigenwillige, artifizielle und verfremdende Sicht.

Aus der Frühstückssituation am Küchentisch, die durch wenige markante Details wie Brotkrümel, eine Folge von mehreren Tassen Kaffee etc. evoziert wird, entsteht im Verlauf des Zeitunglesens nun nach und nach der Eindruck einer Rätselhaftigkeit, die beinahe kafkaesk wirkt. Aber auch die Realitätsbezüge und Details wie die exakten Zeitangaben werden mit fast akribischer Genauigkeit aufgeführt:

> Brushing away my toast crumbs, I studied every line of the article. The elephant's absence had first been noticed at two o'clock on the afternoon of May 18 – the day before – when men from the school-lunch company delivered their usual truckload of food (the elephant mostly ate leftovers from the lunches of children in the local elementary school). On the ground, still locked, lay the steel shackle that had been fastened to the elephant's hind leg, as though the elephant had slipped out of it. Nor was the elephant the only one missing. Also gone was its keeper, the man who had been in charge of the elephant's care and feeding from the start. (Murakami 2011: 309)

Hier erfährt der Leser vor allem einige detailrealistische Angaben, die Fütterung des Elefanten mit Resten von Schulmahlzeiten, aber auch den interessanten Umstand, dass nicht allein der Elefant, sondern auch der Wärter verschwunden ist, was Anlass zu Spekulationen gibt.

Scheinbar beiläufig wird ein intertextueller Verweis auf die bekannten Detektivgeschichten von Conan Doyle eingestreut, der die Leser indessen auf eine falsche Fährte lenkt: „I poured myself a second cup of coffee and read the story again from beginning to end. Actually, it was a pretty strange article—the kind that might excite Sherlock Holmes. 'Look at this, Watson,' he'd say, tapping his pipe. 'A very interesting article. Very interesting indeed'" (Murakami 2011: 314). Anders als in der klassischen Detektivgeschichte, wie sie hier durch die intertextuelle Referenz auf das berühmte Ermittlerduo von Conan Doyle – Sherlock Holmes und Dr. Watson – evoziert wird, wird das Rätsel des verschwundenen Elefanten letztlich im Verlauf der Geschichte nicht gelöst werden. Allerdings wird das Moment des Rebushaften durch jene Affinität zum detektivischen Genre besonders betont und im weiteren Erzählverlauf graduell verstärkt.

Auch die Art und Weise der Darstellung des Ereignisses in den Medien wird erzählerisch reflektiert, wobei die Angemessenheit des Wirklichkeitsbezugs zunehmend in den Fokus des Interesses rückt. Der Ich-Erzähler entdeckt in der Darstellung des Reporters Inkonsistenzen und unzureichende Beschreibungen, er entlarvt im Zeitungsbericht eine latente Darstellungsproblematik, die nur oberflächlich kaschiert ist:

> What gave the article its air of strangeness was the obvious confusion and bewilderment of the reporter. And this confusion and bewilderment clearly came

from the absurdity of the situation itself. You could see how the reporter had
struggled to find clever ways around the absurdity in order to write a "normal"
article. But the struggle had only driven his confusion and bewilderment to a
hopeless extreme. For example, the article used such expressions as "the elephant
escaped," but if you looked at the entire piece it became obvious that the elephant
had in no way "escaped." It had vanished into thin air. The reporter revealed his
own conflicted state of mind by saying that a few "details" remained "unclear,"
but this was not a phenomenon that could be disposed of by using such ordinary
terminology as "details" or "unclear," I felt. (Murakami 2011: 314)

Neben der geäußerten Medienkritik kommt es im Verlauf der Erzählung zu weiteren aufschlussreichen Vertiefungen der Thematik. Die Absurdität des Ereignisses gewinnt zusehends eine philosophische Dimension, in eben dem Maße nämlich, in dem das verlassene Elefantenhaus eine nicht zu übersehende symbolische
Bedeutung annimmt, die über den konkreten Sachverhalt hinausweist. Nicht zuletzt zeigt sich die besondere Rolle dieses Raums an seiner Wirkung auf den
Protagonisten und Ich-Erzähler. Das Gebäude wird in der Folgezeit nicht von
ungefähr zum faszinierenden Ort, der den Erzähler immer wieder in seine Nähe
zieht:

Whenever I had a spare moment, I would visit the house where the elephant no
longer lived. A thick chain had been wrapped round and round the bars of the
yard's iron gate, to keep people out. Peering inside, I could see that the elephant-
house door had also been chained and locked, as though the police were trying to
make up for having failed to find the elephant by multiplying the layers of
security on the now-empty elephant house. The area was deserted, the previous
crowds having been replaced by a flock of pigeons resting on the roof. No one
took care of the grounds any longer, and thick green summer grass had sprung up
there as if it had been waiting for this opportunity. The chain coiled around the
door of the elephant house reminded me of a huge snake set to guard a ruined
palace in a thick forest. A few short months without its elephant had given the
place an air of doom and desolation that hung there like a huge, oppressive rain
cloud. (Murakami 2011: 318)

Die deprimierende, hoffnungslose Atmosphäre, die aus der Perspektive des Erzählers evoziert wird, seine fast obsessive ständige Rückkehr zum Ort des Geschehens verraten implizit Aspekte der Psychologie der Hauptfigur, denn sie geben offenbar eine innere Beunruhigung und Perspektivlosigkeit des Erzählers
selbst zu erkennen. Unterbrochen wird dieser aufschlussreiche Erzählzusam-
menhang nur zeitweilig durch die Begegnung mit einer jungen Frau, einer Reporterin, mitten im Berufsalltag – der Erzähler-Protagonist arbeitet als Verkäufer
von Einbau- bzw. Küchengeräten. Das Treffen mit der jungen Reporterin bringt
eine momentane Ablenkung mit sich. Allerdings kommt der Protagonist im Dialog mit der jungen Frau nur wie beiläufig auf den verschwundenen Elefanten zu
sprechen und vertraut der Zuhörerin sodann einen seltsamen Bericht über das

Geschehen an, dessen Augenzeuge er nun plötzlich gewesen sein will. Aus der Perspektive des Lesers ist diese Darstellung sicher leicht als eine Lügenfiktion zu enttarnen, die offenbar spontan – aus der geschilderten Situation heraus – entsteht und dem Wunsch entspringt, die junge Dame zu beeindrucken. Allerdings verfehlt diese Erfindung letztlich ihre Wirkung. Es kommt, anders als erwartet, weder zu einer Beziehung zwischen den beiden noch zu einem künftigen Rendez-vous: „That was the last time I saw her. We talked once on the phone after that, about some details in her tie-in article. While we spoke, I thought seriously about inviting her out for dinner, but I ended up not doing it. It just didn't seem to matter one way or the other" (Murakami 2011: 327).

Interessanterweise ergreift der Protagonist im Folgenden keinerlei Initiative, die Frau wiederzutreffen, und scheint auch sonst ein passives und gleichgültiges Dasein zu führen. Man könnte zunächst meinen, das Fabulieren über den verschwundenen Elefanten weise den Ich-Erzähler als unzuverlässig aus, stelle seine Eignung als narrative Instanz womöglich grundlegend in Frage. Das Problem liegt m. E. indessen auf einer anderen Ebene. Das erfindungsreiche Erzählen in der Erzählung stimuliert interessante Rückschlüsse, und zwar nicht nur im Blick auf die Figur des homodiegetischen Erzählers, sondern auch auf die Narrativierung von Erfahrung überhaupt, denn es lässt das konstruktive Moment jeglichen Erzählens und jeglichen narrativen Weltbezugs erkennen. Eine imaginäre Überformung des Erzählten erscheint unausweichlich, insbesondere dann, wenn es vom Alltagswissen abweicht, wenn es nicht trivial ist, wenn es subjektive Erfahrung und neue, etwa überraschende Informationen enthält. Nach der genannten Episode verzichtet der Erzähler auf weitere Kontaktaufnahmen zur Reporterin und fällt stattdessen in die Monotonie seines Alltagslebens zurück, in eine Berufswelt, innerhalb deren allerdings die Routine eine gewisse Sicherheit und das beschwichtigende Gefühl von Einheit bietet, wie es sich etwa im griffigen, der Designersprache entlehnten Werbeslogan äußert:

> I felt like this a lot after my experience with the vanishing elephant. I would begin to think I wanted to do something, but then I would become incapable of distinguishing between the probable results of doing it and of not doing it. I often get the feeling that things around me have lost their proper balance, though it could be that my perceptions are playing tricks on me. Some kind of balance inside me has broken down since the elephant affair, and maybe that causes external phenomena to strike my eye in a strange way. It's probably something in me. I continue to sell refrigerators and toaster ovens and coffee-makers in the pragmatic world, based on afterimages of memories I retain from that world. The more pragmatic I try to become, the more successfully I sell – our campaign has succeeded beyond our most optimistic forecasts – and the more people I succeed in selling myself to. That's probably because people are looking for a land of unity in this kit-chin we know as the world. Unity of design. Unity of color. Unity of function. (Murakami 2011: 327)

An der zitierten Stelle zeichnen sich, was die Verunsicherung des Protagonisten sowie die angesprochene Wahrnehmungs- bzw. Erkenntnisproblematik betrifft, deutliche Parallelen zu Lovecrafts Erzählungen ab. Dennoch bleibt der Held anders als viele seiner Lovecraft'schen Vorläufer lebenstüchtig, im Job erfolgreich und nüchtern: Er nimmt keine Drogen und verfällt lediglich der Langeweile.

Das beunruhigende Moment der Erzählung wird schließlich auf eine andere Ebene verlagert als die des mysteriösen Ereignisses selbst. Die Hauptfigur sieht sich reduziert auf einen Pragmatismus und Funktionalismus einer konsumorientierten Berufswelt, in der das Verschwinden eines Elefanten belanglos erscheint. Gegen diese Situation leistet sie bezeichnenderweise keinen Widerstand, sondern fügt sich vielmehr passiv in sie ein. Nur gelegentlich ist der Vorfall mit dem Elefanten wie ein Phantasma bzw. rätselhaftes Sehnsuchtsbild in der Erinnerung des Protagonisten noch präsent.

Das Ende von Murakamis Kurzgeschichte kreist signifikanterweise um das Verschweigen und Vergessen des unerklärlichen Vorfalls in den Medien. Der Erzähler scheint der Einzige zu sein, der sich an den Elefanten und seinen Wärter erinnert, wogegen das Geschehen längst kollektiv verdrängt wurde:

> The papers print almost nothing about the elephant anymore. People seem to have forgotten that their town once owned an elephant. The grass that took over the elephant enclosure has withered now, and the area has the feel of winter. The elephant and keeper have vanished completely. They will never be coming back. (Murakami 2011: 327)

Die symbolische Dimension einer solchen kollektiven Verdrängung ist mit Händen zu greifen und steht am Schluss suggestiv und vieldeutig im Raum.[8] Es gelingt Murakami offenbar, die Verunsicherung des Erzählers im Blick auf die mimetischen Beziehungen im Text und in der ebenfalls thematisierten Medienlandschaft an die Leser weiterzugeben und ihnen eine ironische, kulturkritische Pointe zu verleihen. Diese erscheint schließlich relevanter als die „klassische" Frage, wie sie sich üblicherweise in der literarischen Fantastik stellt, ob das Verschwinden des Elefanten (und seines Wärters) eine natürliche oder übernatürliche Ursache habe. Beide prinzipiell denkbaren Optionen, handele es sich nun um eine Intervention durch die Mitglieder der realen Gesellschaft oder eine Entführung durch übernatürliche Mächte, die das Verschwinden von Elefant und Wärter bewirkt haben könnten, wären in Murakamis Kurzgeschichte wohl gleichermaßen verunsichernd.

---

[8] Gegen das kulturelle Verdrängen und Vergessen richtet sich auch Murakamis späteres Buch *Underground* (1997–1998), in dem die Giftgasanschläge in der U-Bahn von Tokio vom 20. März 1995 ausführlich und multiperspektivisch behandelt werden. Zur Bedeutung der kulturellen Erinnerung und des Archivs vgl. auch Boulter 2011: 59–100.

Auch in anderen Erzählungen und Romanen Murakamis geraten die traditionellen Genre-Grenzen zwischen Realismus und Fantastik ins Wanken, widersprüchliche Gattungsreferenzen verwirren den Leser. Die Vermischung verschiedener Gattungen macht sich oft schon in der Titelwahl bemerkbar, wie etwa in dem Roman *Hard-boiled Wonderland und das Ende der Welt* (1985, deutsche Übersetzung von Annelie Ortmanns im Suhrkamp Verlag 1995). Intertextuelle Referenzen etablieren dabei einen Bezug auf meist westliche Literatur, die international verfügbar und abrufbar geworden ist (siehe auch Murakamis Roman *Kafka am Strand* von 2002, dt. 2004). Die Verweise richten sich vermehrt auf ein Universum der Literatur, während der Bezug auf Welt eher mittelbar über die literarischen Reminiszenzen erfolgt.

Die Erzähltexte von Murakami und Lovecraft verdeutlichen prägnant, inwiefern Problematisierungen des Weltbezugs in der neueren Fantastik und den spekulativen Fiktionen des 20. und 21. Jahrhunderts eine relevante und genrespezifische Rolle spielen. Sie inszenieren durch eine erhöhte narrative Subtilität nicht nur Ambiguitäten, die sich im Erzählverlauf mehr oder weniger auflösen ließen, sondern vielmehr bleibende, charakteristische „epistemologische Verunsicherungen und Desorientierungen" (Simonis 2005: 207), um sie mitunter zur Eröffnung von kultur- und gesellschaftskritischen Perspektiven zu nutzen. Mehr noch: Die Reflexionen über einen prekären Weltbezug erweisen sich in der aktuellen Gegenwartsliteratur weiterhin als überaus produktiv[9] und können sehr subtile Erzählweisen stimulieren, die sich den herkömmlichen Gattungszuordnungen entziehen und recht hohe Ansprüche an die Rezipienten stellen.

Literaturverzeichnis

Jonathan Boulter: *Melancholy and the Archive: Trauma, History and Memory in the Contemporary Novel.* London, New York 2011.

Isabella van Elferen: Un/mögliche Welten. Wolken, Quanten und Weird. In: *Writing Worlds. Welten- und Raummodelle der Fantastik.* Hg. v. Pascal Klenke u. a. Heidelberg 2014, S. 51–68.

[9]   Auch in Scheffels Roman *Bevor alles verschwindet* lässt sich die imaginäre Überformung der Wirklichkeitsdimension erkennen, wobei diese durch ein figurales Erzählen, ein homodiegetisches Erzählen aus unterschiedlichen Figurenperspektiven zustande kommt. Inwiefern die imaginative Überformung in Scheffels Roman integraler Bestandteil der Realitätserfahrung ist, wird beispielsweise an der Figur der Mona evident, die von den Dorfbewohnern als etwas verrückt angesehen wird und über besondere Kräfte verfügen soll. Als sie an einer Stelle des ihr gewidmeten zweiten Kapitels ihre Brille verliert, wird die Perspektivengebundenheit von Erfahrung und Darstellung im Bild der Kurzsichtigkeit ins Zentrum gerückt. Der momentane Verlust der Brille führt zu einer verschwommenen Wahrnehmung, die gleichsam stellvertretend für die Verfremdung der innerfiktiven Wirklichkeit im Roman steht.

Graham Harman: *Weird Realism: Lovecraft and Philosophy*. New Alresford 2012.

H. P. Lovecraft: Tales of H. P. Lovecraft. Selected and edited by Joyce Carol Oates. New York 1997.

H. P. Lovecraft: The Transition of H. P. Lovecraft. The Road to Madness. Introduction by Barbara Hambly. New York 1996.

Farah Mendlesohn: *Rhetorics of Fantasy* [2008]. Middletown 2013.

Julie Miess: *Neue Monster: postmoderne Horrortexte und ihre Autorinnen*. Köln, Weimar 2010.

Haruki Murakami: *The Elephant Vanishes*. London 2011.

Claudia Pinkas: *Der phantastische Film. Instabile Narrationen und die Narration der Instabilität*. Berlin 2010.

Annika Scheffel: *Bevor alles verschwindet*. Frankfurt a.M. 2013.

David E. Schultz u. S. T. Joshi: *An Epicure in the Terrible. A Centennial Anthology of Essays in Honor of H.P. Lovecraft*. London, Cranbury 1991.

Annette Simonis: *Grenzüberschreitungen in der phantastischen Literatur. Einführung in die Theorie und Geschichte eines narrativen Genres*. Heidelberg 2005.

Matthew Strecher: *Haruki Murakami's 'The Wind-up Bird Chronicle': A Reader's Guide*. New York 2002.

Michael Streck: Haruki Murakami. Vom Traum dessen, der nicht träumt. Stern, Nr. 58, 18. Dezember 2005, S. 258f.

Tzvetan Todorov: *Introduction à la littérature fantastique*. Paris 1970.

Marek Wydmuch: Der erschrockene Erzähler. In: *H.P. Lovecrafts kosmisches Grauen*. Hg. v. Franz Rottensteiner. Frankfurt a. M. 1984, S. 136–161.

Suche nach M. (1997). Doron Rabinovicis fantastischer Roman zum Umgang mit Schuldgefühlen

Adrian Brauneis (Freiburg/CH)

Suche nach M., der Text, mit dem Doron Rabinovici 1997 als Romancier debütiert, irritiert durch die Fähigkeiten der beiden männlichen Protagonisten, Schuld zu entdecken:

Dani Morgenthau kennt die Schuld seiner Mitmenschen, und zwar unabhängig davon, worin genau diese Schuld besteht. Dieses Wissen äußert sich in Form eines „Ausschlag[s] aus Pusteln und Schuppenhöfen".[1] Nur wenn Dani sich öffentlich zu den Taten anderer bekennt, also die Schuld, um die er weiß, auf sich nimmt, klingt sein Hautausschlag ab (vgl. etwa 84). Nichtsdestoweniger bedeckt dieser schließlich seinen ganzen Körper. Er muss sich zur Gänze in Mullbinden einwickeln. Neben Dani tritt nun Mullemann. Thematisch wird diese Persönlichkeitsspaltung im Kapitel ‚Mullemann' (vgl. 104–118). Morgenthau, der noch Dani ist, registriert und verfolgt in seiner Verwandlung in Mullemann das allmähliche Verschwinden des eigenen Ich: „Mullemann liegt im Krankenhaus, doch nicht mehr weiß ich, wer unter all den Gewebelagen sich befindet, nicht, welchen Namen er einst trug, […] ob er sich nicht bereits aufgelöst, sich verloren hat in diesem Verband, ob ich nicht gänzlich zu Mull geworden bin" (112).

Von dem Wissen um die Tat als solche ausgehend – ganz gleich, worin die Tat besteht und ob diese Tat nur geplant oder schon ausgeführt worden ist –, begibt sich Arieh (Arthur) Bein auf die Suche nach Schuldigen. Ein untrüglicher Instinkt führt ihn auf die Spur. Die Identität des Schuldigen teilt sich ihm sodann über „Metamorphose[n]" (52) mit, die ihn in den Gesuchten verwandeln. So lernt er äußere Erscheinung und Verhaltensgewohnheiten desselben kennen (vgl. 50f., 53–56, 59–61, 138, 141f., 146f.). Dieses Wissen erlaubt es ihm, die Identität seiner Zielperson zu entdecken. Nachdem der israelische Geheimdienst auf die Fähigkeiten Ariehs aufmerksam geworden ist, weiß man, sich diesen zu verpflichten und seine Fähigkeiten gegen ‚Staatsfeinde' einzusetzen.

Irritation über die Fähigkeiten Danis und Ariehs teilt man mit den beiden Figuren. Die Reaktionen der Protagonisten reichen von ‚verwundert', über ‚beunruhigt' und ‚verängstigt' bis zu ‚verstört' (vgl. 51, 65, 83).

---

[1]   Aus *Suche nach M. Roman in zwölf Episoden* wird im Folgenden im Haupttext in Klammern nach der Ausgabe Frankfurt a. M. 1999 zitiert. Hier 69.

Nachdem Arieh in Dani/Mullemann seinem Pendant begegnet ist und später anderen Figuren von den Fähigkeiten dieses „geheimnisvollen Wesens […], dessen Dasein er sich nicht zu erklären" (183) weiß, berichtet, stößt er auf unüberwindlichen Unglauben. Jemanden wie Mullemann gäbe es nicht; die Gestalt müsse wohl einem „Fiebertraum" (142) entstiegen sein; es handele sich um ein veritables „Phantasiegespinst" (144), „ein Lügengespinst" (220), ein „Seemannsgarn aus Wundverband" (145), eine „Erscheinung deutscher Schwermut" (145). Die prinzipielle Weigerung der Mitmenschen Ariehs, namentlich seiner Vorgesetzten und Kollegen beim Geheimdienst, an die Existenz Mullemanns zu glauben, muss freilich Wunder nehmen. Schließlich kennt man in Arieh nicht nur einen Menschen, der wie Mullemann einen untrüglichen Spürsinn für Schuld jeder Art besitzt. Auch im Falle Ariehs hat man „keine Erklärungen für die geheimnisvollen Fähigkeiten" (144), über die dieser verfügt.[2] Nach den „Ursprüngen" der Fähigkeiten Ariehs „zu forschen oder gar ihretwegen krude Theorien zu entwerfen" (144f.), halten dessen Vorgesetze allerdings nicht für nötig. Sie begnügen sich damit, diese Fähigkeiten für ihre Zwecke auszunutzen.

Die Irritation, die die Fähigkeiten Danis und Ariehs auf Seiten der Protagonisten selbst wie auf Seiten der anderen Figuren auslösen, impliziert, dass sie dem Wirklichkeitssystem der fiktiven Welt des Romans inkompatibel sind. Es handelt sich, mit anderen Worten, um *fantastische Phänomene*.[3] Gleichwohl wird man vom Text, was die Fähigkeiten Danis wie Ariehs betrifft, nicht ganz ohne Erklärung zurückgelassen. Rabinovicis Roman vermittelt zumindest eine Teilantwort auf die Frage, wie diese Fähigkeiten zu erklären sind. Bevor plausi-

---

[2] Auch der auktoriale Erzähler, der sich ansonsten über die beschränkte Perspektive seiner Figuren erhaben zeigt (vgl. 139f., 189, 245), bietet keinerlei Erklärung für die Fähigkeiten der beiden Protagonisten an.

[3] Vgl. Wünsch (1991: 44): „Das fantastische Ereignis ist […] ‚unerklärlich' in einem spezifischen Sinne: es ist in dem Sinne grundsätzlich nicht erklärungsfähig […], daß überhaupt keine Erklärung des Phänomens gedacht werden kann, die nicht zugleich eine fundamentale Revision des Realitätsbegriffs erzwänge, weil die Existenz des Phänomens selbst innerhalb des Realitätsbegriffs als unmöglich erscheint." Vgl. zu diesem Fantastik-Begriff auch Kindt (2011: 55), der sich seinerseits an Wünsch anschließt. Beilein (2005: 266) bemerkt, Rabinovici knüpfe in seiner Darstellung der Fähigkeiten Danis und Ariehs „an poetische Techniken des Magischen Realismus" an, verzichtet aber darauf, diese Klassifizierung der „übernatürlichen Fähigkeiten" Ariehs und Danis theoretisch fundiert zu entwickeln. Damit ist das Urteil Beileins exemplarisch für die bisherige Forschung. Diese hat bislang auf eine begrifflich reflektierte Bestimmung der fantastischen Elemente des Romans verzichtet. In der Regel werden die beiden Protagonisten als allegorische Figuren gedeutet, die fantastischen Elemente von *Suche nach M.* also, um mit Wünsch (1991: 40f.) zu sprechen, als Funktionen uneigentlichen Sprechens begriffen, das sich als solches in empirisch referenzialisierbare Aussagen über Mensch und Welt ‚übersetzen' lässt. Für eine knappe Rekapitulation der Forschung vgl. Gratzke (2011: 108f.).

bel gemacht werden kann, dass es sich bei dieser Antwort um eine *nicht-hinrei-chende* Erklärung der fantastischen Elemente des Romans handelt, muss diese Teilantwort zunächst rekonstruiert werden.

Nachdem gezeigt worden ist, dass es sich im Sinne des hier zugrunde geleg-ten Fantastik-Begriffs bei Rabinovicis Darstellung der Fähigkeiten seiner Prota-gonisten tatsächlich um eine fantastische handelt, wird *Suche nach M.* als Bei-trag zum literarischen Diskurs von Autoren und Autorinnen der ‚zweiten Gene-ration' deutscher Juden und Jüdinnen nach der Shoa gedeutet. Der vorliegende Beitrag zur literarischen Fantastik nach 1945 wird in eine Paraphrase der impli-zierten Stellungnahme münden, den *Suche nach M.* in diesem Diskurszusam-menhang abgibt:

Doron Rabinovicis Funktionalisierung fantastischer Elemente in seinem Bei-trag zur literarischen Thematisierung von Schuldgefühlen durch die ‚zweite Ge-neration' wird geklärt und damit die Pointe seines fantastischen Romans be-stimmt.

1   Soziogenese der Suche nach Schuld

Die beiden männlichen Protagonisten von *Suche nach M.* sind Söhne jüdischer Eltern, die seinerzeit die systematische Verfolgung west- wie osteuropäischer Juden und Jüdinnen durch die Nationalsozialisten überlebten. Gemeinsam ist den beiden Figuren, dass sie in einer Umgebung aufwachsen, in der über die Verbre-chen der Nationalsozialisten im Allgemeinen sowie über die Verfolgung und Ermordung von Juden und Jüdinnen im Besonderen nicht gesprochen wird. Ge-sprächsweise Andeutungen sowie Verhaltensauffälligkeiten ihrer Eltern lassen sowohl Dani als auch Arieh zwar schon früh die Leidensgeschichte der eigenen Familie erahnen, effektiv aufgeklärt werden sie über diese aber nicht. Nichts-destoweniger erwarten die Eltern der beiden Jungen von diesen jedoch, darüber, was geschehen ist, Bescheid zu wissen. Erst als die beiden, mittlerweile junge Männer, beginnen, ihrerseits ein besorgniserregendes Verhalten an den Tag zu legen, entschließt man sich in beiden Familien, die jüngere Generation über das eigene Herkommen aufzuklären.

Von Schuldgefühlen geplagt (s. u.), hatte Dani begonnen, sich zwanghaft zur Schuld anderer zu bekennen. Gegenstand seiner Bekenntniswut sind zunächst vergleichsweise harmlose Streiche, die nur unbedeutende Sachschäden zur Folge haben. Die Erwachsenen sind gleichermaßen verwundert wie belustigt. Es wird zwar darüber gerätselt, woher Dani sein Wissen bezieht. Zweifel an seiner Un-schuld bestehen aber nicht. Allmählich nimmt das Verhalten Danis jedoch beun-ruhigende Züge an. Notorisch nach Schuld Ausschau haltend, zu der er sich be-kennen kann, verliert er „all seine Munterkeit" (34). Man beginnt in Danis Be-kenntniszwang seine Verunsicherung über die eigene Identität zu ahnen. Die Si-tuation in der Familie Morgenthau eskaliert, als Dani sich für den Besitz von

Rauschgift verantwortet und sein völlig enervierter Vater dieses Bekenntnis mit einem Schlag ins Gesicht des Jungen beantwortet (vgl. 43f.).

Auch Arieh hatte sich, angetrieben von dem Gefühl, schuldig zu sein (s. u.), auf die Suche nach einem Schuldigen begeben. Es handelt sich bei dem Gesuchten um einen Schläger der rechten Szene. In diesen ‚verwandelt' sich Arieh vor den Augen seiner Eltern: Er kultiviert die Xenophobie des Gesuchten in einem „Waschzwang", der dem Abscheu des Chauvinisten vor der Berührung mit Immigranten entspringt. Sein Elternhaus betritt Arieh nun „mit Stiefeln und Bürstenschnitt". Zuvor hatte man bereits mit Besorgnis seine Lektüre von Schriften beobachtet, „die von der Gemeinschaft des Völkischen, von Rasselehre und von Hörigkeit" berichten und die Verbrechen der Nationalsozialisten leugnen (56).

Ziel der Aufklärungsarbeit, mit der die Eltern beider Protagonisten auf das Verhalten ihrer Kinder reagieren, ist es, Dani und Arieh die Klärung der eigenen Identität zu ermöglichen. Gemessen an der Entwicklung der Protagonisten, werden die Bemühungen der Elterngeneration allerdings zu spät unternommen. Indem sie ihnen jedes historische Orientierungswissen vorenthielten, muteten ihre Eltern Dani und Arieh zu, ihr Leben buchstäblich *ex nihilo* zu beginnen.[4] Den beiden war es daher nicht möglich, sich während der Phase ihrer Adoleszenz einen Begriff vom eigenen Ich zu bilden. Einfacher gesagt: Die Figuren konnten sich nicht darüber klar werden, wer sie sind, weil man ihnen keine Auskunft darüber gab, woher sie kommen.

Dieser Mangel an Selbst-Bewusstsein ist es, der es Dani und Arieh ermöglicht, sich *gänzlich* in einen anderen Menschen hineinzuversetzen (vgl. dazu Beilein 2005: 258). Wer hingegen über eine klare Vorstellung vom eigenen Ich verfügt, dem ist dies nicht möglich; er wird durch das eigene Selbst-Bewusstsein *a priori* daran gehindert, einen anderen Menschen auf dem Wege restloser Identifikation mit demselben zu durchschauen. Im Roman wird dieser Sachverhalt am Beispiel der Schwierigkeiten verdeutlicht, die die Psychoanalytikerin Caro Sander hat, sich in ihre Patienten einzufühlen: Sie vermag es, „ihr Denken in den Kopf eines anderen einzuhängen, seinem Fühlen nachzuschwingen"; aber nur, solange sie keinen direkten Kontakt mit der Person hat. Wenn sie einem Patienten räumlich nahekommt, fällt sie „in die eigenen Fußangeln". Dieses Versagen ist symptomatisch für das Selbst-Bewusstsein der Figur. Im Gegensatz zu den beiden männlichen Protagonisten kann Caro nicht „jenen Abstand zu ihrem Innern [finden], der notwendig [ist], um aus sich heraus zu gelangen" (121). Bei

---

[4]   Von seinem Sohn nach der Geschichte seiner Familie und damit nach dem eigenen Herkommen befragt, beginnt Moshe Morgenthau diesem Danis (also seine eigene) Geschichte zu erzählen. Dabei setzt er aber unmittelbar bei der Existenz Danis ein, ohne diese zuvor familiengeschichtlich hergeleitet zu haben (vgl. 30). Als Arieh seinen Vater danach fragt, wer er sei, antwortet dieser ihm lapidar, das müsse er schon selbst wissen (vgl. 58).

der Analyse ihrer Patienten wird ihr also, bildlich gesprochen, der Einblick in Bewusstsein und Unbewusstes des Analysanden durch ihr Selbstbild verstellt.

Freilich: mit dem Befund, *dass* der Mangel eines Konzepts vom eigenen Selbst die Protagonisten prinzipiell dazu disponiert, in der Persönlichkeit anderer Menschen aufzugehen, ist noch nicht geklärt, *weshalb* Arieh und Dani, den kleinsten Indizienbeweis oder auch nur einen bloßen Verdachtsmoment vorausgesetzt, i.) für die objektiv gegebene, d. h. nicht notwendigerweise auch vom Täter subjektiv empfundene Schuld anderer Menschen besonders sensibel sind, und ii.) *weshalb* sie sich auch auf die Suche nach Schuldigen begeben. Die Auskunft, die *Suche nach M.* über die Genese der fantastischen Fähigkeiten der männlichen Protagonisten gibt, erhält man mit der Antwort auf diese zwei Fragen. Zwecks Beantwortung derselben ist näher auf das Verhältnis der Protagonisten zu ihren Eltern einzugehen:

i.) Letztere fühlen sich schuldig, weil sie die Shoa überlebt haben, während zahllose andere Juden und Jüdinnen ermordet worden sind (vgl. 188). Dieses Gefühl der Überlebensschuld übertragen sie auf ihre Kinder (vgl. dazu Beilein 2005: 258). Anstatt sich mit den eigenen Schuldgefühlen auseinanderzusetzen, vermittelt das Ehepaar Morgenthau Dani das Gefühl, es liege in seiner Verantwortung, das Überleben seiner Eltern zu rechtfertigen. Die widersprüchlichen Erwartungen, die seine Eltern dabei an ihn stellen,[5] überfordern Dani allerdings völlig. Infolgedessen lebt er im Glauben, die Hoffnung seiner Eltern, mit ihrem Sohn werde letztlich triumphieren, „was zerstört und umgebracht worden war" (71), enttäuscht zu haben. Allein die Tatsache seiner Existenz gibt ihm deshalb Grund, sich schuldig zu fühlen. „In gewisser Weise", heißt es dementsprechend, glaubt er, „sein bloßes Dasein rechtfertigen zu müssen" (83; vgl. dazu Freund 2001: 186).[6]

Auch Ariehs Vater wird durch das Schuldgefühl des Überlebenden gequält. Schuldig fühlt sich Jakov Scheinowiz allerdings nicht nur aufgrund der Tatsache seines Überlebens, sondern nicht zuletzt infolge der Umstände desselben. Er überlebte seinerzeit das Ghetto, weil er während einer der Selektionen mit einem anderen Juden verwechselt worden war. Scheinowiz klärte diese Verwechslung nicht auf. Damit antizipierte er bereits seine spätere Verleugnung der eigenen

---

5   Vgl. 36: „Er sollte ein Bursche sein wie alle anderen seiner Klasse, doch durfte er sein Herkommen nicht vergessen, sollte den anderen seine Gleichwertigkeit und die der Juden schlechthin beweisen, sollte mithalten in der deutschen Sprache, ja besser noch als all die übrigen sein, und gleichzeitig Hebräisch studieren, sollte die Dichter und Denker herbeten können, doch nie an sie glauben, sollte das Fremde sich aneignen, ohne sich dem Eigenen zu entfremden."

6   Intensiviert wird das Schuldgefühl Danis durch das Scheitern der väterlichen Bemühungen, von staatlicher Seite ein offizielles Bekenntnis zur Schuld an seinem Leiden zu erwirken (vgl. 242–244).

Identität: Er nimmt im Nachkriegsösterreich den Namen Jakob Fandler an und bricht jeden Kontakt zu seinen früheren Freunden ab. Dieser Identitätswechsel intensiviert das Gefühl der Schuld, mit dem Jakov seit der Verwechslung lebt, die ihm das Leben gerettet und einen anderen das Leben gekostet hat. Vater wird Jakov erst, nachdem er seine eigentliche Identität aufgegeben hat. Arieh wird also als Sohn von Jakob Fandler, der eigentlich Jakov Scheinowiz ist, geboren. Als Sohn von Jakob Fandler muss Arieh Jakov Scheinowiz, der vorgibt, Fandler zu sein, unablässig an die Verleugnung seiner Identität erinnern und damit mittelbar immer auch an die Schuld, die Jakov durch sein Überleben auf sich geladen zu haben glaubt.[7] So erklärt sich die „Feindseligkeit" (49), mit der Jakov Scheinowiz in Arieh dem Sohn Jakob Fandlers begegnet. Da Arieh selbst jedoch bis ins Erwachsenenalter nicht um die wahre Identität seines Vaters weiß, muss er durch die augenscheinlich völlig unmotivierte Ablehnung, die er durch seinen Vater erfährt, das Gefühl bekommen, sich durch seine bloße Existenz in irgendeiner ihm unklaren Weise verschuldet zu haben (vgl. dazu 49).

ii.) Das Leben unter dem Vorzeichen des Gefühls existentieller Verschuldung macht Arieh und Dani nicht nur für die Schuld anderer Menschen besonders sensibel. Ihre Schuldgefühle treiben sie zugleich dazu, die Schuld anderer Menschen aufzuspüren: Sowohl Dani als auch Arieh haben keine klare Vorstellung davon, wer sie eigentlich sind. Auf das elterliche ‚Erbe' der Überlebensschuld sind sie daher gänzlich unvorbereitet. Einer Konfrontation mit ihren Schuldgefühlen weichen sie aus, indem sie nach der Schuld anderer Menschen suchen (vgl. dazu 145; vgl. dazu auch Beilein 2005: 257, 260f.). Dass sich die beiden Protagonisten auf die Suche nach Schuldigen begeben, ist, mit anderen Worten, *mittelbar* Folge des fehlenden Rückhalts eines stabilen Selbst-Bewusstseins und *unmittelbar* auf ihre Verdrängung der eigenen Schuldgefühle zurückzuführen.

Namentlich Arieh redet sich zwar ein, er werde erst dann zu sich selbst finden können, wenn die Schuldigen aufgespürt worden sind (vgl. 59). Damit enthebt er sich aber lediglich der Verlegenheit, sich über das eigene Ich Klarheit zu verschaffen: Für Arieh gibt es wie für Dani immer wieder eine neue Schuld, die es zu entdecken gilt. Die Auseinandersetzung mit sich selbst kann er mithin durch die Suche nach Schuldigen immer wieder von neuem aufschieben.

In Anbetracht seines Motivs, nach Schuldigen zu suchen, ist auch dem in der Forschung immer wieder zu begegnenden Urteil entschieden zu widersprechen, Dani repräsentiere als Mullemann die Erinnerung an die Verbrechen der Nationalsozialisten beziehungsweise die Erinnerung an die Beteiligung Österreichs an

---

[7]   Als ein Freund ihm bedeutet, es sei „kein Verbrechen, den Namen zu ändern", keine „Sünde", entgegnet Jakov, ob die Verleugnung der eigenen Identität in seinem Fall tatsächlich keine ‚Sünde' sei: „Habe ich dafür überlebt, während andere ermordet wurden?" (99)

diesen Verbrechen sowie das Bemühen um deren Aufarbeitung (vgl. etwa Hermann 2012: 434f.).[8]

Es ist nicht der Wunsch, die nationalsozialistischen Verbrechen ins Bewusstsein der Öffentlichkeit zu bringen, der die Figur antreibt. Insofern Mullemann noch Dani ist, ist die treibende Kraft seiner Suche nach Schuldigen das eigene Schuldgefühl, genauer gesagt: dessen Verdrängung.[9] Am Ende des Romans wird hierauf recht deutlich hingewiesen. Arieh konstatiert: „Mullemania überall" (259). Gemeint ist die in Österreich allgemeine Verdrängung von Schuld, insbesondere die Weigerung, sich mit der Verstrickung des Landes in den Nationalsozialismus auseinanderzusetzen.[10] Die Gestalt Mullemanns ist Arieh Symbolfigur dieser Verdrängung von Schuld und Schuldgefühlen – nicht zuletzt auch der eigenen: „Zuweilen sehe ich um mich herum bloß Mullemann. Auch ich" (259).

Auf sein handlungsleitendes Motiv bei der Suche nach Schuld, die Verdrängung eigner Schuldgefühle, lässt die Beliebigkeit der Bekenntnisse von Dani/Mullemann schließen. Auch als Mullemann macht Dani bei seinen Geständnissen keinen Unterschied zwischen den Verbrechen, zu denen er sich bekennt (vgl. 230). Hier qualitativ zu differenzieren, wäre jedoch notwendige Voraussetzung für die Diskriminierung eines bestimmten Typs von Verbrechen, eben der Verbrechen, die von den Nationalsozialisten beziehungsweise in deren Auftrag begangen worden sind.

---

[8] Um den eigentlichen Gegenstand des vorliegenden Beitrags nicht aus den Augen zu verlieren, sei hier nur am Rande bemerkt, dass auch die Behauptung, Dani gelinge, was seinem Vater misslungen sei: die einstigen Täter dazu zu bewegen, ihre Schuld zu bekennen beziehungsweise die Opfer als solche anzuerkennen, so Beilein (2005: 259f.), nicht haltbar ist. Gerade einen Kriegsverbrecher kann Dani durch seine Geständnisse nicht zur Reue veranlassen (vgl. 235–237). An die Verbrechen der Vergangenheit erinnert, beruft jener sich darauf, lediglich seine Pflicht erfüllt zu haben. Auf Pflichterfüllung berief sich bekanntlich auch Kurt Waldheim, der in den 1980er Jahren zur Symbolfigur für die Verdrängung der Beteiligung Österreichs an den Verbrechen der Nationalsozialisten avancierte (vgl. Gehler 1997: 358). Indem er Dani mit einer Figur konfrontiert, die ebendiese Verdrängung repräsentiert, und an der Borniertheit derselben scheitern lässt, verdeutlicht Rabinovici, dass es Dani, selbst wenn dieser es darauf abgesehen hätte, nicht möglich ist, auf Seiten der einstigen Täter eine Auseinandersetzung mit der Vergangenheit in Gang zu setzen.

[9] Von dem Motiv Mullemanns, Schuld zu bekennen, wird unter Punkt 4.ii.) zu sprechen sein.

[10] Zur Darstellung der Ignoranz Österreichs gegenüber den nationalsozialistischen Verbrechen im Allgemeinen und der Beteiligung Österreichs an diesen Verbrechen im Besonderen in *Suche nach M.* vgl. 16, 28, 46f., 55, 84, 167, 242–244. Vgl. dazu auch Scheidl (2003: 146).

2   Alltäglichkeit von Schweigen und Schuldgefühlen

Suche nach M. insinuiert also einen notwendigen Kausalzusammenhang zwischen der Identitätsproblematik der beiden männlichen Protagonisten – d. h. zwischen dem Fehlen einer klaren Vorstellung vom eigenen Selbst kombiniert mit dem, infolge mangelnden Selbst-Bewusstseins überwältigenden Gefühl, sich durch die eigene Existenz verschuldet zu haben – auf der einen Seite und ihrer Sensibilität für die objektiv gegebene Schuld anderer Menschen auf der anderen Seite. Damit liegt jedoch, wie einleitend postuliert worden ist, keine hinreichende Erklärung der Fähigkeiten Danis und Ariehs vor, Schuld zu entdecken. Die Umstände, unter denen sich ihre Sensibilität für die Schuld anderer Menschen entwickelt, sind buchstäblich keine außergewöhnlichen. Sowohl das Schweigen der Elterngeneration als auch die Übertragung des Gefühls der Überlebensschuld sind soziale Determinanten, die die Entwicklung junger Juden und Jüdinnen in der fiktiven Welt von *Suche nach M.* generell strukturieren (vgl. dazu Freund 2001: 184f.; Scheidl 2003: 143; Hermann 2012: 433f.).

Geschwiegen wird hier allgemein. „Jeder schweigt von etwas anderem" (16), bemerkt Jakov Scheinowiz gleich zu Beginn des Romans. Während auf Seiten der einstigen Täter über die eigenen Verbrechen geschwiegen wird, schweigt sich die Generation der Opfer über das eigene Leid aus und verschweigt damit der nächsten Generation ein wesentliches Stück ihrer Identität. Was die ‚Erbschaft' der Überlebensschuld anbetrifft, wird man im letzten Drittel von Rabinovicis Roman gleich zweimal ausdrücklich darauf hingewiesen, dass es sich bei dieser keineswegs um ein Alleinstellungsmerkmal von Dani und Arieh handelt. Von Leon Fischer, einem Freund seines Vaters, wird Arieh über das Verhältnis von Shoa-Überlebenden zu ihren Kindern belehrt:

Mit der nächsten Generation, so Fischer, „sollten alle, die ermordet worden waren, wieder auferstehen […], wollten wir [die Elterngeneration] uns freikaufen von allen Schuldgefühlen gegenüber den Opfern, und haben auf diese Weise die ganzen Rückstände auf euer Konto, an solche *Jingellachs* wie Dani und dich überwiesen" (188, Kursivdruck im Original). Die Frage nach „Gefühle[n] der Überlebensschuld" und ihrer Berechtigung wird gegen Ende des Romans von Arieh ausdrücklich gestellt. Seine Ehefrau Navah, Historikerin und selbst Jüdin, entgegnet ihm daraufhin: „[U]nsere ganze Generation, wir wurden alle mit einer blauen Nummer am Arm geboren! Alle! Sie mag unsichtbar sein, aber sie ist […] eintätowiert; unter die Haut" (219).

3   Identität nach der Shoa als Thema der ‚zweiten Generation'

Die Symbolfunktion, die Navah hier der ‚blauen Nummer' zuschreibt, mit der Juden und Jüdinnen in den Konzentrations- und Vernichtungslagern der Nationalsozialisten markiert wurden, behauptet auch Jean Améry (1966: 146) in seinem autobiografischen Essay *Über Zwang und Unmöglichkeit, Jude zu sein*:

> Ich trage auf meinem linken Unterarm die Auschwitz-Nummer; die liest sich kürzer als der Pentateuch oder der Talmud und gibt gründlicher Auskunft. Sie ist auch verbindlicher als Grundformel der jüdischen Existenz. Wenn ich mir und der Welt […] sage: ich bin Jude, dann meine ich damit die in der Auschwitznummer zusammengefaßten Wirklichkeiten und Möglichkeiten.

Während die Lagernummer für Améry diese Symbolfunktion aber nur im Falle von Shoa-Überlebenden besitzt, bedient sich Navah des Bildes der ‚blauen Nummer‘, um die Befindlichkeit der so genannten ‚zweiten Generation‘ von Juden und Jüdinnen zu beschreiben, deren Familien Opfer der im Namen des Nationalsozialismus verübten Verbrechen wurden.

Die etwa in der Mitte der 1980er Jahre einsetzende literarische Auseinandersetzung mit dieser Befindlichkeit rechtfertigt es, mit Blick auf die Gegenwartsliteratur unter thematischem Gesichtspunkt die Existenz einer Strömung der deutschsprachigen Literatur jüdischer Autoren und Autorinnen zu konstatieren.[11] Wie das Schweigen der Eltern über die eigene Leidensgeschichte, ist auch das Gefühl der Überlebensschuld nur ein Aspekt der Identitätsproblematik, die diese Autoren und Autorinnen und so auch, wie deutlich geworden sein sollte, Doron Rabinovici in *Suche nach M.* beschäftigt.[12]

Zugespitzt und entsprechend verkürzt lässt sich die literarische Beschäftigung der ‚zweiten Generation‘ mit der eigenen Identitätsproblematik über die Frage danach definieren, wie nicht nur die Existenz von Überlebenden, sondern eben auch die ihrer Kinder durch das Ereignis der Shoa und dessen Präsenz im respektive Verdrängung aus dem kulturellen Gedächtnis der europäischen Nachkriegsgesellschaften bestimmt wird: welche Folgen die Erinnerung respektive Verdrängung der Shoa auf Seiten junger Juden und Jüdinnen für das Selbst-Bewusstsein der Mitglieder der ‚zweiten Generation‘ hat. In diesem Sinne lässt sich eine programmatische Äußerung Maxim Billers

---

[11] Vertreter und Vertreterinnen dieser literarischen Strömung sind neben Doron Rabinovici, um hier nur einige zu nennen, Rafael Seligmann (*Rubinsteins Versteigerung*, 1988), Robert Schindel (*Gebürtig*, 1992), Ester Dischereit (*Merryn*, 1992), Barbara Honigmann (*Soharas Reise*, 1996) und Maxim Biller (*Die Tochter*, 2000).

[12] Vgl. aus der stetig anwachsenden Forschungsliteratur Lamping (1994: 222), Nolden (1995: 123–126), Schruff (2000: 25f., 44–47, 111–130, 133–137), Lorenz (2002: 148f.), Wirtz (2011: 154, 157–160). Neben der Thematisierung des Schweigens der Elterngeneration und Fragen der Überlebensschuld nimmt in der Literatur der ‚zweiten Generation‘ namentlich die Auseinandersetzung mit dem Verhältnis von ehemaligen Tätern und Opfern in den europäischen Nachkriegsgesellschaften respektive den Nachkommen beider Akteursgruppen sowie die Haltung junger Juden und Jüdinnen gegenüber dem Staat Israel großen Raum ein.

über das ihn als Autor fiktionaler Literatur beherrschende Thema als eine repräsentative Aussage zum thematischen Fokus des literarischen Schaffens seiner Generation verstehen. Nicht das Ereignis der Shoa als solches beschäftige ihn, so Biller (2010: 212), sondern,

> [...] vielmehr das, was er [der Holocaust] mit den Menschen, egal ob Täter oder Opfer, gemacht hat und weiterhin macht, vor allem aber mit ihren Nachkommen. Ja, richtig, mit ihren Nachkommen. Es kann meine Generation nämlich noch so sehr nerven und anöden, es kann uns noch so lästig sein – und doch ist es so, dass alles, was wir heute schreiben und denken und tun, dass also alles, was uns politisch und intellektuell beschäftigt, ein Echo auf die schrecklichste aller schrecklichen Zeiten ist.

Zu den Leitmotiven der fiktionalen Literatur der ‚zweiten Generation' gehört das soziale Leiden ihrer Mitglieder unter den Identitätsvorgaben, die ihre Umwelt ihnen aufzwingt. Am Beispiel der Figuren ihrer Romane behaupten die Autoren und Autorinnen immer wieder die Unmöglichkeit ihrer Generation, so bringt es eine Figur aus Robert Schindels Roman *Gebürtig* (1992: 320) auf den Punkt, „persönlich [zu] leben". Die jungen Juden und Jüdinnen, von denen die ‚zweite Generation' erzählt, sehen sich als Opfer behandelt, werden zwischen Philosemitismus und Antisemitismus zerrieben, von der jüdischen Gemeinde vereinnahmt, erhalten, wie dies auch Rabinovici darstellt, in aller Regel von der Elterngeneration keine Auskunft über die historischen Voraussetzungen ihrer Existenz und werden vom ‚Erbe' der Überlebensschuld gelähmt. Unter diesen Bedingungen wird die Konzeptualisierung eines relativ autonomen Selbst, oder, weniger umständlich formuliert, die Entwicklung einer eigenen Persönlichkeit, effektiv verhindert.

Das defizitäre Selbst-Bewusstsein der Protagonisten von *Suche nach M.* fügt sich also in das Bild, das Autoren und Autorinnen der ‚zweiten Generation' von dieser entwerfen. Typische Vertreter ihrer Generation sind Dani und Arieh aber *nur* aufgrund ihrer Identitätsproblematik, *nicht* jedoch – und dies ist nun mit Blick auf die Eigenständigkeit von Rabinovicis Beitrag zum literarischen Diskurs seiner Generation entscheidend –, wegen der Folgen, die das Ausweichen vor eigenen Schuldgefühlen im Falle dieser beiden Figuren hat.

4   Dialektik im Umgang mit Schuld

Die Handlung von *Suche nach M.* wird über weite Strecken am Leitfaden der Suche beider Protagonisten nach Schuld erzählt. In Gestalt der Schuldigen, die Dani und Arieh verfolgen, führt Rabinovici eine Reihe von Figuren ein, über deren fiktive Biografien und Psychen ausführlich berichtet wird. Nach Iris Hermann (2012: 433) zerfasere mit diesen vermeintlichen narrativen Digressionen der Plot des Romans. Es gebe, so Hermann unter Bezugnahme auf die Vielfalt der Handlungsstränge, „kein Geschehen, das unmissverständlich erzählt" wird. Viele Handlungsstränge trügen nichts zum Verständnis des Romans bei, da sie, dies scheint hier Hermanns Hintergrundannahme zu sein, lediglich von den Protagonisten und ihrer Entwicklung ablenkten. So etwa auch das Kapitel über den Frauenmörder Helmuth Keysser, „dessen Innenleben der Roman ausgiebig beleuchtet, sein Getriebensein, seine bürgerliche Fassade, die von ihm nicht kontrollierbare Tötungssucht".

Mit ihrer Lesart verkennt Hermann die logisch-semantische Funktion der verschiedenen Handlungsstränge. Diese lenken nur vermeintlich von Dani und Arieh ab. Rabinovici stellt, formal ausgedrückt, Äquivalenzbeziehungen zwischen Neben- und Hauptfiguren her. Anhand von zwei Nebenfiguren, dem des eben genannten Frauenmörders Keysser und dem des früheren Kollaborateurs Rudi Kreuz, soll dies im Folgenden verdeutlicht werden. Untersuchungsleitend ist dabei die These, dass *Suche nach M.* eine Dialektik im Umgang mit Schuld erkennen lässt, durch die sich der Akzent von der Entdeckung der Schuld auf die Suche nach ihr verlagert. Die ethisch-normative Beurteilung dieser Suche nach Schuld von Seiten der Leser und Leserinnen des Romans wird durch die Identifikation von i.) Arieh und Kreuz sowie ii.) Dani und Keysser über homologe Habitus gelenkt.

i.) Das mangelnde Selbst-Bewusstsein Ariehs erklärt den Fanatismus, mit dem dieser anfänglich noch gegen die „Erzfeinde seiner Abkunft" (48) vorgeht, um sich, wie ihn seine spätere Frau belehren wird, nicht selbst begegnen zu müssen:
Da er sich seiner Identität als Jude überhaupt nicht sicher ist, sucht er seine Unsicherheit durch die radikale Negation seines Negativs zu kompensieren; er verkörpert, dies hat Günther Scheidl (2003: 142) bereits hervorgehoben, „die aktive, aggressive Variante des Schuldkomplexes". Im Gespräch mit Kommilitonen und Kommilitoninnen verrät Arieh seinen Fanatismus: Auf das Prinzip der Rechtstaatlichkeit könne man bei der Jagd nach Tätern keine Rücksicht nehmen. Man müsse denen, um deren Schuld man wisse, notfalls „ein Verbrechen" anlasten, „das den Staat zum Handeln" zwinge (48), sollte man ihnen ihre Schuld nicht beweisen können. Ebendieses Ziel verfolgt Arieh, als er sich erstmals auf die Suche nach einem Schuldigen begibt. Der Täter ist bald gefunden. Nachdem es Arieh gelungen ist, ihn zu betäuben, inszeniert er einen antisemitisch motivierten Einbruch. Der Schuldige, so der Plan, soll von der Polizei am Tatort aufgegriffen werden. In der Absicht, die Glasfront des Juwelierladens zu zerschlagen, den Arieh als Tatort ausgewählt hat, rennt dieser den Kopf des Bewusstlosen solange gegen die Scheibe, bis sein Opfer tot ist. Die Brutalität, mit der er dabei vorgeht, schließt jeden Gedanken an einen Unfall aus.

Um sich nicht für sein Handeln verantworten zu müssen – die Polizei kommt ihm schnell auf die Spur –, emigriert Arieh nach Israel. Dort wird man auf seine Fähigkeit, Schuld zu entdecken, aufmerksam. Man stellt ihn vor die Wahl, in den Staatsdienst einzutreten oder aber in ständiger Furcht vor der Entdeckung seiner

Schuld leben zu müssen. Trotz seines Vorsatzes, sich endlich mit sich selbst bekannt zu machen (s. u.), ergreift Arieh nun die Gelegenheit, seine Suche nach Schuldigen fortzusetzen. Dabei zeigt er sich bereits zu Beginn seiner Karriere als israelischer Agent von den Gründen, mit denen man die andauernde Gewalt im Nahen Osten rechtfertigt, nicht überzeugt. Im Verlauf der Handlung empfindet er dann den Gegensatz zwischen seiner gemäßigten politischen Haltung und den Zielen, die er im Namen des Geheimdienstes verfolgt, immer stärker. Arieh setzt kein Vertrauen in „militärische Lösungen"; er glaubt, „durch Teilung der Gebiete" und „ein Ende der Besatzung und des Terrors" ließe sich eine Einigung erzielen. Was die Tätigkeit des Geheimdienstes selbst betrifft, zweifelt er denn auch „am Sinn mancher Aktionen, denn einige davon schienen bloß die Möglichkeiten zur Verständigung zu verschlechtern, obgleich die Lösung des Konflikts greifbar wurde" (148).

Seinen jugendlichen Fanatismus hat Arieh also überwunden. Nichtsdestoweniger trägt er jedoch dazu bei, Aktionen von der Art, die ihm höchst fragwürdig erscheinen, durchzuführen. So führt das mangelnde Selbst-Bewusstsein des Protagonisten diesen dazu, sich mit seinen Fähigkeiten in den Dienst einer Sache zu stellen, von der er selbst nicht überzeugt ist.

Zu dem Zeitpunkt der Handlung, da die Figur des einstigen „Nazispitzel[s]" (168) Rudi Kreuz in das Geschehen eingeführt wird, sind die Informationen zur Persönlichkeit Ariehs und dessen Laufbahn, aus denen sich diese Schlussfolgerung ziehen lässt, bereits vergeben worden. Wie Arieh verfügt Kreuz über kein klares Selbst-Bewusstsein: Sein „Inneres" erscheint ihm selbst fremd (163). Durch eine eigene Persönlichkeit nicht auf eine bestimmte „Ideologie" und „Moral" festgelegt (162), bereitet es Kreuz keinerlei Schwierigkeiten, sich an die jeweils herrschenden Machtverhältnisse anzupassen. In dieser – ganz und gar nicht fantastischen – Wandlungsfähigkeit sieht man Ariehs Fähigkeit variiert, sich soweit in andere Menschen zu verwandeln, dass er diesen sowohl äußerlich als auch in seinem Verhalten zum Verwechseln ähnlich wird. Auch im faschistischen Österreich weiß Kreuz sich zu behaupten. Er erregt seinerzeit das Interesse der „neuen Machthaber" und avanciert „zum Kundschafter der Herrschenden" (163). Mit seiner Kollaboration macht Kreuz sich schuldig. Um der Begleichung dieser Schuld zu entgehen, sucht er nach dem Sieg der Alliierten Aufnahme in den amerikanischen Geheimdienst. Seine Arbeit als „Spitzel" (163) der Faschisten bereut er ebenso wenig wie Arieh den von ihm begangenen Mord. Die Geheimdiensttätigkeit ist Kreuz lediglich Mittel zum Zweck. Welchen Machtansprüchen er sich hier zur Verfügung stellt und wie diese legitimiert werden, ist ihm gleichgültig.

Arieh erhält durch Leon Fischer Kenntnis von Rudi Kreuz' Lebensgeschichte. Die eigene Ähnlichkeit mit dem früheren Kollaborateur und bekennenden „Ekel" (162) erkennt er allerdings nicht. Lesern und Leserinnen des Romans hingegen sollte die Verwandtschaft Ariehs mit Kreuz spätestens im Verlauf einer Erzählung Leon Fischers aufgehen:

Fischer berichtet Arieh davon, dass sein Vater, Jakov Scheinowiz, der einzige gewesen ist, der es verstand, sich gegenüber Rudi Kreuz durchzusetzen (vgl. 185f.). Zur Begegnung zwischen den beiden kam es, weil letzterer nicht bereit gewesen war, den Besitz einer jüdischen Familie, den diese ihm vor ihrer Flucht anvertraut hatte, nach dem Ende des Krieges wieder herauszugeben. Als Kreuz die Forderungen Jakovs mit kaum verhohlenen Drohungen beantwortet, zeigt Scheinowiz sich unbeeindruckt. Im Notfall, lässt er Kreuz wissen, würde er es verstehen, sich abzusetzen und so dem Zugriff seines Feindes zu entziehen. Da Drohungen gegenüber einem Gegner, der sich nichts, auch nicht der eigenen Persönlichkeit verpflichtet fühlt, sinnlos sind, so scheint Kreuz zu mutmaßen, gibt dieser sich geschlagen. In der Bereitschaft Jakovs, die eigene Identität umstandslos aufzugeben, kann man die Wandlungsfähigkeit von Rudi Kreuz und vor diesem Hintergrund auch die habituelle Verwandtschaft von Kreuz und Arieh erkennen: Wenn schon sein Vater Kreuz ähnlich gewesen ist, dann gilt dies für Arieh umso mehr. Mit dem ständigen Wechsel seiner Identität setzt der Geheimdienstagent schließlich, der auktoriale Erzähler weist ausdrücklich darauf hin, der „Verwechslungskomödie", die sein Vater zeitlebens spielte, die sprichwörtliche „Krone" auf (140; vgl. dazu 139f.).

Ganz im Gegensatz zu Arieh fühlt Rudi Kreuz sich allerdings in seiner Haut „saumäßig" (162) wohl: Er erkennt in sich selbst den gesinnungslosen Opportunisten, der sich im eigenen Interesse fremden Zwecken verfügbar macht, und bekennt sich zu dieser Haltung uneingeschränkt. Die Gesinnungslosigkeit Ariehs wird vordergründig durch den Widerspruch zwischen dem, was Arieh im Stillen von seiner Tätigkeit hält, und dem, was er tatsächlich tut, verunklart. Bei aufmerksamer Lektüre erschließt sie sich jedoch in der objektiv gegebenen, wenn auch von dem Protagonisten nicht empfundenen, strukturellen Homologie der Lebensprozesse von Arieh und Kreuz. Mit der Erkenntnis seiner Verantwortungslosigkeit wird Ariehs Preisgabe moralischer Integrität bei einer Suche nach Schuld offenbar, die vor der Auseinandersetzung mit eigenen Schuldgefühlen bewahrt.

Am Ende des Romans gibt Arich zwar seine geheimdienstliche Tätigkeit auf und fasst den Entschluss, sich durch das Studium seiner Familiengeschichte endlich mit sich selbst bekannt zu machen. Ob er diesen Vorsatz auch umsetzt, bleibt aber offen – und muss zudem zweifelhaft erscheinen. Schließlich hatte Arieh sich seinerzeit auch mit dem Vorsatz, sich endlich selbst zu entdecken (vgl. 63, 66), nach Israel begeben, nur um dort angekommen, das Ausweichen vor eigenen Schuldgefühlen auf der Suche nach Schuld vorzuziehen.[13]

---

[13] Nicht zuletzt aufgrund der Fragwürdigkeit dieser Haltungsänderung ist es nicht plausibel, *Suche nach M.* als einen „modernen Entwicklungsroman" (Freund 2001: 183) zu bezeichnen, der als solcher vom „Abenteuer der Selbstfindung" berichtet. Zur Offenheit der Handlungsauflösung vgl. auch Lorenz (1998: 44): „The riddle structure is maintained until the ending which neither provides the readers with the solution to

ii.) Wie die beiden Protagonisten ist sich auch der augenscheinlich biedere Helmuth Keysser selbst fremd: Keysser lässt seine Ehefrau in dem Glauben, er liebe sie, „denn er wußte über sein eigenes [Gefühl] nicht Bescheid. [...] Er ging fremd mit sich und war ihr nicht ferner als seinem Selbst" (125). Das einzige Gefühl, dessen sich Keysser sicher ist, ist das „Gefühl, ausgehöhlt zu sein" (126). Glaubt Arieh, erst nach der Entdeckung der Schuldigen mit sich bekannt werden zu können, ist Keysser der Auffassung, er habe womöglich nur deshalb damit begonnen, „Frauen nachzustellen" (126), weil er glaubte, bei ihnen zu sich selbst finden zu können. Was letzteren jedoch von Arieh unterscheidet, ist der zwanghafte Charakter, den die Streifzüge Keyssers schließlich annehmen. Nachdem seine erste Begegnung mit einer jungen Frau mit deren Tod geendet hat, ohne das Keysser diesen Mord geplant gehabt hätte, fühlt dieser sich immer wieder zur Suche nach neuen Opfern getrieben, denn jeder Mord bietet ihm immer nur augenblicksweise Befriedigung (vgl. 131).

Das Verhaltensschema von Trieb und kurzfristiger Triebbefriedigung liegt auch dem Handeln Mullemanns zugrunde, in den sich Dani Morgenthau zu dem Zeitpunkt der Handlung, da man mit der Figur Keysser bekannt wird, bereits verwandelt hat. Immer wieder treibt es Mullemann zum Geständnis fremder Schuld; wobei er, wie der Frauenmörder Keysser seinen Opfern, den Schuldigen mitunter auflauert, sie verfolgt und schließlich mit seinem Geständnis ihrer Schuld konfrontiert. Als Keyssers Taten von Mullemann öffentlich gemacht werden, stellt sich der Mörder selbst die Frage nach den Gründen, die Mullemann zu den Geständnissen veranlassen, die er in der Wiener Boulevardpresse veröffentlicht. „Vielleicht", so Keyssers Vermutung, wiedergegeben in indirekter Gedankenrede, „vermochte derjenige, der den Text [das Geständnis] verfaßt hatte, Keyssers mörderische Gelüste zu verspüren, indem er vom Verbrechen bloß berichtete" (127f.). Hier wird in Figurenrede zur Sprache gebracht, was die Homologie der Verhaltensschemata von Keysser und Mullemann impliziert:

Wie es die Opfer Keyssers für den Triebtäter sind, wird die Schuld im Akt des Geständnisses für Mullemann zum Objekt der Lustbefriedigung. Für den Mullemann, der sich gegenüber Dani verselbständigt hat, ist Selbstzweck geworden, was für Morgenthau noch Möglichkeit zur Verdrängung seines Schuldgefühls war. Bezeichnend hierfür und damit für den schizophrenen Charakter der Persönlichkeit Dani/Mullemann ist das Ausbleiben eines heilenden Effekts der Geständnisse Mullemanns. Klang Danis Ausschlag infolge seiner Geständnisse ab, bleibt Mullemanns Zustand unverändert. Trotzdem er immer neue Schuld einbekennt, lässt sein Bedarf an Verbandsmaterial nicht nach.[14]

---

the protagonist's problems nor to the dilemmas caused by the chaotic contemporary world."

[14] So enden die Geständnisse, die Mullemann vor Kommissär Karl Siebert ablegt, jedes Mal damit, dass er mehr Verbandsmaterial verlangt (vgl. 233). Siebert kommentiert: „[D]ie Pusteln erobern seinen Körper immer weiter" (234). Zu diesem Zeitpunkt der

‚Schuld' ist Mullemanns Fetisch. Sie besitzt auf ihn eine unwiderstehliche An-
ziehungskraft. Diese äußert sich nicht nur darin, dass Mullemann immer wieder
nach der Entdeckung neuer Schuld sucht. Um Schuld für sich beanspruchen zu
können, gesteht er Taten, die nicht nur nicht begangen worden sind, sondern
auch noch gar nicht geplant waren; er fordert diese Taten also geradezu heraus
(vgl. dazu Reichmann 2001: 41):

    Keysser glaubte bereits, „seinen Gelüsten" (124) Herr geworden zu sein (vgl.
126, 128f.), als ein neues Bekennerschreiben Mullemanns veröffentlicht wird, in
dem dieser von einem Frauenmord berichtet, den Keysser weder begangen noch
geplant hatte, der der vorherigen Tat Keyssers aber sehr ähnlich ist. Keysser seinerseits fühlt sich durch diesen zukunftsgewissen Bericht provoziert; er scheint
ihm geradezu „Aufruf zur neuerlichen Untat, [...] Bestellung des nächsten Verbrechens" (129) zu sein (vgl. auch 132). Die Herausforderung der Tat durch das
vorausgreifende Geständnis entschuldigt den Mörder, der ‚zur neuerlichen Untat' schreitet, freilich keineswegs. Sie spricht dafür aber umso deutlicher für den
moralischen Bankrott, den Dani – wie Arieh auf der Suche nach Schuldigen dem
eigenen Schuldgefühl ausweichend – mit seiner Verwandlung in Mullemann
macht: In der ‚Bestellung des nächsten Verbrechens' zeigt sich, dass Mullemann
wie der Sexualmörder Keysser bei der Befriedigung des Verlangens nach dem
Objekt seiner Begierde von keinerlei Skrupeln beherrscht wird.

    Mit der stetig wachsenden Aufmerksamkeit, die er mit seinen Bekenntnissen
im Verlauf der Handlung in der österreichischen Öffentlichkeit wie auch in der
Bundesrepublik erregt, wird Mullemann zum Symbol der Fetischisierung von
Schuldfragen in den westlichen Konsumgesellschaften. Das sich aus diesem Fetisch Kapital schlagen lässt, haben die Agenten der Kulturindustrie rasch erkannt. Sie lassen wissen: „[d]as Publikum [...] giere [...] nach der Bekenntniswut des Vermummten und würde von seinen Offenbarungen begeistert sein. Die
Zuschauer hofften auf die Enthüllungen geheimer Leidenschaften und die Beschreibung neuer sexueller Absonderlichkeiten" (237). Gegenüber der Aufklärung von Schuldfragen, die das Ziel der Beschäftigung mit ihnen sein sollte, wird
man mit dieser Kommodifizierung der ‚Schuld' gleichgültig: Im Bedürfnis nach
ihrer massenmedialen Ausstellung und der Befriedigung desselben durch die

---

Handlung ist Dani vollständig hinter Mullemann verschwunden. In der Partnerschaft
mit Sina Mohn hatte er zuvor angefangen, zu sich selbst zurückzufinden. Hier hatte
„sein Ausschlag abzunehmen" (192f.) begonnen. Morgenthau sah sich schließlich nur
noch dazu genötigt, die Schuld am Orgasmus seiner Freundin einzubekennen (vgl.
193). Als diese Gelegenheit erhält, ihn zu besuchen, erkennt sie in Mullemann ihren
Freund nicht wieder. Zu Recht wirft sie dem Kommissär vor, er habe Dani „zerstört"
(234). In der Forschungsliteratur wurde die Frage einer Lösung der Identitätsproblematik sowohl Danis als auch Ariehs in ihrer Beziehung zu Frauen wiederholt thematisiert. So etwa von Freund (2001: 187f.), Lorenz (2002: 151), Scheidl (2003: 143f.)
und Gelbin (2008: 30).

Kulturindustrie wird ‚Schuld' für die Öffentlichkeit wie für Mullemann zum Gegenstand unmoralischer Lustbefriedigung.

5   Der Schlaf der Vernunft gebiert Ungeheuer

Gegen Ende des Romans wird Arieh von seinem väterlichen Freund Leon Fischer über die Notwendigkeit belehrt, für sich die historischen Voraussetzungen der eigenen Existenz zu klären. Unterlasse er diese Selbstaufklärung, bleibe er der nackten Tatsache einer als schuldbehaftet empfundenen Existenz ohnmächtig ausgeliefert:

> Aber eines sage ich dir, Arieh, mag sein, daß ihr mit den Hypotheken unseres Erbes leben müßt, aber wenn ihr euch davon befreien wollt, müßt ihr in das Grundbuch der Geschichte schauen. Der einzige Weg aus der Vergangenheit in die eigene Zukunft führt über die Erinnerung. (188; vgl. auch 186)

In ganz ähnlichen Worten erklärt Robert Schindel (2005: 97) das Studium des eigenen Herkommens zur notwendigen Bedingung einer selbstverantwortlichen Lebensführung:

> Der Ausgang aus selbstverschuldeter Unmündigkeit heißt ja auch, dass man sich der eigenen Gebürtigkeit bewusst wird, in die Position der Selbstreflexion über seine Herkunft kommt. Wenn man weiß, woher man kommt, hat man vielleicht auch eine Ahnung, wohin man gehen will.

Dieser aufklärerischen Position, von Leon Fischer vertreten, wird in *Suche nach M.* über die fantastischen Elemente des Romans Gewicht verliehen:
Die fantastischen Fähigkeiten der beiden Protagonisten ermöglichen ihnen eine Flucht vor ihren Schuldgefühlen, die sie schließlich, wie zu zeigen versucht wurde, ihre moralische Integrität kostet. Da sowohl Dani/Mullemann als auch Arieh bei der Suche nach Schuldigen durch die Fetischisierung der Schuld beziehungsweise die gesellschaftspolitische Verantwortungslosigkeit des Opportunisten in moralischer Hinsicht Bankrott machen, ist dieser Bankrott als eine notwendige Folge ihrer fantastischen Natur zu verstehen. Als solcher ist er zugleich eine mittelbare Folge der unbewältigten Schuldgefühle, unter denen die Protagonisten leiden. Seine notwendige Bedingung jedoch, eben die Fähigkeit der Figuren, in anderen Menschen aufzugehen, lässt sich ihrerseits nicht zureichend aus Ariehs und Danis Existenzbedingungen, genauer gesagt, aus der mit diesen Bedingungen verbundenen Identitätsproblematik ableiten.
Zusammen mit den fantastischen Fähigkeiten der Protagonisten bleibt im Verlust ethisch-normativer Bindungen des eigenen Handelns eine mögliche mittelbare Folge der Verdrängung von Schuldgefühlen nicht vorherzusehen. Anders gesagt: Wenn die Fähigkeit, sich ganz in anderen Menschen zu verlieren, eine

notwendige Folge unbewältigter Schuldgefühle wäre, so wäre auch die Gewissenlosigkeit, die im Kontext der fiktiven Welt ihrerseits notwendig aus der fantastischen Flucht Danis und Ariehs vor sich selbst resultiert, als eine mögliche mittelbare Folge der Verdrängung eigener Schuldgefühle erwartbar. Gerade dies ist aber, wie gesagt, nicht der Fall:

Der fantastische Charakter der Fähigkeiten Danis und Ariehs lässt sich im Rahmen des Realitätssystems der fiktiven Welt von *Suche nach M.* nicht auflösen. Im Roman wird mithin nicht einfach eine mögliche und zwar eine höchst bedenkliche Folge der Verdrängung eigener Schuldgefühle geschildert. Mögliche Konsequenzen dieser Verdrängung werden am Beispiel der beiden Protagonisten zugleich als unkalkulierbar präsentiert.

So wird das aufklärerische Plädoyer Fischers gestützt: Da die Folgen unbewältigter Schuldgefühle nicht absehbar sind, es also auch keine Möglichkeit gibt, diesen vorzubeugen, empfiehlt sich jenen – und dies gilt nun freilich für Täter und deren Nachkommen genauso wie für Überlebende, Opfer und ihre Kinder –, die unter dem Gefühl einer schuldbehafteten Existenz leiden, dringlich eine Bewältigung der eigenen Identitätsproblematik auf dem Wege genealogischer Selbstfindung.

1995, also rund zwei Jahre vor der Erstveröffentlichung von *Suche nach M.*, bemerkt Robert Schindel (1995: 203) in einem Interview, die Autoren und Autorinnen seiner Generation schrieben „nicht [nur] realistische Romane im alten Sinn". Bei einigen dieser Autoren und Autorinnen sei „alles versammelt, was es an Errungenschaften der Moderne gibt". Seinen Begriff von literarischer Moderne erörtert Schindel dabei nicht. Begreift man hierunter mit Blick auf die deutschsprachige Literatur den Zeitraum zwischen 1890 und 1933 (zur Frage der Datierung vgl. Blamberger 2007: 621–623), dann kann man auch die Einlassung fantastischer Elemente in Werken fiktionaler Literatur als ein für die literarische Moderne typisches Phänomen begreifen (vgl. dazu Ruthner 1995). Doron Rabinovicis Funktionalisierung fantastischer Elemente in einer für seine Generation typischen Auseinandersetzung mit dem Gefühl einer schuldbeladenen Existenz rechtfertigt das Urteil Schindels über die Autoren und Autorinnen seiner Generation. In *Suche nach M.* wird „auch formal interessant Welt dargeboten" (Schindel 1995: 203).

Literaturverzeichnis

Jean Améry: Über Zwang und Unmöglichkeit, Jude zu sein. In: Jean Améry, *Jenseits von Schuld und Sühne. Bewältigungsversuche eines Überwältigten*. Stuttgart ²1980 [1966], S. 130–156.

Matthias Beilein: Unter falschem Namen. Schweigen und Schuld in Doron Rabinovicis „Suche nach M." In: Monatshefte 97:2 (2005), S. 250–269.

Maxim Biller: Geschichte schreiben. In: *Juden in Deutschland – Deutschland in den Juden. Neue Perspektiven*. Hg. v. Y. Michal Bodemann, Micha Brumlik. Göttingen 2010, S. 210–216.

Günter Blamberger: Moderne. In: *Reallexikon der deutschen Literaturwissenschaft.* Bd. 2. Hg. v. Harald Fricke. Berlin u. a. 2007, S. 620–624.

Winfried Freund: „Keine Verstellungen mehr...". *Doron Rabinovicis „Suche nach M."* *(1997).* In: *Der deutsche Roman der Gegenwart.* Hg. v. Wieland Freund. München 2001, S. 183–188.

Michael Gehler: Die Affäre Waldheim: Eine Fallstudie zum Umgang mit der NS-Vergangenheit in den späten achtziger Jahren. In: *Österreich im 20. Jahrhundert.* Bd. 2. Hg. v. Rolf Steininger, Michael Gehler. Wien u. a. 1997, S. 355–413.

Cathy S. Gelbin: The Monster Returns. Golem Figures in the Writings of Benjamin Stein, Esther Dischereit, and Doron Rabinovici. In: *Rebirth of a Culture. Jewish Identity and Jewish Writing in Germany and Austria Today.* Hg. v. Hillary Hope Herzog, Todd Herzog u. Benjamin Lapp. New York 2008, S. 21–33.

Michael Gratzke: Mullemänner: Austria's Past and Weak Masculinity in Arno Geiger's *Es geht uns gut* und Doron Rabinovici's *Suche nach M.* In: Austrian Studies 19 (2011), S. 98–112.

Iris Hermann: Doron Rabinovici: Im Kaleidoskop des Erzählens. Anmerkungen zum literarischen Prosawerk. In: *Poetologisch-poetische Interventionen: Gegenwartsliteratur schreiben.* Hg. v. Alo Allkemper, Norbert Otto Eke u. Hartmut Steinecke. München 2012, S. 431–444.

Tom Kindt: „Das Unmögliche, das dennoch geschieht". Zum Begriff der literarischen Phantastik am Beispiel von Werken Thomas Manns. In: Thomas Mann Jahrbuch 24 (2011), S. 43–56.

Dieter Lamping: Gibt es eine neue deutsch-jüdische Literatur? In: Jahrbuch für finnisch-deutsche Literaturbeziehungen 26 (1994), S. 221–225.

Dagmar C.G. Lorenz: In Search of the Criminal – in Search of the Crime. Holocaust Literature and Films as Crime Fiction. In: Modern Austrian Literature 31:3–4 (1998), S. 35–48.

Dagmar C.G. Lorenz: Erinnerung um die Jahrtausendwende. Vergangenheit und Identität bei jüdischen Autoren der Nachkriegsgeneration. In: *Deutsch-jüdische Literatur der neunziger Jahre. Die Generation nach der Shoa.* Hg. v. Sander L. Gilman, Hartmut Steinecke. Berlin 2002, S. 147–161.

Thomas Nolden: *Junge jüdische Literatur. Konzentrisches Schreiben in der Gegenwart.* Würzburg 1995.

Doron Rabinovici: *Suche nach M. Roman in zwölf Episoden.* Frankfurt a. M. 1999 [1997].

Clemens Ruthner: Jenseits der Moderne. Abriß und Problemgeschichte der deutschsprachigen Phantastik 1890–1930. In: *Traumreich und Nachtseite. Die deutschsprachige Phantastik zwischen Décadence und Faschismus.* Hg. v. Thomas Le Blanc, Bettina Twrsnick. Wetzlar 1995, S. 65–85.

Günther Scheidl: Renaissance des ‚jüdischen' Romans nach 1986. In: *Judentum und Antisemitismus. Studien zur Literatur und Germanistik in Österreich.* Hg. v. Anne Betten, Konstanze Fliedl. Berlin 2003, S. 132–148.

Robert Schindel: *Gebürtig. Roman.* Frankfurt a. M. 1994 [1992].

Robert Schindel: Erfinden, was vorhanden ist. In: *Provinz, sozusagen. Österreichische Literaturgeschichten.* Hg. v. Ernst Grohotolsky. Graz, Wien 1995, S. 199–209.

Robert Schindel: „... die Generalpause meines Lebens": Ein Gespräch mit Robert Schindel über Literatur, Shoah und jüdische Gebürtigkeiten. In: Modern Austrian Literature 38:3–4 (2005), S. 85–98.

Helene Schruff: *Wechselwirkungen. Deutsch-jüdische Identität in erzählender Prosa der „Zweiten Generation".* Hildesheim u. a. 2000.

Susanne Wirtz: Jüdische Autoren der Gegenwart. Probleme – Positionen – Themen. In: Tribüne. Zeitschrift zum Verständnis des Judentums 50/198 (2011), S. 152–160.

Marianne Wünsch: *Die fantastische Literatur der frühen Moderne, 1890–1930: Definition, denkgeschichtlicher Kontext, Strukturen.* München 1991.

Ikonisierung und Fantastik. Möglichkeiten des Weltbezugs von Fiktionen am Beispiel von Helmut Kraussers Roman *Der große Bagarozy* (1997)

Tobias Lambrecht (Freiburg/CH)

1   Einleitung

Bei Helmut Kraussers sechstem Roman *Der große Bagarozy*[1] (1997) handelt es sich um eine Mischung aus „Liebes- und Beziehungsroman, Zeitroman, Star-Biographie, Picaro-Roman und Thriller" (Wehdeking 2008: 261), in der die Biografie der Opernsängerin Maria Callas mit den Mitteln der Fantastik neu-erzählt wird. Die diesen Beitrag leitende Fragestellung drängt sich gewis-sermaßen auf: Weshalb wird am Ende des 20. Jahrhunderts ausgerechnet Fan-tastik zum Mittel, das Leben einer historischen Persönlichkeit nachzuzeichnen? Was leistet umgekehrt dieser Weltbezug für die Fiktion? Zur Beantwortung dieser Fragen wird einführend ein kurzer Überblick über die Handlung gegeben, dessen Ziel es zugleich ist, einige von der bisherigen Forschungsliteratur besonders beleuchtete Aspekte und Deutungsansätze herauszuarbeiten. Dies geschieht, um danach – nicht abgrenzend, sondern komplementär – einen eigenen Schwerpunkt zu setzen, der die (vielbeachtete) Fantastik des Romans mit seiner (von der Forschung vergleichsweise weniger prominent behandelten) Einarbeitung der Callas-Biografie verbindet.

Der Roman schildert das Aufeinandertreffen einer erfolgreichen Psychiaterin in ihren späten Dreißigern namens Cora Dulz und ihres Patienten Stanislaus Nagy. Dieser berichtet zunächst, er habe Wahnvorstellungen, in welchen ihm die 1977 verstorbene Opersängerin Maria Callas erscheine. In den folgenden psychiatrischen Sitzungen berichtet er von seiner Obsession mit der Sängerin, beginnt dann aber, ihre Lebensgeschichte nachzuerzählen. Bald behauptet er, er sei der leibhaftige Teufel, habe als solcher die Callas entdeckt, teilweise ihre Karriere gefördert und ihr im Wettkampf mit Gott zu Ruhm verholfen. Dabei erweist er sich in seiner Darstellung weniger als erschreckender oder mächtiger Satan, sondern eher als

---

[1]   Im Folgenden zitiert mit der Sigle B.

Teufel in der Identitätskrise. Der Grund: In der Moderne ist die mythische Welt, in der Teufel und Gott noch feste Rollen hatten, zerbrochen. Gott sei tot, sagt auch Nagy im Roman (vgl. BA 134; 136). Er wurde von der Aufklärung ‚weggewischt'. [...] Der Teufel bezeichnet sich daher als „Schrumpffassung" (BA 47) seiner selbst: „Die Welt braucht mich nicht mehr. Ich hätte gehen sollen, als Gott ging. [...] (BA 51)" (Pauldrach 2010: 169f.)

Als Konsequenz seiner Einschätzung, der Mensch bedürfe des Teufels für Exzesse im Bereich des Bösen nicht mehr (z. B. während des Zweiten Weltkriegs, vgl. B 58), macht sich Nagy dann mit seiner „Lust auf Schönheit" (B 58) an eine „Apotheose der Kunst" als „Ersatzreligion" (Pauldrach 2010: 170). Kunst und Schönheit betrachtet er dabei als letztes Repositorium für Exzessives, Überlebensgroßes (vgl. ähnlich auch die Bagarozy-Analyse von Kopp-Marx 2005: 193). „Leidenschaft flackert nur noch in der Erinnerung an den Kampf um Maria Callas auf. Der Ermattung des Teufels entspricht die Saturiertheit der Menschen, die von Kunst, Leidenschaft, Entgrenzungsdrang nicht mehr viel wissen wollen" (Marx 2009: 69f.). Cora Dulz ist demgegenüber eine deutliche Platzhalterfigur für den dergestalt saturierten „Prototyp des modernen Massenmenschen" (Pauldrach 2010: 173), „den Durchschnittsbürger, unfähig zur Begeisterung und ohne Sinn für die Schönheit, allein auf die Befriedigung vordergründiger Bedürfnisse aus" (Freund 2001: 177). Cora charakterisiert ihre Patienten und sich selbst als „[w]ohlstandsdepressive Langweiler" (B 84), bei denen auch Freizeit zu einem abzuleistenden Pflichtprogramm verkommt: „Wochenende. Ersehnt und gefürchtet. Zwei Samstage wären gut. Statt dessen nach dem Sams- ein Sonntag, der, weil das Ausruhen erledigt war, immer ein wenig zu lang geriet. Man mußte sich krampfhaft über ihn hinwegamüsieren" (B 17). Der sinnleere Materialismus ihrer Existenz wird anhand zahlreicher Elemente vorgeführt:

> Coras Heim. Ein Reihenhaus in Blickweite der Villengegend. [...] Wären die Mieten für ihre Praxen in bester City-Lage nicht gewesen, Robert und Cora Dulz hätten längst hinüberwechseln können ins Reich der grünen, elektrisch umzäunten Hügel. So aber mußten sie warten, trotz doppelten Einkommens und strikter Verhütung. (B 15)

Als Analogon zur finanziell und materiell privilegierten, aber unfruchtbaren DINK-Beziehung (*Double Income No Kids*) mit ihrem Ehemann Robert lassen sich die kastrierten Kater der Dulzens lesen: „Beide waren vollschlank und schwul und liebten einander von Kindheit auf" (B 15f.). Dass Cora mit dieser gesicherten, selbstgenügsamen Vorstadtbequemlichkeit unzufrieden ist, besiegelt auch das Schicksal der Kater: Sie werden am Schluss der Handlung (wahrscheinlich) von Cora vergiftet, kurz bevor sie ihren Mann erschießt. Die „Philisterkritik" (Marx 2009: 70) scheint sich aber wider Erwarten weniger an Konsumkritik zu entzünden, sondern vielmehr daran, dass die so befriedete Wohlstandsgesellschaft keinen Platz mehr für echte Interessen und genuine Leidenschaften bietet: „Coras einzige Passion war, das Haus mit geschmackvollem Mobiliar auszustatten" (B 16). Dieser Leidenschaftslosigkeit jedenfalls wird der ‚Teufel' und Opernfanatiker Nagy fortwährend als Kontrastfigur gegenübergestellt:

> „[…] Wahrscheinlich haben Sie sich sogar nie im Leben für etwas wirklich begeistert … Hab ich recht?"
> Man wolle beim Thema bleiben, antwortete Cora, was die Frage mehr bejahte als ihr genehm war. Möbel, wie gesagt, mochte sie ganz gern. Als Teenager hatte sie ein bißchen für Robert Redford geschwärmt. Und Debbie Harry imitiert. (B 50)

Damit ist nicht unbedingt eine Kritik an moderner Pop- und Massenkultur als solcher verbunden, kritisch dargestellt wird im Roman schlicht die unreflektierte *Normalität* von Coras Verhaltensweise. Diese ist dem ‚Teufel' besonders zuwider: So nutzt er die Ambivalenz des Wortes aus, als er von einer Grillparty erzählt, an der er Callas-Arien abgespielt hatte: „Man fragte, warum ich beleidigt *abgezischt* sei? Ob man jetzt wieder *normale* Musik spielen dürfe? *Normale* Musik! Naja, stimmt schon der Rest der Nacht verstrich unter *äußerst normaler* Musik" (B 12). Besondere Beachtung in der bisherigen Forschung fand dementsprechend der für Krausser typische, von Jürgensen/Kindt (2009: 100) besonders betonte „Komplex ‚Macht und Kunst'": „Zunächst ist offenkundig, dass es wie in *Melodien* erneut um die Macht der Musik – in diesem Fall: die machtvolle Schönheit des Gesangs – geht." Der ‚Teufel' Nagy berichtet, der Schönheit des Callas-Gesangs und ihr selbst als „Gesamtkunstwerk" (B 77) völlig verfallen zu sein. Im nächsten Schritt wird dann diese Wirkmacht des Gesangs mit derjenigen seiner eigenen Erzählung substituiert:

> Als die Schönheit aber „unwiederbringlich zerstört, das Spielzeug kaputt war" (B 125), bleibt ihm [Nagy] nur, von ihr zu erzählen – und dann selbst zu sterben, gleichsam als Allegorie auf das berühmte Platen'sche Diktum. Damit eignet dem Erzählen im Sinnzusammenhang des Romans die Macht, die Erinnerung an die Schönheit zu bewahren, und folgerichtig thematisiert der Text immer wieder, dass die Geschichte von Maria Callas' Leben nicht fragmentarisch bleiben dürfe. (Jürgensen/Kindt 2009: 101)

Dies äußert sich darin, dass Cora Dulz nach und nach geradezu abhängig von der Erzählung Nagys wird. Als er sich noch als Patient ausgibt, meint Nagy zwar, er „brauche jemanden, dem ich alles erzählen kann, der mir zuhört, weil er von Berufs wegen muß" (B 47), womit bereits auf den Teufelspakt und Nagys spätere Aussage, seine „Macht" sei „an Verträge gebunden" (B 81), angespielt wird. Allerdings wenden sich die Abhängigkeitsverhältnisse zwischen Erzähler und Zuhörerin im Verlauf der Handlung drastisch. Cora glaubt zunächst daran, dass Nagy sie als Zuhörerin seiner (halluzinierten?) Callas-Erzählung benötigt: „Er würde mir bestimmt nichts antun, solange er nicht zu Ende erzählt hat" (B 60), verfällt der unabgeschlossenen Erzählung allerdings später zusehends und ersucht von Nagy narrative *closure*: „‚Deiner Geschichte fehlt ein Ende.' (…) ‚Das stimmt. Ich habe Dir nicht alles erzählt. Wozu auch?' ‚Damit es wahr wird.'" (B 162). Als Nagy sich der inzwischen von der Erzählung in Bann geschlagenen Cora Dulz entzieht, ihr somit auch die Callas-Biografie vorenthält, kommt es zu einer Neuauflage des ‚Vertrags', aber dieses Mal zu Nagys Konditionen: *„Ihr weiteres Interesse an meinem Fall vorausgesetzt, bitte ich darum, daß wir uns nicht mehr in Ihrer Praxis treffen müssen. Das ist ein scheußlicher Ort"* (B 105). Im Einklang mit alten Mythen über Hexen und Teufel kommt es gleich nach diesem ‚Pakt' zu (wenn auch von Cora nur imaginiertem) Geschlechtsverkehr (vgl. B 108). Der Krausser-typische Topos, dass Erzählungen Macht über ihre Rezipienten gewinnen, wird hier deutlich mit faustischen Teufelsmythen verknüpft.

> Vor dem Hintergrund faustischer Prätexte des 16.–19. Jahrhunderts avanciert Kraussers Roman zu einem Requiem auf die Teufelsliteratur. Noch einmal tritt eine Teufelsfigur auf, als Scharlatan, als Künstler, Spieler, Zauberer, Zyniker, nicht zuletzt als Alter Ego derjenigen, der er erscheint. (Marx 2009: 69)

Die Charakterisierung als Scharlatan und Zauberer ist wörtlich zu nehmen: Nagy tritt, nachdem Cora von ihm und seiner Erzählung schon besessen ist, er die Erzählung aber abgebrochen hat, unter dem Namen *der große Bagarozy* in einem heruntergekommenen „Variété-Nightclub" (B 159) als Illusionist auf. Den Namen leiht er sich von einer (faktischen) Begebenheit aus dem Leben der Callas, die er vorher selbst erzählt hatte:

> In Sachen Management hatte sie weniger Gespür. Vertraute sich einem Selfmadeagenten an, Bagarozy, windiger Phantast, der mit Maria als Star eine selbstfinanzierte Turandot auf die Beine stellen wollte. Das Projekt scheiterte, endete im totalen Bankrott. (B 70f.)

Eine weitere faustische Pointe des Textes ist, dass der angebliche Teufel Nagy das Leben der Callas in der Gestalt des schwarzen Pudels[2] begleitet haben möchte, der auf mehreren Callas-Fotografien mitabgebildet ist: „Wieder einmal soll des Pudels Kern also der Leibhaftige gewesen sein, aber Krausser dreht die parodistische Schraube noch eine Drehung weiter, indem er auch den Gegenspieler als Pudel auftreten lässt" (Jürgensen 2010: 52) – Gott gehörte laut Nagy nämlich als weißer Pudel ebenfalls zum Haustierbestand der Callas (für ein berühmtes Foto der drei vgl. B 95). Der schwarze Pudel hörte übrigens auf den

---

[2] Krausser legt in seinem Dezember-Tagebuch (2000: 509) nahe, der Name *Nagy* sei von *Nagualismus* abgeleitet: ein „weitverbreiteter Glaube, daß das Schicksal eines Menschen mit dem eines bestimmten Tieres (*Nagual*) eng verbunden sei".

Namen *Toy*: „Klingt wie die erste Silbe meines Namens" (B 93). Auch Nagy bezeichnet die Callas umgekehrt mehrfach als sein „Spielzeug" (B 55, B 125), womit darauf verwiesen ist, dass die Machtverhältnisse zwischen ‚Teufel' und Kunst nicht ganz geklärt sind. Coras Obsession hingegen nimmt im Verlauf der Handlung immer extremere Dimensionen an, bis sie zuletzt ihren Mann erschießt und das Verbrechen erfolgreich Nagy anhängt. Auf der Folie der Teufelsliteratur gelesen triumphiert im Roman das Böse: Durch die Macht einer Erzählung wird jemand immerhin indirekt dazu gebracht, einen Mord zu begehen. Ist Nagy nach dieser Lesart unzweideutig als in der Erzählwelt existierender Teufel einzustufen? Im folgenden Abschnitt wird die fantastische Struktur des Romans aufgezeigt, um im abschließenden dritten Abschnitt eine Interpretation ihrer Funktion in Bezug auf die im Roman angelegte Callas-Biografie anzubieten.

2 Fantastik im *großen Bagarozy*

Obwohl Nagy im Verlauf der Handlung einige vermeintlich übernatürliche Dinge vollbringt, klärt der heterodiegetisch erzählte Text nie eindeutig, ob es sich bei ihm wirklich um den Teufel handelt. Mit dem *Bagarozy* liegt ein im Todorov'schen Sinne sozusagen ‚lupenreiner' fantastischer Roman vor. Todorovs erstmals 1970 formulierte, minimalistische Definition besagt, Fantastik liege ‚unvermischt' nur dann vor, wenn der Text „letztlich offen lässt, welche der in ihm miteinander konfrontierten Seinsordnungen in Geltung ist" (Kindt 2011: 51), „sobald man sich für die eine oder die andere Antwort entscheidet, verläßt man das Fantastische und tritt in ein benachbartes Genre ein, in das des Unheimlichen oder das des Wunderbaren" (Todorov 2013: 34). Mit dieser restriktiven Bestimmung muss man (primär wegen ihrer äußerst stipulativen, wenig an tatsächlicher Gebräuchlichkeit orientierten Natur) nicht einverstanden sein, wie spätere Differenzierungsversuche zeigen (vgl. Wünsch 2003: 71 und die Einleitung des vorliegenden Bandes). Ich *verwende* sie hier auch weniger, sondern *führe* sie vielmehr *an*: Einerseits beschreibt sie genau das Verfahren im Roman, andererseits werde ich weiter unten zeigen, dass Krausser sich explizit auf diesen Fantastik-Begriff bezieht und ihn sogar vorführt.

Die Informationsverteilung im Roman geht, was den ontologischen Status Nagys angeht, nie über den Wissensstand und die Wahrnehmung der Figuren hinaus. Zunächst werden für diese (und für die Leserinnen und Leser) jeweils Anzeichen gestreut, Nagy verfüge über übernatürliche Kräfte. So weiß er zum Beispiel, dass sich kürzlich zwei Patienten von Cora umgebracht haben (B 63), zitiert beiläufig und wörtlich ihre ärztlichen Notizen in einem Brief (B 80, B 106), wird vor Coras Augen unvermittelt „schemenhaft und transparent" (B 57), scheint oft erstaunlich gut über ihre konkreten Gedanken Bescheid zu wissen (B 97) und spielt ihr eine Kassette mit der Callas als Wagners Brünnhilde vor (B 91) – eine Rolle, die die Callas zwar gesungen hat, von der aber keine Aufnahme existiert (worauf sie später von Dritten hingewiesen wird, B 103). Einen Kuss Nagys erlebt sie so: „Cora spürte etwas Heißes, Fremdes in ihren Mund dringen, das in ihrer Rachenhöhle aufquoll und einen Erstickungstod herbeizuführen drohte" (B 174), zu erwähnen ist auch noch die den Teufel motivgeschichtlich subtil ankündigende Fliegenplage in Coras Haus (B 16). Viele zunächst womöglich übernatürlich anmutende Vorgänge werden auf der Figurenebene also im Nachhinein vermeintlich plausibilisiert. Im Text wiederum weist Coras Ehemann Robert Dulz selbst darauf hin, dass rationale Erklärungen oft, aber eben nicht zwingend, richtig sind: „Gibt für alles eine *rationale* Erklärung", worauf er programmatisch ergänzt: „Ob sie stimmt, oder nicht" (B 106; Cora verwirft dies als „Kalenderspruch", B 109). Die seltsamen Vorkommnisse um Nagy summieren sich derart, dass die Teufels-Lesart stets denkbar bleibt. Da das figurale Wahrnehmungszentrum beinahe ausschließlich bei Cora Dulz liegt, gibt es von der heterodiegetischen Erzählinstanz schlicht keine zuverlässigen Aussagen darüber, welcher Sachverhalt fiktionsintern zutrifft. Bei einer Zaubershow ,Nagy-Bagarozys' etwa scheint echte Magie oder scheiternde Mechanik möglich zu sein:

> Es gab die üblichen Tricks mit Ringen, Tüchern und Spiegeln. Gab den Trick mit der schwebenden Jungfrau. Nagy-Bagarozy machte es nicht schlecht. Scheinbar von der Energie seiner ausgestreckten Hände getragen, schwebte die Jungfrau. […] Dann sah er Cora. Erstarrte. Die Jungfrau fiel wie ein Stein zu Boden, tat sich weh, begann zu fluchen. Die Menge tobte, von der überraschenden Variation begeistert. (B 159f.)

Diese Szene zeigt das Verfahren exemplarisch auf: Die ,schwebende Jungfrau' (ein Verweis auf Coras Name)[3] gehört seit dem 19. Jahrhundert zum Standardrepertoire von Illusionisten und markiert hier das Gegenteil von Nagys Verständnis transzendenter Kunsterlebnisse. In der Erzählwelt zieht natürlich von Vornherein niemand in Zweifel, dass es sich um einen üblichen Illuionistentrick handelt. Für die Leserin oder den Leser bleibt allerdings die Frage offen, wie es zum Sturz kam: Durch eine Ablenkung der telekinetischen Kräfte des Teufels? Oder durch einen von Nagy verursachten Fehler in der Illusionsmechanik? Der Text zielt natürlich nicht auf die Entscheidung für eine dieser Antworten ab, sondern auf die Ambiguität selbst. Dies stellt er auch mit Verweis auf seine eigene Machart aus: Als am Schluss der Handlung Nagy für den von Cora begangenen Mord von der Polizei verantwortlich gemacht und gesucht wird, findet sich in seiner Wohnung nur ein schwarzer Pudel, von dem der Polizeibeamte Folgendes

---

[3]   Wenn man Kraussers besondere Vorliebe für sprechende Namen berücksichtigt und *Cora Dulz* etymologisch vom griechischen *Koré* und dem lateinischen *dulcis* herleitet, ergibt sich „süße Jungfrau", also sowohl eine Anspielung auf *Maria* als auch auf die hier schwebende Jungfrau und die als *Koré* bezeichneten steinernen Mädchenskulpturen der griechischen Antike.

berichtet: „Wollte sich partout nicht fangen lassen. War *fantastisch* – der Pudel rennt an uns vorbei, springt im Lift hoch, drückt mit der Schnauze den Knopf fürs Erdgeschoß – und ist seither verschwunden. Ist das nicht irre?" (B 181, Hervorhebung TL). Hier liegt Fantastik im engen Sinne vor: „Entweder der Teufel ist eine Täuschung, ein imaginäres Wesen, oder aber er existiert wirklich, genau wie die anderen Lebewesen – nur daß man ihm selten begegnet. Das Fantastische liegt im Moment dieser Ungewißheit [...]" (Todorov 2013: 34). Dass sich dieses Todorov-Zitat liest wie ein Analysebeitrag zum *Bagarozy*, und dass Krausser nicht auf die Pointe verzichtet, den Polizisten im fraglichen Augenblick ausgerechnet die Vokabel *fantastisch* doppelcodiert[4], textintern in seiner Alltagsbedeutung, aber auf der Ebene textexterner Kommunikation eindeutig literaturtheoretisch markiert, verwenden zu lassen, zeigt an, dass es hier nicht um eine Entscheidung für die eine oder die andere Seinsordnung gehen kann,[5] sondern um eine Interpretation des so vorgeführten Umgangs mit Fantastik. Jürgensen/Kindt (2009: 104) bieten konsequenterweise eine poetologische Erklärung der Erzählstrategie an: „Lesen lässt sich diese Unbestimmtheit als Herrschaftsgeste des Autors über seinen Text: Nur er weiß, ‚was gespielt wird'." Diese Deutung der Fantastikfunktion fokussiert etwas einseitig auf die Rolle des empirischen Autors und fußt auf der zweifelhaften Vorstellung, dass es eine ‚richtige' Version der Erzählwelt gäbe, aber bemerkenswerterweise kommt sie ohne den Erklärungstopos aus, Fantastik diene tendenziell dazu, „den majoritären Realitätsbegriff in Frage zu stellen" (Wünsch 2003: 73). Denn Kraussers ‚Meta-Fantastik' taugt eindeutig nicht mehr zum Zeichen von „epistemologischen Verunsicherungen und Desorientierungen" (Simonis 2005: 207) – zu offensichtlich ist dafür auch die Komik, die durch die faustischen Prätexte, den säkularisierten, verniedlichten Pudel-Teufel und einige Pointen (etwa, dass die Polizei einen weißen Pudel – ‚Gott' – in der Gefriertruhe Nagys findet) produziert wird: „Guter Werbespruch" für den *Bagarozy* wäre „*Gott und der Teufel in ihrem letzten gemeinsamen Buch*", scherzt Krausser (1998: 250) in seinen Tagebüchern.[6] Zu klären ist dann allerdings immer noch, in welchem Verhältnis die so vorgeführte Fantastik zu der nacherzählten Callas-Biografie steht. Denn wie die Protagonistin feststellt, nachdem sie realisiert, dass Nagy sich als Teufel

---

[4]   Vgl. in diesem Sinne auch Nagys Charakterisierung des historischen Bagarozys als „Phantast" (B 70).

[5]   Natürlich ist ein Nachdenken über die Plausibilität der einen oder anderen Seinsordnung als heuristisches Mittel sehr fruchtbar, vgl. dazu Pauldrach, der Deutungen für Nagy a) als Psychopathen, b) als Teufel und c) als „Schelm und Betrüger" (2010: 180) ausführt.

[6]   Vgl. dazu auch Stefanie Kreuzers (2012: 117) Charakterisierung einer spezifisch postmodernen Fantastik: „Finally, the post-modern [sic] fantastic often uses [...] ironic narrative strategies and disruptions which bestow a playfulness to the seriousness of the traditional fantastic."

vielleicht bloß aufgespielt und sie mit einer unfertigen Callas-Biografie sitzen-
gelassen hat: „Bleibt nur die Frage: Wozu das alles?" (B 114). Warum wird
ausgerechnet ein vermeintlicher Teufel eingesetzt, um das Leben der Callas zu
erzählen? Was leistet die fantastische Fiktion für die Callas-Biografie? Was
leistet umgekehrt der biografische Weltbezug für den Roman? Wie Jürgensen
(2010: 50) pointiert formuliert:

> Und tatsächlich erschwert die Fülle der Themen und Motive, die das Buch
> behandelt, die Suche nach seinem Kern […]. Ist die ‚Botschaft' des Romans also
> „Kunst sticht schnöde Wissenschaft im Dienste des Realitätsprinzips", wie ein
> Kritiker abschätzig urteilt, präsentiert sich dem Publikum ein „leichthändiges
> Spiel mit alten und neuen Mythen" oder vor allem eine Biografie der Callas, in
> der die fiktionalen Elemente unnötiges Beiwerk sind?

Zur Klärung obiger Fragen nach der erzählstrategischen Anlage des Romans und
seinen Deutungsmöglichkeiten möchte ich im Folgenden den Weg über die
Callas-Biografie gehen.

3   Die Callas-Biografie

Wie oben skizziert, hat sich die bisherige Forschung vor allem für diejenigen
Aspekte des Textes interessiert, die seine Intertextualität, seine faustischen und
romantischen Topoi sowie seine Fantastik betreffen. Die Callas-*Figur* wird in
den bisherigen Analysen vor allem hinsichtlich ihrer Funktion gedeutet „paradigmatisch für ‚große, echte Kunst' im Allgemeinen" einzustehen (Pauldrach
2010: 172; vgl. auch Jürgensen 2010: 55; Kopp-Marx 2005: 193). Die Callas-
Biografie, welche einen beträchtlichen Teil des Romans ausmacht, kam hingegen bisher eher selten als zentral in den Blick. Das überrascht, stellt doch etwa
Jürgensen (2010: 53) fest:

> Wie wichtig Krausser selbst diese Dimension des Textes war, verdeutlicht ein
> Eintrag im September-Tagebuch: „Ich will Galionsfigur sein, Vorreiter auf der
> Callas-Welle, nicht als ‚gerade noch aufgesprungen' gelten, oder gar
> hinweggespült im Kielwasser (C. – die letzte unausgeschlachtete Ikone des
> Jahrhunderts)."[7]

Auch die Tatsache, dass es der bisher einzige Erzähltext Kraussers ist, der Fotografien in den Textverlauf montiert, fand zumindest keine breite Aufmerksamkeit. Die Figur der Callas ist aber auch anders lesbar als hinsichtlich ihrer litera-

---

[7]   Jürgensen zitiert hier aus dem *September* von Kraussers Tagebuch-Projekt, nachzule-
sen in Krausser (1998: 250).

rischen Symbolik und des „Macht-Kunst-Komplex[es]" (Jürgensen 2010: 57). Mit Hinblick auf das Thema dieses Sammelbandes werde ich dieser Biografie, die als Weltbezug in eine fantastische Romanhandlung ‚einbricht', und ihrer narrativen Funktionalisierung im Vergleich zur bisherigen Forschung größere Aufmerksamkeit schenken.

Wie also wird der Lebenslauf der Callas in den Roman eingeflochten und präsentiert? Zunächst ist festzustellen, dass die Biografie ausschließlich von Nagy als intradiegetischem Erzähler berichtet wird: zumeist als szenische, direkte Rede im Gespräch zwischen Patient und Psychiaterin, später als schriftliche Wiedergabe eines Tonbandprotokolls (dieses Format erlaubt erzähltechnisch z. B. Fußnotenkommentare Coras, vgl. B 70–82), und schließlich als Brief von Nagy an Cora (B 141–144). Abgesehen von der Behauptung, Nagy habe sie als Teufel stets begleitet, entspricht der erzählte Lebenslauf dem der realen Callas, und zwar „Station für Station" (Jürgensen 2010: 51). Nagy thematisiert und formuliert in seiner intradiegetischen Erzählung ständig sein Bestreben, Maria Callas zur „Ikone" (erstmals B 45) zu machen. *Ikone* ist hier natürlich nicht (oder nicht primär) in seiner ursprünglichen Bedeutung als Heiligenbild, sondern als daran angelehnte Huldigung an Berühmtheiten gemeint.[8] Nagy legt dabei auch seine ‚dramaturgischen Eingriffe' offen, etwa hinsichtlich Callas' erstem Großerfolg:

> Sie war in meinen Augen noch immer das plumpe, verpickelte Mädchen, dem jeder Jubel zweifelhaft vorkommt, gerade weil es so darauf gehofft und hingearbeitet hat. Entspricht meinem Sinn für Dramaturgie: Erfolg, der mehr Selbstzweifel schürt als jede Ablehnung zuvor. Kommt immer gut. (B 74f.)

Der Roman weitet diese Selbstreflexion auf das Genre der Biografie aus. So notiert Cora über Nagys Erzählung von Callas' Jugend: „Klingt, als würde er Biografien nacherzählen, die er irgendwann auswendig gelernt hat" (B 71). Diese ständige Thematisierung von Nagys biografisierendem Erzählakt ist als Signal zu werten. Der Roman, so eine erste These, entwirft, bedient und perpetuiert anhand der Callas den schematischen Ablauf einer Ikonisierung, bei gleichzeitiger Vorführung seiner visuellen und rhetorischen Mechanismen. Dazu passt, dass die *Ikonen*bildung (neben Nagys Ausführungen) auch anhand eines *Bilder*narrativs konstruiert wird, worauf Pauldrach (2010: 166) besonders hinweist:

---

[8] Solche Bedeutungserhöhungen von berühmten Personen werden ja oft dem semantischen Feld des Religiösen entliehen, vgl. in alltäglichen Kontexten ähnlich aufgeladene Ausdrücke wie *(lebende) Legende, Starkult, Guru, Jünger, Gitarrengott* usw. Ich verwende im Folgenden wie Krausser und ein Großteil der *Bagarozy*-Forschungsliteratur z. B. die Ausdrücke *Ikone, Legende* und *Mythos* in diesem Sinne und nicht sehr scharf voneinander abgegrenzt.

Kraussers Callas-Roman thematisiert auf ironische Weise die Entstehung von „Mythen des Alltags" [nach Roland Barthes, TL]. Zum einen entlarvt er sie als mediales Konstrukt, indem er Nagy behaupten lässt, er habe den Callas-Mythos geschaffen, dadurch, dass er den Medien Fotos und persönliche Dokumente der Callas zugespielt habe, zum anderen wird deutlich, dass ein solcher Mythos aus punktuellen Momentaufnahmen besteht, die, zusammenmontiert, ein Bild ergeben, das mit der historischen Person wenig zu tun hat. Nagy bezeichnet dieses Verfahren, in dem ein ‚mythisches Bild' entsteht, als „Ikonisierung" (BA 168).

Auffälligerweise sind die biografischen Passagen von berühmten Callas-Fotografien begleitet, die jeweils alle sinnbildlich für eine bestimmte „Station" im Leben der Callas stehen. Dies eröffnet den bei Wehdeking (2008: 261–264) und Pauldrach (2010: 166f.) behandelten, aber nicht hinsichtlich seiner narrativen Funktionsweise analysierten Aspekt der Intermedialität: Wie und wozu sind die berühmten Callas-Porträts narrativ in den fantastischen Roman eingearbeitet? Im Folgenden wird dargelegt, wie der Text die Fotos thematisiert und wie sie sich zur Erzählwelt verhalten (ob sie darin z. B. überhaupt vorkommen).

4   Das visuelle Narrativ

Die Fotos sind seitenfüllend und über den ganzen Roman gleichmäßig verteilt. Einerseits thematisiert der Text die Fotos durch Ekphrasis; Nagy liefert in den meisten Fällen eine Beschreibung des betreffenden Bildes. Andererseits durch Untertitel bzw. Bildunterschriften (*Captions*): Alle Fotos sind mit *Captions* ausgestattet, bei welchen es sich um Nagy-Zitate handelt und die im Text nicht weit entfernt (oft auf der vorherigen oder folgenden Seite) vom kommentierten Foto zu finden sind. Von den insgesamt acht Fotos bekommt Cora Dulz allerdings nur fünf zu sehen: Foto Nummer (2), (3) und (8) kommen in der Erzählwelt nicht vor, werden nicht einmal erwähnt – zu sehen bekommt sie nur die Leserin oder der Leser des Romans. Die Fotoreihe ist für die Romanleserinnnen und -leser von größerer narrativer Bedeutung als für die Figuren, sie illustriert jeweils nachdrücklich Aussagen von Nagy, wie im Folgenden gezeigt wird. Die Praxis der Bilduntertitelung erinnert an diejenige von Sachbüchern, wobei nicht vergessen werden darf, dass es sich bei allen *Captions* um intradiegetische Aussagen von Nagy handelt. Der Kulturtheoretiker Stuart Hall geht davon aus, dass *Captions* folgende konventionsgebundene Grundfunktion hinsichtlich des Bild-Text-Verhältnisses ausüben:

> [I]n 1973, Stuart Hall showed (using the case of a photograph in a newspaper article) that the caption selects one from a range of possible meanings, and then *amplifies* it. When a general statement about a textual mechanism can be made, and is not refuted, a convention has been identified: in this case, the convention of

captioning. [...] Members of a culture can decide whether to use it or not. (Chaplin 2006: 43)

Eine *Caption* zu setzen, bedeutet demgemäß, nur bestimmte Bedeutungsoptionen eines Bildes zu selektieren und somit zu amplifizieren. Ein Beispiel: die zweite im Roman abgebildete Fotografie (B 53) zeigt Maria Callas als noch junge Sängerin. Im Gegensatz zu ihrer berühmten späteren Erscheinung als schlanke „Divina" ist sie als Jugendliche bei 174 Zentimetern Körpergrösse um die 100 Kilogramm schwer. Nagy kommentiert:

> Etwa um diese Zeit wurde ich auf Maria aufmerksam, faßte sie näher ins Auge, müßte heißen: ins Ohr. Visuell bildete sie ein eher schmerzhaftes Phänomen, unförmig, verpickelt. [...] Wer mir damals gesagt hätte, ich würde einer solchen Allegorie der Schwerkraft bis zum Irrsinn verfallen, den hätte ich halbtot gelacht. (B 52)

Der letzte Satz bildet, mit Anführungszeichen als Nagy-Zitat gekennzeichnet, auch die *Caption* zum Bild der fülligen Callas auf der Folgeseite. Das Foto kommt als Gegenstand in der Erzählwelt aber nicht vor: Weder bekommt Cora es zu sehen, noch nimmt Nagy in seiner Beschreibung direkten Bezug darauf. Für die Leserin und den Leser aber wird seine Aussage durch die Abbildung nicht einfach als außertextlicher Fakt beglaubigt. Vielmehr selektiert und amplifiziert die *Caption* die potenzielle Bildbedeutung, dass Maria Callas nicht von Anfang an auch als glamouröse Schönheit bestach, sondern unter ihrem Gewicht litt und, wie später nacherzählt wird, sich mit „einer Willenskraft, als wolle sie verschwinden" (B 77), zum Abnehmen zwang. So werden nur bestimmte Bedeutungspotenziale des Bildes betont und für die hier erzählte Biografie der Callas maßgeblich, etwa wie Nagy schon vorher einführt das Handlungsschema „des häßlichen Entleins, das noch durch den Schwan schimmert" (B 44). Da sie teilweise auch „ausgebuht und angespuckt" (B 45) wurde, wird der erste Schritt zur Ikone hier als mit Selbstverlust verbundene Willensleistung dargestellt, die sich erst gegen innere und äußere Widerstände durchsetzen muss: „[D]as alles ist nötig, Ikone wird man im Urinbad" (B 45). Diese „Anspielung auf den fotografischen Fachterminus des Fixierungsbades weist auf die Tatsache hin, dass im Roman Struktur und Entstehung des Callas-Mythos hauptsächlich anhand von Fotos thematisiert werden" (Pauldrach 2010: 166). Damit ist neben der von der Callas selbst vorangetriebenen, visuellen Hinbildung zum „Gesamtkunstwerk" (B 77) auch der für *Ikonen*werdung zentrale *optische*, mediale Aspekt angesprochen. Das Foto der jungen Callas hat als solches natürlich auch andere Bedeutungspotenziale, die für eine Biografie hervorgehoben werden könnten. Das Prinzip, einschlägige Lebensstationen der Callas so durch ein Bild überhaupt erst als solche zu behaupten und auf eine bestimmte Lesart hin zu verengen, zieht sich durch den ganzen Text. Im *Bagarozy* amplifiziert die jeweilige *Caption* die vom intradiegetischen Erzähler schon geleistete Bildbeschreibung spezifisch für die Leserinnnen und Leser. Im folgenden Abschnitt werden diese „Mechanismen der Ikonisierung, an denen sich Nagy vor allem durch die Streuung von Gerüchten beteiligt" (Jürgensen 2010: 53) detailliert nachgezeichnet. Als Zwischenfazit zur Bilderfunktionalisierung kann man festhalten, dass die externe Kommunikationsebene wichtiger ist als die interne: Die Ikonisierung durch die Fotos ist ein zentrales Kommunikat des Romans an seine Leserinnen und Leser.

5   Ikonisierung und Fantastik

Die Fotos erfüllen durch ihre jeweilige Positionierung im Textlauf u. a. eine erzählerische Funktion. Bis auf die erste und letzte Fotografie, die die fiktionsinterne Biografie rahmen, sind sie – zumindest scheinbar – chronologisch gereiht, suggerieren eine zeitliche Abfolge. Geht man die Bilderreihe und ihre *Captions* durch, ergibt sich ein eigenes, visuell vermitteltes Narrativ. Es beginnt (1) mit einer Aufnahme, die Callas zeigt, umringt von Männern, zu ihren Füßen der schwarze Pudel: *„Mein Lieblingsfoto von uns"* (B 37, im Folgenden sind die *Captions* wie im Originaltext *kursiv* angegeben, die dem Fließtext entnommenen Kommentare zu den Fotos sind normtypografisch). Die *Caption* amplifiziert hier zwar keines der ansonsten vom Romantext durchaus angerissenen Bedeutungspotenziale (etwa die Tatsache, dass Callas isoliert aus dem Bild heraus ins Leere schaut, die sie umringenden Männer etc.). Auffällig ist aber, dass die Leserinnen und Leser (und Cora) zu jenem Zeitpunkt noch nicht wissen, dass Nagy sich als der Pudel ausgeben wird. Aufgrund dieses Informationsdefizits kündigt das erste Bild die programmatische Fantastik der Folgeerzählung an, da sich den Leserinnen und Lesern noch ungeklärte Fragen stellen: Wie ist die *Caption* überhaupt zu verstehen, wo im Bild ist Nagy? Die Bilderreihe fährt nach dieser Einführung chronologisch fort: (2) Die junge Callas als schon analysierte *„Allegorie der Schwerkraft"* (B 53), die sich (3) erst zur *„Elfe"* mit dem *„Gesicht einer mythologischen Schönheit"* (B 79) bilden muss, um in Nagys ikonisierendes Erzählschema zu passen. In der Mitte der Fotoreihe, sieht man (4) die Callas zwischen einem weißen und einem schwarzen Pudel – das personifizierte Schöne der Kunst im Spannungsfeld höherer Mächte, zwischen Teufel und Gott (mit der Pointe, dass die Kunst eben scheinbar über beide herrscht, vgl. auch Wehdeking 2008: 262). So markiert das visuelle Narrativ per metacodierter Fantastik den metaphysisch aufgeladenen Höhepunkt der Callas als Künstlerin. Das nächste Bild der ‚Dramaturgie' markiert dann natürlich den beginnenden „Abstieg" (B 124), es zeigt die Callas, wie sie nach einer Vorstellung noch im Kostüm der Madame Butterfly wutentbrannt einen Mann anfährt: (5) *„Das Foto, das Maria zur keifenden Megäre machte"* (B 129). Dieses Foto kam zustande, da Callas' ehemaliger Agent Eddie Bagarozy versuchte, bei ihr Geld einzuklagen (vgl.

Dufresne 1991: 175f.).[9] Fiktionsgerecht behauptet Nagy, er selbst habe den Fotografen „dort postiert, hab ihm die Kamera gelenkt" (B 128). Laut ihm ist die resultierende Rufschädigung notwendiger Bestandteil des Ikonen-Erzählschemas:

> „Manchmal warf sie mit Tintenfässern. ‚Die Tigerin', das wurde ihr zweiter Beiname, wenn sie nicht grade ‚La Divina' war. Dann erschien das Foto."
> „Foto?"
> „Ja. Um Ikone zu werden, bedarf es vieler Ornamente. Anekdoten, Gerüchte, Klettergewächse, die sich um etwas ranken müssen, ansonsten erst gar nicht entstehen. Nach diesem Foto wurde jedes Gerücht, jede Erfindung, jede üble Nachrede möglich, nichts mehr war zu unwahrscheinlich. [...]" (B 127f.)

Nach der narrativen und fotografischen Positionierung der Callas als Künstlerin auf dem Höhepunkt ihres Schaffens, kommt der Zeitpunkt, zu dem die Gerüchte, deren Katalysator im Roman (und in Übereinstimmung mit vielen Biografien, vgl. Dufresne 1991: 176) das „Megären"-Foto war, beginnen, die *Person* der Callas zu überdecken (vgl. die Überwachsungsmetapher, der ‚rankenden Klettergewächse'). Folgerichtig tritt im nächsten Schritt des visuellen Narrativs die Callas den Leserinnen und Lesern sowie in der Diegese Cora (6) auf einem „*Plakat* [!] *als wunderschön weichgezeichnete Frau*" (B 166, Anmerkung TL) entgegen. Dies betont (nur im Foto-Narrativ) die Transformation der lebendigen Person zu einem festgesetzten Bild, einer Ikone: „*Wird die Legende zu groß, stört der lebende Mensch*" (B 143), sagt Nagy an anderer Stelle. Das siebte und vorletzte Foto der Bildserie zeigt Maria Callas kurz vor ihrem Tod als (7) „alte Frau, die in der einen Hand mich [Nagy], in der andern eine Plastiktüte trägt" (B 167), die Caption lautet: „*Zuvor allerdings mußte das Foto entstehen*" (B 171) – „zuvor", das heisst hier: vor ihrem Tod, zum Zweck der endgültigen Ikonenwerdung. Es ist das letzte bekannte Foto von Maria Callas (vgl. Dufresne 1991: 321) und wird in den meisten Biografien schlicht ausgespart:[10]

> Ich rede vom Grauen. Kennst du das letzte Foto? [...] Die alte Frau, die in der einen Hand mich, in der andern eine Plastiktüte trägt? Man muß nur dieses Foto ansehen, jedes Wort ist überflüssig. (B 167)

[9] Die Callas-Biografie Dufresnes (1991: 176) liefert folgende Beschreibung: „Es gibt ein Foto von diesem Vorfall, auf dem Stanley Springle [Bagarozys Unterhändler, TL] zu sehen ist, mit fassungsloser Miene [...]. Und hinter ihm Maria Meneghini-Callas in höchster Rage – mit gefletschten Zähnen, das Gesicht zur Fratze verzerrt, die Finger krallenartig gespreizt – die reinste Tigerin! Ein [...] höchst bedauerlicher Auftritt, der erheblich zu Marias Ruf einer Megäre beitragen wird!"
[10] In der Tat ist Dufresnes Biografie, die auch Krausser als Bildquelle dient, die einzige von über einem Dutzend von mir durchgesehener Biografien, die das Foto abbildet.

Es entstand einen Tag, bevor Maria starb. Das letzte einer Reihe von Fotos, die zur Ikonisierung nötig waren. Denn was ist eine Ikone? Klatsch und Abklatsch, Reduktion auf ein paar Bilder, die, übereinandergelegt, ein Monster formen. Monstre sacré. Pastiche, das behauptet, Destillat zu sein. Kannst du dir vorstellen, wie es ist, wenn […] das Leibhaftige an einem weggedacht wird und die Menschen wie zu einem Abbild sprechen[?] (B 168)

Reduktion auf einige Bilder, die bestimmte Bedeutungen ‚destillieren' – die Bilder funktionieren hinsichtlich der Ikone so, wie *Captions* hinsichtlich der Bilder; sie selektieren und amplifizieren Bedeutungspotenziale von Einzelmomenten. Hier wird der Text natürlich poetologisch, das romaneigene Ikonisierungsverfahren mittels der Fotografien in seinen Mechanismen von Nagy genau benannt und vorgeführt. Das letzte Bild der Reihe zeigt uns (8) das Spiegelbild der Callas, welche sich konzentrierten Blickes mit Perlenketten behängt. Die Caption nimmt Nagys Worte zum fünften (‚Megären'-)Foto auf und liefert die Bedeutungsselektion und -amplifikation des Fotos: *„Um Ikone zu werden, bedarf es vieler Ornamente"* (B 182, vgl. auch B 128). Das Spiegelbild-Foto bedeutet – wie schon das vorherige „Plakat" – im visuellen Narrativ sozusagen nicht mehr das Bild der Person Callas, sondern das der Ikone: der ‚Callas'. Diesen Ikonisierungsprozess – die Überlagerung einer Person von den intermedialen Narrativen über diese Person – reflektiert Nagy auch metaphorisch als eine bedeutungsfixierende Petrifizierung: *„Ich kann aus einem Menschen nur herausholen, was in ihm ist. In Maria war, außer dem kalten Fötus der Ikone, nichts mehr […]"* (B 143). Die Metapher des ‚kalten Fötus' wird durch eine der Zeitungsnotizen erläutert, die über den Roman verstreut sind und die Handlung oft indirekt kommentieren: „Wien – Kleine medizinische Sensation in Österreich. Eine Frau aus Wien (92) trug 60 Jahre einen versteinerten Fötus im Bauch!" (B 150). Natürlich wird das Weiterleben der Ikone nach dem Tod der Person von Nagy auch als phönixhafte Wiedergeburt markiert: „Aus ihrem toten Körper entstieg der Marmorfötus. Der Rest, zu Asche verbrannt, wurde in die Ägäis gestreut" (B 173). Dieses letzte Foto der Reihe markiert durch die *Caption* und die Tatsache, dass die Callas sich selbst mit „Ornamenten" behängt ihre aktive Mitverantwortung sowie die Vollendung und Festsetzung der Ikonenwerdung. Die Tatsache, dass auf dem Foto ihr *Spiegelbild* zu sehen ist, ist auch ein unzweideutiger Kommentar auf die Selbstreflexivität, mit welcher der Text diesen Prozess ausstellt.

6   Schlusswort

Ziel dieses Beitrags war, anhand der (auch visuell) nacherzählten Callas-Biografie im Roman die in ihm eingesetzte Fantastik auf ihre Funktionen hin zu befragen. Oben wurde gezeigt, dass Fantastik im *Bagarozy* nicht einfach benutzt, sondern im durchaus wörtlichen Sinne geradezu lehrbuchhaft vorgeführt wird. Hinsichtlich der Callas-Biografie lautete ein Zwischenbefund, der Roman entwerfe, bediene und perpetuiere den schematischen Ablauf einer Ikonisierung – auch dies bei gleichzeitiger Benutzung und Vorführung ihrer visuellen und rhetorischen Mechanismen. Wie lassen sich diese Aspekte nun aufeinander beziehen?

Zur Beantwortung dieser Frage ist die Feststellung wichtig, dass die oben nachgezeichnete Ikonisierung der Callas – die aktivierten Bedeutungspotenziale der Bilder (‚hässliches Entlein', ‚Tigerin/Megäre' etc.), sowie die Art, in der die narrativ eingesetzten Fotos „bestimmte Momente verabsolutieren und von der historischen Person ablösen" (Pauldrach 2010: 167) – zumindest inhaltlich nicht *neu* ist: Die durch die Fotos reproduzierten „Highlights und Wendepunkte (also die wichtigsten Lebensabschnitte) der gefeierten Diva" (Wehdeking 2008: 262) und ihre im Roman amplifizierten Bedeutungen sind bekannte Topoi vieler Callas-Biografien. Nagy und der Roman entwerfen hier keine neuen Aspekte der Callas-Ikonisierung, allenfalls betonen sie anhand des vorletzten Fotos (die Callas als „zerstörte Frau", B 168) den an anderen Stellen eher marginalisierten Niedergang, der (laut Nagy) zu einem mustergültigen Ikonisierungs-Schema gehört. Das lässt sich folgendermaßen lesen: Durch die spezifische narrative Einbettung der Callas-Biografie und der ausgewählten Fotos nimmt der Roman aktiv an einem in unserer Lebenswelt schon bestehenden Ikonisierungsdiskurs über Maria Callas teil, und zwar eben nicht revisionistisch, sondern weitgehend *affirmativ* gegenüber geläufigen Versionen. Die Teufelsgestalt Nagys und die faustischen Prätexte behaupten dabei die Kunst, hier die „machtvolle Schönheit des Gesangs" (Jürgensen 2010: 55), als geradezu metaphysische Größe. Die Fantastik leistet, dass in der Erzählwelt erstens kein Gott oder Teufel als existent behauptet werden muss, dass zweitens aber auch die ‚Macht der Kunst' in einen Bereich ontologischer Unentscheidbarkeit verwiesen wird: Wegen der Fantastik bleibt die übernatürliche, metaphysisch aufgeladene Version der Ereignisse unwiderlegbar. Dieses Verfahren ist auch schon in der Klassischen Moderne zu finden, etwa bei einem zentralen Prätext des *Bagarozys*, Thomas Manns *Doktor Faustus*.

Das Distinktionsmerkmal des Romans ist demgegenüber u. a. seine Selbstreflexivität, die Aufdeckung der Mechanismen, sowohl hinsichtlich seiner Fantastik als auch des Ikonisierungsprozesses. Der Umgang mit der Ikonisierung ist zwar selbstreflexiv-vorführend, aber *affirmativ*. Die literarische Erzählung dieser Ikonisierung, wenn sie sich nicht den Vorwurf unreflektierter Mythen-Reproduktion gefallen lassen möchte, funktioniert am Ende des 20. Jahrhunderts offenbar nur noch unter der selbstreflexiven Benennung ihrer Mechanismen – dies allerdings mit dem Anspruch, dass die Entschleierung diese Ikonisierung *nicht* relativiert oder entwertet: Die Selbstreflexivität ist hier nicht kritisch oder entlarvend gemeint. Damit kommen wir zu demjenigen Verfahren im *Bagarozy*, in dem durchaus eine nach-moderne Funktionalisierung von Fantastik zu sehen ist: Der Roman zeigt auf, was narrative Muster in unserer Lebenswelt produzieren können – z. B. die Ikonisierung/Mythisierung eines Menschen –, und präsentiert sich gleichzeitig selbst als Beispiel (und bezieht bejahende Stellung) für genau diese realweltliche Erzählfunktion. Die vorgeführte Fantastik ist dann das Mittel, welches darauf aufmerksam macht, dass es sich um eine Rezeptions*entscheidung* handelt, ob man die eine oder andere Version wählt, ob man im Roman wie in unserer Lebenswelt die Callas als normalen Menschen oder als mythische Ikone betrachten möchte. Dies lässt sich an einer Schlüsselszene des Romans anschaulich illustrieren: Cora Dulz und Stanislaus Nagy nämlich vollziehen diesen bewussten Schritt in Richtung der narrativen Mythisierung ihrer Welt ebenfalls mit. Cora fordert gegen Ende des Romans Nagy auf, seine Geschichte zu Ende zu erzählen, damit sie „wahr wird" (B 162), wie sie betont. Als Nagy einwilligt, überqueren sie gemeinsam die „Accettobrücke" (B 163). Diese Brücke ist nach Torquato Accetto benannt, dem Barock-Autor (†1640) und Verfasser der Schrift *Della dissimulazione onesta* (auf deutsch erschienen als *Von der ehrenwerten Verhehlung,* auch *Über die ehrenwerte Kunst der Verstellung*), was Krausser (2000: 23) in seinem Oktober-Tagebuch mit „Lob der Lüge" übersetzt. Das Signal ist eindeutig: Mit dem Überschreiten dieser Brücke entscheidet sich Cora *aus Lust an der Erzählung* Nagys dafür, dass sie ‚wahr' werden muss (nicht: ‚wahr ist'): „Beide entscheiden sich für die Lüge, d. h. den Mythos, die Mythifikation der Dinge, ohne die das Leben nicht lebbar, weil zu öde wäre", wie Krausser (2000: 23) selbst kommentiert – ohne natürlich obige erzähltechnischen und poetologischen Funktionalisierungen mitzuliefern. Kraussers Hinweis dient hier auch nicht als ‚autoritativer' Beweis, die Interpretation ist, wie dargestellt, auch ohne seine Äußerungen plausibel. Vielmehr unterstreicht Kraussers interpretations- und rezeptionssteuernder Tagebuchhinweis, wie penibel der Roman auf diese Lesart hinkonstruiert ist, und wie sehr der Autor den Text in dieser Hinsicht verstanden wissen möchte. Der Roman kann als Plädoyer für diese Art mythisierender Ikonenbildung gelesen werden – unter der Voraussetzung, dass man sich ihres Konstruktionsaktes bewusst ist. Er ist selbst ein Beispiel einer solchen Ikonisierung, wobei mittels der ‚kalten Fötus'-Metapher durchaus kritisch dargestellt wird, dass die Ikonisierung auf Kosten der realen Person stattfindet. Die Zusatzleistung der Fiktionalisierung besteht darin, dass diese weltbezogene Narrationsfunktion nicht einfach behauptet, sondern auch gleich vollzogen wird. Fantastik ist hier insofern poetologisch zu lesen: Der Text schreibt einen Callas-Mythos fort, räumt dessen Konstruiertheit ein, plädiert aber indirekt über die vorgeführte Fantastik *für* die reflektierte Konstruktion solcher Ikonen – und zwar auch in der Lebenswelt der Romanleserinnen und -leser.

Literaturverzeichnis

Elizabeth Chaplin: The convention of captioning. W. G. Sebald and the release of the captive image. In: Visual Studies 21:1 (2006), S. 42–53.
Claude Dufresne: *Maria Callas. Primadonna assoluta.* München 1994.

Winfried Freund: „Lust auf Schönheit …“. Helmut Kraussers „Der große Bagarozy“. In: *Der deutsche Roman der Gegenwart*. Hg. v. Wieland Freund u. Winfried Freund. München 2001, S. 175–182.

Christoph Jürgensen u. Tom Kindt: Kunst und Macht im Werk Helmut Kraussers. Ein philologisches Destillat. In: *Sex – Tod – Genie. Beiträge zum Werk von Helmut Krausser*. Hg. v. Claude D. Conter u. Oliver Jahraus. Göttingen 2009, S. 95–108.

Christoph Jürgensen: Mit dem großen Bagarozy im Schnelldurchlauf durch den Krausser-Kosmos. In: *Helmut Krausser*, Gastredaktion: Tom Kindt, Edition text + kritik 187, 2010, S. 48–59.

Tom Kindt: „Das Unmögliche, das dennoch geschieht“. Zum Begriff der literarischen Phantastik am Beispiel von Werken Thomas Manns. In: Thomas Mann Jahrbuch 24 (2011), S. 43–56.

Michaela Kopp-Marx: *Zwischen Petrarca und Madonna. Der Roman der Postmoderne*. München 2005.

Helmut Krausser: *Der große Bagarozy*. Reinbek bei Hamburg 1997. [B]

Helmut Krausser: *Juli. August. September. Tagebuch des Juli 1994. Tagebuch des August 1995. Tagebuch des September 1996*. Reinbek bei Hamburg 1998.

Helmut Krausser: *Oktober. November. Dezember. Tagebuch des Oktober 1997. Tagebuch des November 1998. Tagebuch des Dezember 1999*. Reinbek bei Hamburg 2000.

Stefanie Kreuzer: Constellations of a Postmodern Fantastic. In: *New Directions in the European Fantastic*. Hg. v. Sabine Coelsch-Foisner u. Sarah Herbe. Heidelberg 2012, S. 111–118.

Friedhelm Marx: Schwarze Romantik? Helmut Kraussers Teufelsroman *Der große Bagarozy*. In: *Sex – Tod – Genie. Beiträge zum Werk von Helmut Krausser*. Hg. v. Claude D. Conter u. Oliver Jahraus, Göttingen 2009, S. 63–75.

Matthias Pauldrach: *Die (De-)Konstruktion von Identität in den Romanen Helmut Kraussers*. Würzburg 2010.

Annette Simonis: *Grenzüberschreitungen in der phantastischen Literatur. Einführung in die Theorie und Geschichte eines narrativen Genres*. Heidelberg 2005.

Tzvetan Todorov: *Einführung in die fantastische Literatur [Introduction à la littérature fantastique*, Paris 1970. Übers. von Karin Kersten u.a.]. Berlin 2013.

Marianne Wünsch: Phantastische Literatur. In: *Reallexikon der deutschen Literaturwissenschaft. Bd. 3: P–Z*. Hg. v. Jan-Dirk Müller u. a. Berlin, New York 2003.

Jenseits der Todorov'schen Grenze: Versuch eines Brückenschlags zwischen zeitgenössischer Fantastik und Fantasy anhand von Michel Mettlers Roman *Die Spange* (2006)

Daniel Lüthi (Basel)

Sowohl der Reiz als auch die Problematik des Übernatürlichen liegen in seiner Vagheit. Es ist *ein* Schritt, Geschichten zu ersinnen, in welchen die Naturgesetze der Wirklichkeit verletzt werden – diese Texte dann literaturwissenschaftlich zu interpretieren, ein *anderer* und weitaus umstrittener. Vergegenwärtigt man sich, wie notorisch variabel der Begriff „Fantastik" definiert wurde, so scheint ein Vergleich mit dem eng verwandten und ebenso offenen Terminus „Fantasy" einen Schritt zu weit zu gehen, eröffnet aber nichtsdestoweniger frische Diskussionsmöglichkeiten. Das Genre der Fantasy-Literatur befasst sich mit ähnlichen Themen wie die Fantastik und bietet mittlerweile eine solche Fülle an Texten und Subgenres, dass bei einer weiten Begriffsdefinition Fantasy bereits in der Antike begann (vgl. Clute und Grant 1999: 342f.) oder bei einem engen Fantasy-Begriff dem Narrativ des Urtexts *The Lord of the Rings* strikt gefolgt werden muss (vgl. James 2012: 62). Angesichts der Durchmischung der Genres in der Literatur nach dem Zweiten Weltkrieg und dem Aufbrechen von Grenzen sowie Kategorisierungen in der Postmoderne[1] sind strukturalistische Eingrenzungen wie Todorovs Ankündigung vom „Tod der Fantastik" (1972: 148–150) nicht mehr haltbar. „Hybridisierungen und Neukonfigurationen" sind ein Grundstein der Fantastik (Lötscher et al. 2014: 1), und gerade mit jenen Texten, die je nach Definition nicht mehr zur fantastischen Literatur zählen, ergibt sich ein vielversprechendes Feld für neue Herangehensweisen.

Angesichts der weitreichenden Auseinandersetzung mit den beiden Begriffen halte ich es in diesem Rahmen für wenig sinnvoll, zu viele Zugänge zum Thema zu vergleichen oder gar den Versuch zu unternehmen, eine Neudefinition anzukünden. So sehr beispielsweise die Forschungen von Marianne Wünsch oder

---

[1] In Anbetracht der bislang unbeantworteten Frage nach dem „Ende" der Postmoderne, welche seit der Jahrtausendwende in literarischen Kreisen vermehrt zur Debatte kommt, gehe ich der Einfachheit halber davon aus, dass die Postmoderne eine immer noch unabgeschlossene Entwicklung ist, und fasse meine Betrachtungen zum Thema unter diesem Begriff zusammen.

Thomas Wörtche wichtige Präzisierungen der Fantastik darstellen, möchte ich im Verlauf dieser Arbeit dennoch vorwiegend auf die Fantastik-Definitionen von Tzvetan Todorov und Uwe Durst zurückgreifen. Einerseits, weil Durst die Schlüsse Todorovs einleuchtend und kritisch überarbeitet und andererseits, da seine Unterscheidung zwischen fiktionsinterner Realität und fiktionsexterner Wirklichkeit auch für eine Analyse der sekundären Welten in Fantasy-Literatur von Nutzen sein kann.

Der vorliegende Aufsatz konzentriert sich auf ein Werk der Literatur, welches diesen Zwiespalt von Definitionsresistenz und der Notwendigkeit, in der (wissenschaftlichen) Rede über Literatur trotzdem eine Begrifflichkeit zu verwenden, thematisiert: Michel Mettlers 2006 erschienener Roman *Die Spange* betreibt ein scheinbar chaotisches und zusammenhangloses Wechselspiel von übernatürlichen Einschüben und realistischer Beschreibung. Obwohl augenscheinlich ein Beispiel für moderne Fantastik, ergeben sich bei genauerer Lektüre Überschneidungen mit einem verwandten Genre. Wie bei Kafka ist der Einbruch des Fantastischen bereits am Anfang gegeben;[2] die Absurdität und Verlorenheit des Einzelnen in einem Text wie *Die Verwandlung* (1915) werden jedoch mit zahlreichen Hintergrundinformationen zur Welt um die Spange ergänzt – was Mettlers Buch in die Nähe von Tolkiens Idee von Fantasy rückt. Dieser Vergleich wird allerdings seinerseits problematisch, wenn man die metafiktionalen Elemente in *Die Spange* berücksichtigt. Wie und in welchem Masse diese Spannungsfelder zu einem neuen Blickwinkel auf den Themenbereich beitragen, wird sich im Folgenden zeigen.

Die Verwandtschaft und Unterschiede von Fantastik und Fantasy

Ob in Neuinterpretationen von traditionellen Märchen oder in experimenteller Literatur, die Fantastik bleibt auch gegenwärtig gefragt: Gerade weil in Texten der letzten Jahrzehnte oft die Grenze zwischen Fiktion und Wirklichkeit verwischt wird und Unmöglichkeiten oder Widersprüchlichkeiten die Fiktionalität der Texte unterstreichen, sind übernatürliche Elemente der zeitgenössischen Literatur keineswegs fremd. Dennoch ist es häufig umstritten, ob in diesem oder jenem Fall überhaupt von Fantastik im eigentlichen Sinn gesprochen werden kann. Dies aus dem einfachen Grund, da die Fantastik bis heute keine allgemein verbindliche Definition erfahren hat, sondern zahlreiche verschiedene Bestimmungen. Tzvetan Todorovs 1970 veröffentlichtes Buch *Introduction à la littérature fantastique* stellt das bisher wohl erfolgreichste Unterfangen dar, das Fantastische innerhalb eines Regelsystems zu definieren. Schlussendlich jedoch

---

[2]   Für die Rezeption von Kafkas Fantastik in der deutschsprachigen Gegenwartsliteratur vgl. z. B. den Beitrag von Ertel und Köppe im vorliegenden Band.

bleibt es ein Versuch, der sich ironischerweise durch seine strenge Methode selbst eingrenzt und manche Texte, die im allgemeinen Verständnis auch fantastischer Natur sind oder mit fantastischen Elementen versetzt sind, außen vor lässt. Arkadi und Boris Strugazkis Roman *Das Experiment* (1989) etwa thematisiert zentral die Unschlüssigkeit der Hauptfigur, doch die Willkür und Verschlossenheit der übernatürlichen Phänomene als Allegorie der sowjetischen Herrschaft lassen sich nach Todorovs Definition nicht mehr als Fantastik lesen (vgl. Todorov 1972: 32), ebenso wenig wie Maurice-Yves Sandoz' konsequent naturwissenschaftlich aufgeklärte Schauergeschichten. Uwe Dursts kritische Neuinterpretation und Präzisierung von Todorovs Theorie der Fantastik ist eine der gründlichsten Überarbeitungen und erweitert den minimalistischen Zugang zum Thema sinnvoll auf Texte der neueren Fantastik, welche in Todorovs Terminologie keinen Platz als Werke des Fantastischen hätten. Durst erweitert Todorovs historische Eingrenzung, indem er Fantastik nicht als Genre, sondern vielmehr als strukturelles Element erfasst, das sowohl vor als auch nach Todorovs Begrifflichkeit auf Texte zutreffen kann.

Zur präzisen Analyse ist es wichtig, zwei zentrale Begriffe in Dursts Untersuchungen genauer hervorzuheben: Wie er richtigerweise feststellt, sind Wirklichkeit und Realität nicht synonym; besonders in der Fantastik (aber generell in der Literatur) muss zwischen aktualer Wirklichkeit und fiktionaler Realität unterschieden werden. Besonders frühere Analysen der Fantastik „sehen überhaupt keine Notwendigkeit, zwischen fiktionsexterner *Wirklichkeit* und fiktionsinterner *Realität* zu differenzieren" (Durst 2007: 69) – in Texten des Realismus sollen die Lesenden annehmen, die textinterne Welt sei ein genaues Abbild der empirischen Wirklichkeit, im Extremfall sogar fälschlicherweise damit gleichzusetzen. Fantastische Texte verletzen demzufolge die Gesetze der Wirklichkeit. Dass diese Verletzung dieser Gesetze auch außerhalb der Fantastik zutrifft, lässt sich allein daran feststellen, dass in jeder Erzählung 1) Details ausgelassen werden (keine fiktionale Welt erreicht die Komplexität[3] der wirklichen Welt, und es kann nicht restlos alles erzählt werden) und 2) selbst in den realistischsten Texten die Regeln der wirklichen Welt verletzt werden (nicht zwingend übernatürlich, aber durch narrative Techniken wic Fokalisierungswechsel und Zeitsprünge). Dies soll nicht heißen, dass eine fiktionale Welt ein bloßes Trugbild[4] der Wirklichkeit sei, im Gegenteil: Jedoch gibt es keine Übereinstimmung, sondern nur ein Maß an Wiedererkennung wirklicher Begebenheiten in Situationen der innerfiktionalen Realität.

---

[3] Laut Doležel sind alle möglichen und literarischen Welten stets unfertig („inevitably incomplete"), unabhängig davon, mit wie vielen Details eine Erzählung oder die erzählte Welt ausgestattet wird. Vgl. Doležel (1998: 447).

[4] So, wie dies etwa Platon in seinen Beobachtungen zur Poetik feststellt und zum Fazit kommt, dass alle Poesie nur ein Abbild eines Abbilds der Ideenwelt sei. Vgl. Platon Buch X 596e & 605f.

Der Bezug zwischen den beiden Kategorien der „Wirklichkeit" und der „Fiktionalität" ist demnach von zentraler Bedeutung: Jede fiktionsinterne Realität setzt in der Wirklichkeit basierte Umstände voraus, welche LeserInnen trotz Auslassungen, temporaler oder räumlicher Sprünge oder eben spezifisch übernatürlicher Elemente im Text wiedererkennen können. Da diese Erkenntnismöglichkeiten ausschlaggebend für das Verständnis und die konkrete Vorstellung eines fiktionalen Texts sind, möchte ich mich in meiner Annäherung an das Thema auf einen Bereich konzentrieren, der in der Literaturwissenschaft im Allgemeinen und besonders in der Literatur des Übernatürlichen erst in jüngster Zeit vermehrt Aufmerksamkeit erfahren hat: Die Räumlichkeit. Meine Grundfrage gilt daher nicht primär dem Verhältnis von (implizierter oder realer) Leserschaft, AutorIn oder Erzählinstanz, sondern der Idee, wie die fiktionsinterne Realität vor allem räumlich aufgebaut ist. Selbstverständlich dürfen die eben genannten Instanzen nicht vollkommen außer Acht gelassen werden (schließlich ermöglichen sie uns den Zugang zum Text), doch da das Fantastische nicht nur laut Todorov mit einer Grenzüberschreitung einhergeht (vgl. Wünsch 1991: 14) – nach Lotman[5] mit einer semantischen wie oft auch räumlichen Veränderung – bietet sich ein raumanalytischer Zugang an.

Verglichen mit Zeit wurde Raum in der Erzählliteratur oft stiefmütterlich behandelt (vgl. Dennerlein 2009: 3f.). Der temporale Fortgang der Handlung ist für die Erzählung meist wichtiger als räumliche Beschreibung, und selbst die geduldigsten LeserInnen möchten nicht bis ins letzte Detail ausgeführte Erklärungen zur erzählten Welt eines Romans haben. Raum, so war der Konsens, hält die Zeit auf[6] – der Erzählfluss wird unterbrochen, schlimmstenfalls gestoppt. Spätestens mit dem *spatial turn* in den späten 1980er-Jahren jedoch erhielt Raum eine neue Bedeutung und größere Aufmerksamkeit in der Literaturwissenschaft wie auch in größeren kulturellen Kontexten – auf expansionistischen „Geodeterminismus [als] Spross des Aufklärungszeitalters" (Günzel 2007: 15) folgte nach den beiden Weltkriegen eine Öffnung und postmoderne Fragmentierung von einheitlichem Raum und damit verbundener Grenzen:

> Wir sind in der Epoche des Simultanen, wir sind in der Epoche der Juxtaposition, in der Epoche des Nahen und des Fernen, des Nebeneinander, des Auseinander.

---

[5]   Lotmans Raummodell wird ebenfalls als grundsätzlich strukturalistisch betrachtet, hat gegenüber Todorov jedoch den Vorteil, dass es letztendlich offen bleibt: Die Grenze, respektive Schwelle, welche überschritten wird, kann räumlicher, semantischer, psychischer und anderer Natur sein und unterschiedlich groß oder klein sein. Entscheidender noch ist, dass sein System nicht eine einzige Grenzüberschreitung zulässt, sondern beliebig viele (vgl. die „Polyphonie der Räume" in Lotman 1993: 329).

[6]   Wie weit die nachlässige Behandlung von Raum in der Literaturwissenschaft geht, zeigt auch dessen Bezeichnung als „ancilla narratienis" (Genette 1976: 6) – Zofe oder gar Sklavin der Narration.

Wir sind, glaube ich, in einem Moment, wo sich die Welt weniger als ein grosses sich durch die Zeit entwickelndes Leben erfährt, sondern eher als ein Netz, das seine Punkte verknüpft und sein Gewirr durchkreuzt. (Foucault 2006: 317)

Auch literarisch wurde die wirklichkeitsgetreue Wiedergabe von Raum vermehrt zugunsten von mehrdeutigen und vor allem potenziellen Räumen aufgegeben: Zwar war Spekulation über alternative Räume (und Zeiten)[7] bereits in fantastischen Texten früherer Epochen reichlich vorhanden, doch erst mit den radikalen Formexperimenten des 20. Jahrhunderts ergab sich ein bislang ungeahntes Ausmaß an Fiktion und Forschung zu literarischen Welten mit übernatürlichen Elementen.

Nachdem ich Durst beigepflichtet habe, dass Texte generell die Regeln von Raum und Zeit verletzen (etwa durch Reduktion oder Zeitsprünge), muss natürlich präzisiert werden, dass dies in fantastischer Literatur verstärkt auftritt. In Texten des Realismus wird vorausgesetzt, dass die porträtierte Welt dieselben physikalischen Gesetze aufweist wie die fiktionsexterne Wirklichkeit – ein Fixum, das in fantastischen Texten in unterschiedlicher Intensität verletzt wird. Magie, Raumschiffe etc. werden dadurch ermöglicht, dass ihre Unmöglichkeit (nach Gesetzen der Wirklichkeit) implizit außer Kraft gesetzt wird. Gerade dies ist die Freiheit der Fiktion: Doležel sieht eine unendliche Zahl an möglichen Welten (vgl. Doležel 1998: 15), die erzählerisch umgesetzt werden können. Hierin liegt die grundsätzliche Offenheit der Literatur – sie macht das „Unmögliche möglich" (Lotman 2010b: 190f.), und in Texten der Fantastik wird dieses Potenzial des Unmöglichen umso stärker genutzt.

Sprechen wir von Raum in der Literatur, so umfasst dies im Bereich des Übernatürlichen seit den letzten Jahrzehnten allerdings vor allem eine Textart: Fantasy. Kaum ein anderes literarisches Genre ist dermaßen auf die räumliche Darstellung einer fiktionalen Welt fokussiert. Dies ist primär ersichtlich in den zahllosen Karten und Appendizes, die Welten wie Tolkiens Mittelerde oder George R.R. Martins Westeros mit Glossaren und Familienstammbäumen sowohl räumlich als auch chronologisch Glaubwürdigkeit verleihen sollen. Hierin liegt der vielleicht deutlichste Unterschied zwischen Fantastik und Fantasy: Während in Fantastik üblicherweise das Übernatürliche in eine wirklichkeitsbasierte fiktionale Welt einbricht, steht die Welt eines Fantasy-Romans häufig von Anfang an als Abweichung von einer realistischen Repräsentation fiktionsexterner Wirklichkeit da. Stellt Fantastik konkurrierende Welten beziehungsweise

---

[7] Nicht nur Bachtin betont die Verbundenheit von Zeit und Raum in der Literatur als zwei Seiten derselben Medaille und „bestimmt die künstlerische Einheit des literarischen Werkes in dessen Verhältnis zur realen Wirklichkeit" mit dem Chronotopos (vgl. Bachtin 2008: 180); auch andere Forscher unterstreichen die Wichtigkeit des Verhältnisses von „story and world" (Wolf 2006: 29, vgl. auch Herman 2002: 211).

Realitätssysteme einander gegenüber, gibt es in Fantasy oftmals nur eine einzige fiktionale Welt.

Dennoch ist Fantasy nicht unter diesem einen Kriterium[8] fassbar, sondern wie Fantastik eine extrem vielseitige Bezeichnung, die in unterschiedlichsten literarischen Epochen Anwendung fand (vgl. Clute und Grant 1999: 337). Diese Wandelhaftigkeit legt eine offene Theorie nahe, die meiner Meinung nach sowohl den Gesamtumfang und die Wurzeln des Genres als auch seine engeren Implikationen erfasst. Brian Atteberys dreifache Unterscheidung zwischen Modus, Genre und Formel gilt bis heute als eleganter Kompromiss zwischen Definition und Offenheit des Begriffs Fantasy: „I can make an equally strong case for either claim. Fantasy is, indeed, both *formula* and *mode*: in one incarnation a mass-produced supplier of wish fulfilment, and in another a praise- and prizeworthy means of investigating the way we use fictions to construct reality itself" (Attebery 1992: 1). Das Genre der Fantasy befindet sich zwischen diesen beiden Polen und macht gleichermaßen Gebrauch von individuellen, modularen Elementen sowie formeller Einheitlichkeit in eher klischeehaften Texten (vgl. Schallegger 2012: 32). Attebery (vgl. 1992: 3–6) sieht das Genre Fantasy als Resultat eines längeren Vorgangs, dessen Ursprünge bis in die Antike zurückverfolgt werden können. In der Basis, so seine These, existiert Fantasy als Modus: lose Bausteine quasi, Grundelemente übernatürlicher Literatur, die in Werken von Homer bis Joyce in unterschiedlich gehäufter Form vorkommen können. Doch erst mit der Erschaffung eines Realismusbegriffs in der Literatur wurde auch ein fixerer Begriff des Fantastischen oder des Übernatürlichen erschaffen. Nach dem vermehrten Aufkommen und der steigenden Popularität fantastischer Texte und früher Fantasy im viktorianischen Zeitalter kreierte[9] Tolkien schließlich Fantasy als Genre mit der Veröffentlichung des Essays „On Fairy-Stories" (1947) und des Romans *The Lord of the Rings* (1954). Wohlgemerkt, Fantasy existierte nach Attebery bereits zuvor, jedoch noch weitgehend undefiniert bzw. ungeformt – in Homers *Ilias* etwa treffen wir auf ein sprechendes Pferd, was zweifelsohne übernatürlich ist. Mit der Erschaffung des Genres durch Tolkien

---

[8]   Es muss angemerkt werden, dass diese autonomen fiktionalen Welten angesichts der Variabilität von Fantasy seit und auch vor Tolkien nur ein bezeichnendes – wenn auch häufig ausschlaggebendes – Merkmal des Genres sind. Wie Ewers feststellt, findet Fantasy „längst nicht mehr nur in einer mythischen bzw. geschlossenen sekundären Welt" (Ewers 2011: 7) statt. Besonders Subgenres wie Urban Fantasy oder Dark Fantasy spielen häufig in einer eng der Wirklichkeit nachempfundenen Welt, die mit Elementen oder Zugängen zu einer Parallelwelt durchsetzt ist. Beispielhafte Autoren hierfür sind Neil Gaiman und Ben Aaronovitch.

[9]   Die Kreation des Genres war nicht beabsichtigt: Tolkiens Plan war letztendlich vielmehr, mit *The Lord of the Rings* ein Gründungsepos für Großbritannien zu schreiben, so wie es Homers Epen für Griechenland oder Vergils *Aeneis* für das Römische Reich waren.

trat später eine weitere verstärkte Festigung auf, nämlich diejenige der Formel –
gute Beispiele hierfür sind die zahllosen Autoren, welche versuchten, Tolkiens
Erfolg möglichst nachzuahmen und so das Fantasy-Genre teils zu einem Kli-
schee werden ließen (ähnlich der Entwicklung und Kommerzialisierung des
Genres der Gothic novel zuvor, vgl. Ellis 2006: 12f.). Der Erfindungsreichtum
von AutorInnen und die Möglichkeiten des Übernatürlichen sahen sich dadurch
glücklicherweise nicht eingeschränkt.

Das eigentliche Problem der Fantasy – wie der Fantastik – ist aber nicht nur,
dass eine eindeutige Definition nach wie vor fragwürdig ist (um es milde auszu-
drücken), sondern auch der Umstand, dass beide Begriffe wie alle literarischen
Erscheinungen stetigen Veränderungen unterworfen sind. Selbst Todorovs Analyse unterscheidet zwischen Genres, auf die die Ermöglichung des Unmöglichen
gleichermaßen zutrifft – so sieht er das Genre der Science Fiction als Spezialfall
des *instrumental Wunderbaren* (vgl. Todorov 1972: 53f.). Aber sein Fazit, dass
Fantastik mit dem Anbrechen der Moderne (sprich: Kafka) endet, trifft nur innerhalb seiner strukturalistischen Grenzen zu. Gerade die zunehmende Hybridisierung von Genres[10] und das Aufbrechen zwischen gehobener und „populärer"
Kunst in der Postmoderne eröffnen der Literatur des Übernatürlichen neue Perspektiven – auf die Todorovs Ideen selbstverständlich nicht mehr unreflektiert
angewendet werden können.

Hybridisierung mag ein Begriff sein, der in den letzten Jahrzehnten im Licht
postmoderner Kombinationsfreude besonders zur Geltung kommt, doch wie
Fantastik und Fantasy handelt es sich hierbei nicht um eine einwandfrei abzu-
grenzende Entwicklung. Mervyn Peakes Roman *Titus Groan* (1946) etwa liest
sich wie eine bizarre Mischung aus Gothic novel und Tolkien'scher Fantasy,
ohne dass das Buch eindeutig dem einen oder anderen Genre zugeordnet werden
könnte. Auch der Umgang mit Raum ist kein definitiver Indikator von Genres:
Während in Fantasy die fiktionale Welt einen zentralen Status besitzen kann,
aber nicht zwingend muss, wird sie in klassisch-fantastischen Texten öfters ausgeblendet – ein sehr gutes Beispiel hierfür sind die Grimm'schen Märchen, wo
die erzählte Welt im Prinzip nur ein Hintergrund ist, um die Universalität der
Geschichten zu betonen. Dennoch gibt es auch ausgearbeitete Fantastik-Romane

---

[10] Exemplarisch für Hybridgenres und das veränderte Fantastische in der Literatur ist
Steampunk-Literatur, welche Elemente aus Science Fiction und Fantasy vereint. Angesiedelt in einem viktorianischen Zeitalter, das dem unseren technisch weit überlegen oder zumindest ebenbürtig ist, zeigt Steampunk deutliche Verletzungen der Gesetze unserer textexternen Welt (sowohl heutiger wie auch viktorianischer Natur),
nimmt die übernatürlichen Elemente jedoch häufig gerade zur Norm und erklärt sie
mit technischem Fortschritt. Hierin ist Steampunk ähnlich dem Genre der Fantasy, indem eine gesamte Parallelwelt aufgebaut wird, die zwar realistische Physik außer
Kraft setzt, diese jedoch mit einer eigenen, innerlogischen Physik ergänzt, respektive
ersetzt.

wie Alfred Kubins *Die andere Seite* (1909), wo die Beschreibung der Welt von zentraler Wichtigkeit ist.

Die Pluralisierung von Grenzüberschreitungen

Sprechen wir von Raum in der Literatur, kommt angesichts der bisher behandelten Theoretiker dennoch ein Grundmerkmal auf. Nicht nur für Todorov und Lotman, sondern für die Bereiche Fantasy und Fantastik wie auch für Texte des Übernatürlichen im Allgemeinen ist die Rolle der Grenze von enormer Wichtigkeit. Ich würde jedoch nicht wie Durst (2007: 141) von zwei miteinander konkurrierenden Realitätssystemen ausgehen, wovon eines das andere ersetzt oder bedroht, sondern möchte den Begriff der Grenze für meinen Kontext anders angehen: Ein Aufbrechen der binären Konkurrenz der Welten oder Systeme zugunsten einer Pluralität von Grenzen und Schwellen, welche überschritten werden können und unterschiedlich starke Auswirkungen auf die fiktionale Welt haben. Es ist keine Kollision, sondern ein Verschränken beziehungsweise Überlappen nicht unbedingt zweier, sondern potenziell mehrerer Welten oder Grenzbereiche, von denen Elemente in die erzählte Welt einbrechen und sie beeinflussen können – oder nicht. Besonders in jüngster Fantastik und Fantasy wird diese Pluralität wichtig.

An den *Harry Potter*-Romanen von J.K. Rowling etwa lässt sich dies veranschaulichen: Wir sind zwar mit zwei verschiedenen, voneinander abgegrenzten Welten konfrontiert, welche jedoch mehrere Grenzen bieten, die überschritten werden können. In den ersten Bänden sind die Welten noch mehr oder weniger strikt getrennt – Magie darf beispielsweise in der realen Muggelwelt unter Geheimhaltung nicht benutzt werden. In späteren Büchern jedoch verlagert sich die Magie in die realistische inner-fiktionale Welt, und Gleis 9 ¾ ist nicht länger der einzige Zugang zu Hogwarts. Gerade in Abgrenzung zu beispielsweise C.S. Lewis' *Narnia*-Büchern zeigt sich Rowlings Fiktion daher als postmoderne Verzweigung der klaren Grenze zwischen verschiedenen Welten innerhalb desselben Buches.

Diese Pluralisierung von Grenzen und Überlappung der Welten zeigt sich noch deutlicher an anderen Texten der zeitgenössischen Fantastik und Fantasy: Als gutes Beispiel hierfür dient Michel Mettlers Roman *Die Spange*, worin eine höhlenforscherische Expedition in das Gebiss eines Mannes bei keiner der Figuren Entsetzen oder Zweifel auslöst. Das befremdliche Szenario ist für die Charaktere ungewöhnlich; beim Zahnarzt zu einer geologischen Sensation zu werden scheint etwas Besonderes, jedoch nichts Übernatürliches zu sein. Das Merkwürdige an Mettlers Text erschließt sich beim Gedanken an die Welt jenseits des lesbaren Textes: Einerseits scheint es logisch, dass die literarische Welt von *Die*

Spange bereits vor dem Text Bestand hatte – laut Wolf (2006: 11) können Welten ohne Text existieren,[11] aber literarische Texte nicht ohne eine zumindest implizierte Welt. Andererseits jedoch spricht die beeindruckte, aber kaum schockierte Reaktion des Zahnarztes sowie hinzugezogener Experten, Zeitungen etc. stark dafür, dass das Übernatürliche in der Welt bereits vor dem Text vorhanden gewesen sein könnte – eine Feststellung, die insbesondere durch Verweise auf frühere, ähnliche Funde und Spangenträger (vgl. Mettler 2006: 121–129) im weiteren Verlauf des Romans untermauert wird. Vordergründig als fantastischer Text bezeichnet, entzieht sich *Die Spange* Todorovs minimalistischer Auffassung daher, weil das Entscheidende seiner Definition, nämlich die *hésitation*, in den involvierten Personen durch Veralltäglichung und Plausibilisierung des Übernatürlichen nicht erweckt wird. Keine der Figuren drückt je Zweifel über das grenzüberschreitende Ereignis (die Entdeckung von Gesteinsschichten und archäologischen Funden im Mund eines Zahnarztpatienten) oder nachfolgende Überschreitungen der Normrealität aus,[12] und auch den Lesenden wird durch den souveränen Umgang mit dem Übernatürlichen zumindest suggeriert, es gäbe keinen Grund zur Skepsis. Zwar könnte man Mettlers Roman folglich mittels einer maximalistischen Fantastik-Definition erfassen, da „ein Zweifel an der binnenfiktionalen Tatsächlichkeit des Übernatürlichen [hier] keine definitorische Rolle spielt" (Durst 2007: 29), doch dies würde wiederum ein zu weites Interpretationsfeld eröffnen und die Fantasy-Aspekte des Buches, allen voran die detaillierte Erklärung und zweifellose Akzeptanz der übernatürlichen Phänomene durch die Figuren, nicht angemessen berücksichtigen.

Eine Erweiterung oder besser ausgedrückt Ergänzung des mangelnden Zweifels mit Atteberys offener Definition von Fantasy hilft weiter: *Die Spange* zeigt sich in der Folge als Text, der Verwunderung durch Akzeptanz und Weiterspinnen der fantastischen Gegebenheiten ersetzt – die fiktive Welt in Mettlers Buch weicht, wie erwähnt, von Anfang an von unserer außertextuellen Wirklichkeit ab, doch Unschlüssigkeit oder Zweifel bei den Figuren über die Seinsordnung der Welt oder das Verhältnis von Realität und Einbildung bauen sich keine auf. Stattdessen erfahren wir nach und nach mehr über die Hintergründe und historischen Dimensionen der namengebenden Spange – das fantastische Ereignis wird nicht aufgeklärt oder angezweifelt, sondern ausgeschmückt. Darin nähert sich Mettlers Roman sinnigerweise der Fantasy an, welche häufig die von Tolkien (2008: 52) definierten *secondary worlds* thematisiert: Welten, die keine realistischen Repräsentationen der unsrigen sein sollten (und in die übernatürliche Ereignisse einbrechen), sondern in sich geschlossene, häufig von der Wirklichkeit abgeschottete und eigenständige Welten mit mehr oder weniger übernatürli-

---

[11] Etwa in reinen Bilderbüchern für Kleinkinder oder, um ein etwas umstritteneres Beispiel zu nehmen, Luigi Serafinis *Codex Seraphinianus*.

[12] Vgl. hierzu auch Annette Simonis' Aufsatz im vorliegenden Band.

chen Elementen. Die Funktion des Fantastischen in *Die Spange* ergibt sich daraus, die LeserInnen in Zweifel zu versetzen, indem die Figuren der Erzählung eben gerade *nicht* an der innerfiktionalen Realität und den übernatürlichen Phänomenen zweifeln, sondern diese akzeptieren und die Geschichte zudem stets weitere grenzüberschreitende Ereignisse in ihr Gesamtbild miteinbaut. Da das Übernatürliche dadurch als Teil eines größeren Ganzen der fiktionalen Welt auftritt, untergräbt diese Legitimierung wie in Fantasy wiederum etwaige Zweifel der Leserschaft.

Ein primärer Fokus des ganzen Buches liegt daher nicht auf Verwunderung oder Zweifel, sondern auf der Darstellung und Ausstaffierung einer literarischen Welt: Der eigentlich realitätsferne Fund von Gesteinsschichten und Landschaften in der Spange gleich zu Beginn wird im Verlauf der Geschichte mit einer ausführlichen Chronologie sowie halbwegs plausiblen Erklärungen erweitert, was sie in gewissem Masse innerfiktional glaubwürdig macht – teils fast mythologisch begründet wie in Texten der Fantasy:

> Die Mundwissenschaft in den verschiedenen Stromlandkulturen war von unterschiedlichem Entwicklungsstand.
> [...]
> Wir wissen aus Inschriften und Himmelsdiagrammen, die man auf Sargdeckeln fand, dass der Mund in sechsunddreissig Zonen eingeteilt wurde, deren jede, nach Stellung des Königs auf dem Thron, den Beginn einer der Zehntageperioden anzeigte, in die das Jahr gegliedert war. (Mettler 2006: 65f.)

Nichtsdestotrotz kann man Mettlers Buch nicht als Fantasy im klassischen Sinne bezeichnen, da sämtliche Details und Erweiterungen im Endeffekt nicht zur Aufklärung, sondern vielmehr zur Vertiefung der Absurdität der Welt um die Spange beitragen. Im Roman spielen postmoderne Wendungen wie Unzuverlässigkeit der Erzählfigur und metafiktionale Einschübe ebenfalls eine Rolle – literarische Tropen, welche in der Fantasy zumeist keine Anwendung finden, da sie das harmonische Gesamtbild einer kohärenten *secondary world* nach Tolkien untergraben.

Sowohl in der fiktionsexternen Wirklichkeit als auch in der fiktionsinternen Realität geht es letztendlich um dieselben Dinge – egal, ob diese als übernatürlich oder als natürlich dargestellt werden. Nicht ein Kriterium wie *hésitance* ist dafür konstituierend, sondern eine Vielzahl von Zusammenhängen und Überschneidungen. Raum wie auch Kausalität sind in der Literatur vereinfacht, sprechen jedoch dieselben Gefühle, Motivationen oder Erfahrungen an, die wir auch in der Wirklichkeit erleben. „Es ist ein Merkmal literarischer Realität, Kausalzusammenhänge zu schaffen, die in der naturwissenschaftlichen Welt nicht existieren" (Durst 2007: 84). Fantasy macht Gebrauch von solchen Zusammenhängen, um fingierte Kausalitäten einer ganzen literarischen Welt zu erzeugen. Obwohl Fantasy-Literatur prinzipiell stärker auf übernatürliche Elemente fokussiert ist als Texte der Fantastik, werden diese allesamt so arrangiert, dass im Idealfall auch eine komplett alternative Welt der Magie und Götter glaubhaft wirkt und von den LeserInnen quasi als „real" empfunden wird. Tolkien, der Vater der High Fantasy, hebt dies in seinen Betrachtungen zu Feenmärchen deutlich hervor:

> What really happens is that the story-maker proves a successful 'sub-creator'. He makes a secondary world which your mind can enter. *Inside it, what he relates is 'true'*: it accords with the laws of that world. *You therefore believe it, while you are, as it were, inside.* The moment disbelief arises, the spell is broken; the magic, or rather art, has failed. You are then out in the Primary World again, looking at the little abortive secondary world from outside. (Tolkien 2008: 52, meine Hervorhebungen)

Auch *Die Spange* schafft im Verlauf der Erzählung Zusammenhänge, wo auf den ersten Blick keine sind (wie erwähnt zum Beispiel im Rückbezug auf frühere Spangenträger, was in einer ausführlichen historischen Beschreibung einer anthropologisch erforschten Spezies von Spangenträgern[13] mündet) und fingiert eine über den Text hinausgehende innerfiktionale Realität und Welt,[14] in der die übernatürlichen Elemente wie bei Fantasy-Romanen in einem Regelsystem und einer Art internen Mythologie eingebettet sind. Dass diese Kohärenz wiederum mit metafiktionalem Spiel ständig außer Kraft gesetzt wird, zerstört aber die Einheitlichkeit, welche klassische Fantasy-Literatur voraussetzt, und ruft dadurch erneut Eigenschaften des Fantastischen in Erinnerung.

Das Übernatürliche im postmodernen Zeitalter: *Die Spange* als Hybridtext

So gesehen ist *Die Spange* ein Text à la Mark Z. Danielewskis *House of Leaves*,[15] der das Übernatürliche durch Eingliederung in einen größeren, weltumfassenden Kontext nur scheinbar „natürlich" macht. Kafkaeske Wendungen wie

---

[13] Sogenannte „Rhaelandmenschen", welche „über einen außergewöhnlich resonanzfähigen Kieferapparat" (Mettler 2007: 107) verfügen, der mittels Spangen noch weitaus mystischere Gesangsfähigkeiten erlangen kann.

[14] Was in der Terminologie von Farah Mendlesohn als „immersive fantasy" verstanden werden könnte – eine angedeutete sekundäre Welt, welche weitaus grösser ist als der im Buch vorhandene Text. Vgl. Mendlesohn (2008: 71).

[15] Ein postmoderner Schauerroman, welcher textuell vorgibt, ein fragmentarischer Bericht über eine Videoaufnahme zu sein. Der angebliche Wahrheitsgehalt beziehungsweise Wirklichkeitsbezug des Videos wird durch erfundene wie auch wirklich existierende Quellen und bibliografische Hinweise untermauert – eine Technik, die wie die „entdeckten" spätmittelalterlichen Manuskripte von Gothic novels des 18. und 19. Jahrhunderts (etwa in Horace Walpoles *The Castle of Otranto*) das Übernatürliche in einen historischen und scheinbar glaubwürdigen Kontext setzt.

„Der ungewöhnlich frühe Wintereinbruch in meinem Mund verhinderte vorerst weitere Unternehmungen" (Mettler 2006: 29) werden Teil eines Alltags, der für die Figuren zwar ungewöhnlich und strapaziös ist, jedoch nicht als Zeichen für Unschlüssigkeit genommen wird. LeserInnen befinden sich im Zwiespalt: Der Text bietet zum einen ständig Anreize für Zweifel an der Zuverlässigkeit des Erzählers oder des intakten Realitätsstatus der literarischen Welt – klare Indikatoren für einen fantastischen Text. Andererseits jedoch werden diese Zweifel durch weitere Erklärungen und den vertieften Aufbau der Welt offenbar eliminiert – und damit erfüllt sich wiederum Tolkiens Idee von der Glaubwürdigkeit einer sekundären Welt und ein Kriterium der Genre-Fantasy. Diese Alltäglichkeit des Außergewöhnlichen und die Illusion der Glaubwürdigkeit der Welt sind typische Merkmale von Fantasy-Literatur.[16]

Trotzdem fehlt die Einheitlichkeit, auf der Fantasy aufbaut, vor allem räumlich. Es ist bezeichnend für das Genre, dass wir öfters kartografische Darstellungen der erzählten Welt am Buchanfang vorfinden, während fantastische Texte kaum Karten zur Verfügung stellen, um das Geheimnisvoll-Übernatürliche der fiktionalen Räume nicht lokalisierbar zu machen. Selbst die präzisesten Karten von Mittelerde und anderen sekundären Welten zeigen allerdings weiße Flecken auf – jeder Versuch, die Welt bis ins letzte Detail darzustellen oder zu beschreiben, wäre ein hoffnungsloses Unterfangen.[17] Dennoch muss wie weiter oben ausgeführt in Fantasy und in der Fantastik eine gewisse Übereinstimmung zwischen fiktionaler Realität und aktualer Wirklichkeit bestehen; besonders in Fantasy darüber hinaus auch eine interne Konsistenz und Kohärenz:

> Von einem System kann nur gesprochen werden, sofern Kohärenz vorliegt. Auch wenn der Text sich von einem realistischen Realitätssystem zu einem wunderbaren entwickelt, wie beispielsweise in Stokers *Dracula*, ist diese Kohärenz gegeben, da das wunderbare Realitätssystem aus den *Spolien* des realistischen aufgebaut wird. (Durst 2001: 100)

Wolf (2012: 34) akzentuiert die Wichtigkeit solcher Kohärenz, welche nicht nur für Fantasy-Texte gilt, sondern im erweiterten Sinne auf Literatur und die in ihr

---

[16] In *The Lord of the Rings* wundert man sich zwar über übernatürliche Wesen wie Elfen oder Zwerge, zweifelt jedoch nicht an ihrer Existenz, und selbst eine absurd-ironische sekundäre Welt wie Terry Pratchetts Scheibenwelt ist für deren Bewohner schlussendlich nichts Außergewöhnliches.

[17] Wie hoffnungslos, zeigt etwa Georges Perecs Roman *La Vie mode d'emploi*, worin ein einziger Moment in einem Pariser Wohnblock beschrieben werden soll. Perec hatte ursprünglich geplant, die gesamte literarische Welt der Wohnungen und ihrer Bewohner in diesem einen Moment bis ins letzte Detail wiederzugeben, doch schlussendlich musste er diese Pläne als unmöglich abtun. Literatur, wie Taleb trocken feststellt, ist letztlich Reduktion und keine Hinzufügung von Information (vgl. Taleb 2007: 63).

dargestellten Welten im Allgemeinen zutrifft. Das innerfiktionale Weltbild benötigt einen konsistenten Hintergrund, um glaubwürdig zu wirken: „[W]ithout consistency, all the disparate and conflicting pieces, ideas, and designs will contradict each other, and never successfully come together to collectively create the illusion of another world." In *Die Spange* begegnen wir ebenso ständig Einschüben, die uns das räumliche Bild des Romans näher erklären und verständlich machen sollen. Vergleichbar mit Fantasy-Literatur erfahren wir im Verlaufe der Erzählung mehr über die Beschaffenheit der Welt, und das ursprünglich besondere Ereignis wird sowohl in den Alltag als auch in einen größeren, beinahe schon mythischen Kontext miteinbezogen – der jedoch widersprüchlich und verwirrend ist.

Die Gründe hierfür sind der gewollten Unvollständigkeit (oder, nach Durst 2007: 302f.), der Unausformuliertheit der Daten zuzuschreiben: Während in klassischer Fantasy tatsächlich der Versuch unternommen wird, einen eigenständigen und glaubwürdigen Raum zu erschaffen, der trotz übernatürlicher Elemente nachvollziehbar aufgebaut ist und der über fingierte Wahrheitsindikatoren wie Stammbäume, Sprachen und eine Mythologie zur Welt verfügt, bleibt Mettlers Buch fragmentiert und kippt immer wieder ins Absurde. In anderen Worten, Fantasy versucht seine innerliterarische Realität mit „Beweismaterial" wie Karten oder Chronologien zu begründen, während Mettler seine Begründungen mit postmodern-fantastischen Elementen untergräbt. Dies ist problematisch: Während Fantasy nach Atteberys offener Theorie durchaus als Teil der postmodernen Literatur gesehen werden kann (vgl. Casey 2012: 115), ist das Genre als solches dennoch ein vorwiegend konservatives – ikonoklastische Formexperimente sind eher die Seltenheit, die meisten klassischen Fantasy-Romane folgen bekannten narrativen Schemata aus Mythen, Märchen und Volkserzählungen. Mettlers Roman hingegen versetzt uns in eine Welt der Vieldeutigkeit und des Unerklärten (ohne je vollständig ins fantastische Unschlüssige abzurutschen) und in den Bereich des Metafiktiven. Beste Beispiele für den postmodernen Einfluss im Buch sind die beiden „Hilfen", welche die Hauptperson zur besseren Erzählung der Geschichte benutzen soll – zuerst den sogenannten „Narrator":

> Wir nennen es „Narrator", ein Arbeitstitel. Dass er wie ein Kühlschrank aussieht, ist Zufall, die Temperatur spielt keine Rolle. Er ist für Fälle von manifester Erzählschwäche gedacht und soll Blockaden in den entsprechenden Hirnregionen lösen, vor allem natürlich im Erzählzentrum: *Insula fabulans*. (Mettler 2006: 148)

Obwohl diese Vorrichtung wie auch der später eingesetzte „Auditor" eher eine Spielerei bleiben und keinen entscheidenden Einfluss auf die eigentliche Erzählung haben, stellen sie dennoch eine Objektifizierung von literaturwissenschaftlichen Begriffen dar. Zwar erleben wir keine deutliche Verwischung der Grenzen zwischen Aktualem und Fiktivem wie in Paul Austers Roman *City of Glass*, wo der Autor selbst im Buch vorkommt und von der Hauptfigur besucht wird, aber Mettler bricht dennoch die *suspension of disbelief*, welche so wichtig für die

Glaubwürdigkeit und Eigenständigkeit einer sekundären Welt ist. Jede Erinnerung daran, dass die erzählte Welt bloß eine Abfolge von Zeichen ist – Umberto Eco (1987: 66) würde sagen, eine Textmaschine – zerstört die Illusion einer „echten" im Text geschilderten Welt.

Wie Borges setzt Mettler Indizien für eine Welt, die nie in ihrer Gänze erklärt und deren scheinbare Einheit stets wieder gebrochen wird. Wo in *Tlön, Uqbar, Orbis Tertius* (1940) ein Enzyklopädie-Eintrag zu einer neuen Welt heranwächst und in *Die Bibliothek von Babel* (1941) ein fraktaler, in alle Richtungen potenziell unendlicher Raum skizziert wird, so finden wir in *Die Spange* ebenfalls erzählerische Fragmente einer Welterschaffung und Ausstaffierung vor, welche zum größten Teil unerklärt und rätselhaft bleiben. Manche Grenzen werden allem Anschein nach aufgelöst oder als ungültig erklärt, beispielsweise die Grenze zwischen Körper und Welt, zwischen Leben und Tod. Der zentrale Charakter kann entsprechend zugefügten Schaden absorbieren, als wäre sein Körper nicht lebendig, sondern bloße Materie, die nach Belieben wie ein geologisches Experiment bearbeitet werden kann. Die Erwähnung anderer Probanden macht das Ganze ansatzweise plausibel. Dennoch bleiben die eigentlichen Grenzen bestehen – sie werden nur nach beiden Seiten durchlässig:

> Herkömmliche Tötungsarten verdaute ich inzwischen mit Leichtigkeit: Die Expansion meiner Blase auf Schlauchbootgrösse entlockte mir ein müdes Lächeln. Auch mit dem „Längsschuss", bei dem die Kugel am Scheitel eintrat und den Körper im Schritt wieder verliess, stand ich längst auf du und du. (Mettler 2006: 235)

Statt einer Grenze, die im Todorov'schen Sinne überschritten wird und die den Einbruch des Fantastischen in eine Welt nach sich zieht, geschehen in *Die Spange* zahllose kleinere Brüche bzw. Grenzüberschreitungen im Verlauf der Erzählung. Manche davon haben Konsequenzen für den ganzen Text oder für die ganze literarische Welt, andere bleiben randständig und ohne maßgeblichen Einfluss. Gewisse Schwellen befinden sich wohl außerhalb des lesbaren Texts, genauso wie Teile der fiktionalen Welt unerklärt bleiben, deren Existenz jedoch weder geleugnet noch bestätigt werden kann. Dies ist sowohl das Potenzial wie auch der Fluch des postmodernen Schreibens übernatürlicher Erzählungen: Statt einem singulären Ereignis, an welchem das Fantastische hängt, treffen wir in ebensolchen Texten der letzten dreißig Jahre häufig auf mehrere kleine Vorkommnisse des Außergewöhnlichen, die bei aller Grenzüberschreitung alltäglich oder unerkannt sein können.

Schlussendlich kann man *Die Spange* als gebrochene Spiegelung von Wirklichkeit und Realität auffassen, deren Fantastik dadurch entsteht, dass sie konstant entzogen, gleichzeitig jedoch wie in Fantasy erweitert wird. Mit dem Einbauen des Metanarrativen in den Text und einem scheinbar unfähigen Erzähler und Erzählhilfen wie Narrator und Auditor wird auch die Narrativität des Textes selbst stets reflektiert: Wie erklärt sich die Spange? Ein historischer Hintergrund wird um sie herum erschaffen, der zuerst für Unschlüssigkeit bei den LeserInnen sorgt und diese mittels weiterer Legimitationen wieder außer Kraft setzt, bevor ein weiterer Bruch neue Unschlüssigkeit hervorruft. *Die Spange* befindet sich in kritischem Austausch mit dem Übernatürlichen; wie Hutcheons Auffassung der Postmoderne ist der Roman „contradictory and works within the very systems it attempts to subvert" (Hutcheon 2004: 4) – Fantasy und Fantastik stehen in einem konstanten Wechselspiel, Zweifel und Glaubwürdigkeit greifen ineinander.

Mettlers Buch entzieht sich wie die beiden Begriffe Fantastik und Fantasy einer exakten Definition. Das Fantastische lässt sich in der titelgebenden Spange erkennen, die Fantasy in der sie umgebenden und erklärenden Welt; dennoch sind ihre Untiefen und geologischen Schichten (wie die zahlreichen Abschnitte und Unterkapitel unterstreichen) nicht so leicht zu ergründen. Die Räumlichkeit dieser fiktionalen Welt ist nicht binär fassbar; Grenzen ergeben und verändern sich dynamisch und Todorovs *eine* Grenzüberschreitung zersprengt sich in zahlreiche verschiedene Transgressionen:

> Jeder semantische Raum kann nur metaphorisch als zweidimensional vorgestellt werden, mit klaren, eindeutigen Grenzen. Klarer ist es, sich eine Art semantischen Klumpen [...] vorzustellen, dessen Grenzen aus einer Vielzahl individueller Verwendungsarten gebildet werden. (Lotman 2010b: 29)

Wie eingangs erwähnt soll hier kein Versuch einer Neudefinition des Fantastischen stattfinden, bestenfalls eine Annäherung. Als Variante von Atteberys dreifacher Definition von Fantasy sehen wir uns einem großen Auswahlpool an Elementen und möglichen Bezeichnungen des Fantastischen gegenüber, von denen jedoch keine Kombination oder Interpretation von sich behaupten könnte, sie sei *das* definitive Zeugnis von fantastischer Literatur. Tolkiens *The Lord of the Rings* vereinte ebenso zahlreiche Tropen, welche später exemplarisch für Fantasy sein würden, aber selbst seine zentrale Position in Atteberys Eingrenzung des Genres ist nicht endgültig.[18] Gleichermaßen lässt sich auch Mettlers Buch als Bindeglied zwischen Fantastik und Fantasy nicht präzise erfassen: Der Roman steht selbst auf der Grenze, welche er gleichzeitig verwischt. Durch die Häufung der Grenzüberschreitungen und Verschränkung der zahlreichen übernatürlichen Ereignisse ergibt sich eine Welt, die bei aller Brechung harmonisch wirkt. Das Fantastische taucht ständig wieder auf, ohne von den handelnden Figuren als Anlass für Zweifel oder Bedrohung genommen zu werden. Die Fantastik in *Die Spange* unterstreicht die Pluralität von Grenzen und das Auflösen derselben in der Postmoderne, die Vermischung von Fiktion und Wirklichkeit im

---

[18] Wie Lotman betont, besteht Kultur langfristig nur als „eine ständige Erneuerung der Codes" (Lotman 2010a: 164), wozu literarische Genres ebenso zählen wie andere konstituierende Faktoren einer bestimmten Kultur.

Informationszeitalter. Hieraus ergibt sich ein paradox erscheinender, wechsel-
wirkender Effekt: Techniken der Fantasy zur Welterklärung und deren Plausibilisierung entschärfen und erweitern die fantastischen Elemente in gleicher
Weise. Mettlers Roman untergräbt das Fantastische gerade dadurch, indem er es
stets von neuem aufleben lässt.

Literaturverzeichnis

Brian Attebery: *Strategies of Fantasy*. Bloomington (Indiana) 1992.
Michail M. Bachtin: *Chronotopos* [Original: 1975]. Hg. v. Edwald Kowalski u. Michael
    Wegner, aus dem Russischen v. Michael Dewey. Frankfurt a. M. 2008.
Jim Casey. Modernism and postmodernism. In: *The Cambridge Companion to Fantasy
    Literature*. Hg. v. Edward James u. Farah Mendlesohn. Cambridge (New York) 2012,
    S. 113–125.
John Clute u. John Grant: *The Encyclopedia of Fantasy*. London 1999.
Katrin Dennerlein: *Narratologie des Raumes*. Berlin 2009.
Lubomír Doležel: *Heterocosmica: Fiction and Possible Worlds*. Baltimore (Michigan)
    1998.
Uwe Durst: *Theorie der phantastischen Literatur*. Berlin 2007.
Umberto Eco: *Lector in fabula. Die Mitarbeit der Interpretation in erzählenden Texten*
    [Originaltitel: Lector in fabula. La cooperazione interpretativa nei testi narrativi
    (1979)]. Aus dem Italienischen v. Heinz-Georg Held. München 1987.
Markman Ellis: *The History of Gothic Fiction*. Edinburgh 2006.
Hans-Heino Ewers: Fantasy – Heldendichtungen unserer Zeit: Versuch einer Gattungsdif-
    ferenzierung. In: Zeitschrift für Fantastikforschung 01/2011. Hamburg 2011, S. 5–23.
Michel Foucault: Von anderen Räumen [Originaltitel: Des espaces autres (1967)]. In:
    Raumtheorie. Grundlagentexte aus Philosophie und Kulturwissenschaften. Hg. v. Jörg
    Dünne u. Stephan Günzel, aus dem Französischen v. Michael Bischoff. Frankfurt
    a. M. 2006, S. 317–327.
Gérard Genette: Boundaries of Narrative [Originaltitel: Frontières du récit (1969)]. In:
    New Literary History, Vol. 8, Readers and Spectators: Some Views and Reviews
    (Autumn, 1976), aus dem Französischen v. Ann Levonas, S. 1–13.
Stephan Günzel: Raum – Topographie – Topologie. In: *Topologie. Zur Raumbeschrei-
    bung in den Kultur- und Medienwissenschaften*. Hg. v. Stephan Günzel. Bielefeld
    2007, S. 13–32.
David Herman: *Story Logic. Problems and Possibilities of Narrative*. Lincoln (Nebraska)
    2002.
Linda Hutcheon: *A Poetics of Postmodernism. History, Theory, Fiction*. New York 2004.
Edward James: Tolkien, Lewis and the explosion of genre fantasy. In: *The Cambridge
    Companion to Fantasy Literature*. Hg. v. Edward James u. Farah Mendlesohn.
    Cambridge (New York) 2012, S. 62–78.
Jurij Michailowitsch Lotman: *Die Innenwelt des Denkens* [2000]. Hg. v. Susi K. Frank,
    Cornelia Ruhe u. Alexander Schmitz. Aus dem Russischen v. Gabriele Leupold u.
    Olga Radetzkaja. Berlin 2010a.

Jurij Michailowitsch Lotman: *Kultur und Explosion* [2000]. Hg. v. Susi K. Frank, Cornelia Ruhe u. Alexander Schmitz. Aus dem Russischen v. Dorothea Trottenberg. Berlin 2010b.

Jurij Michailowitsch Lotman: *Die Struktur literarischer Texte* [1970]. Aus dem Russischen v. Rolf-Dietrich Keil. München 1993.

Christine Lötscher u. a.: *Übergänge und Entgrenzungen in der Fantastik*. Zürich 2014.

Farah Mendlesohn: *Rhetorics of Fantasy*. Middletown (Connecticut) 2008.

Michel Mettler: *Die Spange*. Frankfurt a. M. 2006.

Platon: *Politeia/Der Staat*. Hg. v. Thomas Alexander Szlezàk, übersetzt v. Rüdiger Rufener. Düsseldorf 2000.

René Schallegger: The Nightmares of Politicians. On the Rise of Fantasy Literature from Subcultural to Mass-cultural Phenomenon. In: *Collision of Realities: Establishing Research on the Fantastic in Europe*. Hg. v. Lars Schmeink u. Astrid Böger. Berlin 2012, S. 29–49.

Nassim Nicholas Taleb: *The Black Swan. The Impact of the Highly Improbable*. London 2007.

Tzvetan Todorov: *Einführung in die fantastische Literatur* [*Introduction à la littérature fantastique*, Paris 1970. Übers. von Karin Kersten u.a.]. München 1972.

John Ronald Reuel Tolkien: On Fairy-Stories. In: *Tolkien On Fairy-stories. Expanded Edition, with Commentary and Notes*. Hg. v. Verlyn Flieger u. Douglas A. Anderson. London 2008, S. 27–84.

John Ronald Reuel Tolkien: *The Lord of the Rings* [1954–1955]. London 2005.

Mark J. P. Wolf: *Building Imaginary Worlds. The Theory and History of Subcreation*. New York 2012.

Marianne Wünsch: *Die fantastische Literatur der frühen Moderne (1890–1930): Definition, Denkgeschichtlicher Kontext, Strukturen*. München 1991.

„all this is going to fade into myth" – Gore Verbinskis Relektüren des alten US-amerikanischen Westens (2011/2013)

Ingrid Tomkowiak (Zürich)[1]

Mit den ersten drei Filmen der Serie *Pirates of the Caribbean* gelang dem Regisseur Gore Verbinski nicht nur ein großer kommerzieller Erfolg. Wichtiger ist, dass sie eine Modernisierung des Piratenfilms bedeutete, kombinierte sie doch das bis dato weitgehend realistisch erzählte Piratengenre mit im weiteren Sinne fantastischen Elementen: Zombies, Fischmenschen, Fabelwesen, antike Götter, Übertritte ins Reich der Toten und die Rückkehr Toter ins Leben sowie Fluch und Zauber hatte es bisher im Piratenfilm nicht gegeben. Die Kombination von Spannung, Mystery, Fantasy, Komik, Action und Stars sowie die Vermischung von Genres, wie sie viele Blockbuster des neuen Jahrtausends bieten, funktioniert offensichtlich für alle Generationen. Diese Filme sind vor allem klug konstruiert: Sie sind in hohem Maße selbstreflektiv, denken laut darüber nach, wie Geschichten entstehen und erzählt werden, enthalten Überlegungen zu Erzählstrukturen, Genrekonventionen und Aspekten von Performanz sowie zahllose intertextuelle bzw. intermediale Verweise. Darüber hinaus beziehen sie sich mal mehr, mal weniger direkt auf die außerfiktionale Welt, spielen mit unterschiedlichen Entwürfen von Zeit und Raum, verhandeln gesellschaftlich virulente Themen und nehmen Stellung zu Perspektiven auf Welt, Wissen und Identität. So können beispielsweise die ersten drei Filme von *Pirates of the Caribbean* auch als Kommentar zum Aufstieg des globalisierten Kapitalismus und dessen Konsequenzen gelesen werden. Und als solcher setzen sie sich dann auch mit dem Übergang von einem vorrationalen, mythischen Weltbild zu einem rationalen, modernen Weltbild bzw. den Auswirkungen des Materialismus bzw. Kapitalismus auf den Glauben an mythische bzw. fantastische Wesen und deren schwindenden Einfluss auseinander: „The immaterial has become … immaterial" (Verbinski 2007: 27:50–27:57), sagt Lord Cutler Beckett von der East India Trading Company zu der zum Unhold mutierten Charon-Figur Davy Jones im dritten Teil der Trilogie, *At World's End*, um dieser fantastischen Figur klar zu machen, dass

---

[1] Beim vorliegenden Beitrag handelt es sich um eine leicht bearbeitete Übersetzung von Tomkowiak 2014.

die Macht von nun an bei der global agierenden Handelsgesellschaft und ihrem Repräsentanten liege und die mythische Welt keine Bedeutung mehr habe.

Einige Jahre später kam mit dem Animationsfilm *Rango* (2011) Verbinskis erste Revision des Westerngenres in die Kinos, auf deren Analyse ich mich im Folgenden konzentrieren möchte. Der Fokus liegt dabei auf dem Rückgriff des Films auf das Heldenmuster, wie es unter Berücksichtigung mythischer, sagenhafter und historischer Heldenfiguren vor allem von Ethnologen beschrieben wurde (vgl. den Überblick bei Horn 1990, die Anthologie von Segal 1990 sowie Fricke 2000: 121–124, der sich wiederum auf Horn beruft). Dieses Muster ist jedoch auch in Hollywoodfilmen sehr verbreitet, und das nicht erst, seitdem der kalifornische Experte für Stoffentwicklung, Christopher Vogler, Joseph Campbells bekannte Mythenstudie *The Hero with a Thousand Faces* (1949) in den 1980er-Jahren für Hollywood-Drehbuchautoren adaptiert, dann weiter ausgearbeitet und erst 1992 publiziert hat (vgl. auch Voglers Analyse zeitgenössischer Hollywood-Filme in der dritten Auflage von 2007).

Verbinskis *Rango* wurde in den ersten Jahren von Barack Obamas Präsidentschaft in den USA produziert. Sei es beabsichtigt oder zufällig, sei der Bezug auf die außerfiktionale Wirklichkeit der gegenwärtigen Welt aus Sicht des Publikums mehr oder weniger deutlich erkennbar – der Film ist auch als Kommentar zu diesem Präsidenten lesbar: zu ihm und seinem Ehrgeiz, als Retter und Nationalheld angesehen zu werden.

Anschließend werde ich kurz auf einen weiteren Western Verbinskis eingehen: *Lone Ranger* (2013), auch ein Film, der das Heldenkonzept thematisiert und dabei mit Raum, Zeit und Erzählperspektiven spielt, vor allem aber als Neuschreibung US-amerikanischer Geschichte im Sinne des Postkolonialismus zu verstehen ist.

Ich gehe in meinem Beitrag von einem weiten Fantastikbegriff aus, wie er beispielsweise der Anlage des Handbuchs *Phantastik* (Brittnacher, May 2013) zugrunde liegt. Im weiteren Sinne steht der Begriff Fantastik nicht für ein Genre, sondern für eine übergreifende ästhetische Kategorie, nach der dem empirisch überprüfbaren Weltbild des Lesenden (oder Zuschauenden) im Rahmen einer Fiktion ein anderes Weltbild gegenübergestellt wird bzw. in ihm Ereignisse angesiedelt werden, die sich nicht innerhalb dieses empirisch überprüfbaren Weltbilds erklären lassen (vgl. Grein 1995). Helmut Müllers 1979 vorgelegte Definition unterscheidet bei fantastischen Erzählungen anhand der Übergänge bzw. Übergangsformen zwischen einer realistischen und einer fantastischen Ebene: (1) Eine reale Primärwelt und eine fantastische Sekundärwelt existieren nebeneinander; durch Umsteigepunkte wird eine Reise bzw. ein Übergang in die jeweils andere Welt ermöglicht. (2) In einer realistisch dargestellten Alltagswelt erscheinen Wesen, Begebenheiten oder Requisiten, deren Existenz bzw. Auftauchen im Widerspruch zur erfahrbaren Wirklichkeit steht. (3) Es existiert/ existieren eine/mehrere rein fantastische Welt/en mit eigenen, implizit realitätskonformen Naturgesetzlichkeiten, die nicht verletzt werden. Alle drei Formen können sich mehr oder weniger explizit auf die empirisch erfahrbare, außerfiktionale Welt beziehen; das Todorov'sche Moment der Unschlüssigkeit kann bei (1) und (2) eine Rolle spielen, muss aber nicht (vgl. Todorov 1970).

Rango als Kommentar zum Heldenmythos

„Rango – Rango – Rango – Rango", singt die Mariachi-Band und verrät gleich zu Beginn des gleichnamigen Films – unter Verwendung des erzählerischen Mittels der Adressatenanrede und unter Verweis auf die Rezeptionssituation –, dass sie dem Kinopublikum nun die Geschichte eines Helden erzählen wird: „We are gathered here today to immortalise in song the life and untimely death of a great legend. So sit back and relax and enjoy your low-calorie popcorn and assorted confections while we tell you the strange and bewildering tale of a hero who has yet to enter his own story" (Verbinski/Logan 2011: 0:00:53–0:01:33). Das Programm ist gesetzt – unsterblich soll dieser Held durch ihr Lied werden; eine Legende ist er schon, jetzt geht es darum, einen Mythos zu schaffen.

Rango (2011) ist ein unter der Regie von Gore Verbinski und nach einem Drehbuch von John Logan von Nickelodeon Movies, Blind Wink und GK Films für Paramount produzierter Animationsfilm, dessen Personal aus vermenschlicht dargestellten Kleintieren der Wüsten im Westen Amerikas besteht – ein postmodernistischer Western voller Sprachwitz und Anspielungen (in Text, Figuren, Bildern und Musik) auf das eigene Genre (vgl. zum Begriff Postmodernismus Mayer 2005: 183), unter anderem auf Fred Zinnemanns *High Noon* (1952) und Sergio Leones so genannte Spaghetti-Western *Per un pugno di dollari* (1964), *Il buono, il brutto, il cattivo* (1966), *C'era una volta il West* (1968). Nicht nur der Verbinski-Film *Pirates of the Caribbean: At World's End* (2007) findet sich neben zahlreichen anderen Filmen in *Rango* zitiert. In ein rotes Hawaii-Hemd gekleidet trifft die Hauptfigur Rango zufällig auf Raoul Duke und Dr. Gonzo (in dem gleichen roten Hemd) aus Terry Gilliams Film *Fear and Loathing in Las Vegas* (1998), und wie die Protagonisten in diesem Film (oder eher in dem gleichnamigen Roman von Hunter S. Thompson, auf dem der Film beruht) unternimmt Rango „a savage journey to the heart of the American dream" (Thompson). Und schließlich geht es, ähnlich wie in Roman Polanskis *Chinatown* (1974), um verbrecherische Machenschaften mit Wasser.

Der Film spielt gleichzeitig in der Pionierzeit und auf dem Highway der Gegenwart; von dem in der Mojave-Wüste gelegenen Bretterkaff Dirt mit Saloon, Bank, Gefängnis und allen weiteren stereotypen Western-Locations und -Requisiten ist es nicht weit bis ins heutige Las Vegas. Das Politikum, an dem die Geschichte aufgehängt wird, ist der die Zukunft der Menschheit wohl noch stärker beschäftigende globale Kampf ums Wasser. „Am Ende scheinen die Zeiten und die Genres durcheinandergewirbelt", schreibt F. Göttler (2011) in der *Süddeutschen Zeitung*, „der alte Westen hat etwas von Endzeitstimmung". Und so heißt es auch im Film in den Worten des sich als betrügerisch erweisenden Bürgermeisters von Dirt: „One day soon, all this is going to fade into myth, the frontier town, the lawmen, the gunslinger. There's just no place for them anymore. We're civilized now" (1:11:10–1:11:19).

Rango zeigt auf kluge und sehr unterhaltsame Weise, wie ein Heldenmythos konstruiert wird: „Eine alte Geschichte, man kennt sie aus dem Kino wie aus dem wirklichen Leben, aus Geschichte und Politik", so Göttlers (2011) Fazit. Und so soll dieser Film im Folgenden nicht nur als Kommentar zum Heldenmythos allgemein gelesen, sondern auch zu den Rückgriffen auf diesen Mythos in der jüngsten US-amerikanischen Geschichte in Bezug gesetzt werden.

Im Mittelpunkt von *Rango* steht eine männliche Eidechse („Lizard" im amerikanischen Original) – ein auf Identitätssuche befindlicher Möchtegern-Held aus dem Terrarium, der in sein Abenteuer mit der Westernstadt Dirt hinein geworfen wird. Zuvor jedoch – und dies ist auch eines der für die postmodernistischen Animationsfilme typischen selbstreflexiven Momente (vgl. Frizzoni 2008) – übt er sich in seinem Glaskasten in den dramatischen Künsten, denn zusammen mit den Utensilien seines Terrariums inszeniert er als Regisseur und Schauspieler Stücke, in denen der Protagonist – er! – als Held wahrgenommen werden soll: „I'm the guy, the protagonist, the hero. Every story needs a hero" (0:02:56–0:03:00). Doch muss er erkennen, dass es mehr für eine Heldengeschichte braucht: „The hero cannot exist in a vacuum! What our story needs is an ironic, unexpected event that will propel the hero into conflict!" (0:04:29–0:04:36). Und genau dies passiert: Der Pickup mit dem Terrarium auf dem Ladedeck hat einen Unfall und die noch namenlose Eidechse wird mitten in der Wüste auf den Highway katapultiert. Dort erfährt sie sogleich noch mehr über Heldengeschichten, als ein als Mentor fungierendes Gürteltier sie darüber informiert, dass es selbst einer Quest folge, die es zum Spirit of the West führe, und dass das Schicksal es gut mit der Eidechse meine:

> The Spirit of the West, amigo. The one. They say he rides an alabaster carriage with golden guardians to protect him. […] I must get to the other side. […] It's not so easy as it looks. […] The path to knowledge is fraught with consequence. […] Destiny, she is kind to you. […] We all have our journeys to make! I will see you on the other side. (0:06:47–0:09:39)

Auf dem Weg durch die Wüste in die von zunehmender Wasserknappheit geplagte Stadt Dirt lernt die Eidechse noch, wie wichtig es ist sich anzupassen, und so ist sie nun gut für das Überleben als Held „für Tag und Ewigkeit" (Hügel/Schönfelder 2004) ausgerüstet.

Eine klare Abgrenzung zwischen Held und Abenteurer ist nicht immer möglich. Merkmale des Abenteurers gehen auch in Heldenkonstrukte ein, wie es beispielsweise immer wieder Garibaldi attestiert wurde. Als Abenteurer galt er wegen seiner Aktivitäten als Untergrundkämpfer in Südamerika und Europa sowie als Führer von Freikorps und wegen seiner Beteiligung an Bürgerkriegen und

Revolutionen (vgl. z. B. Hausmann 1985; Hausmann 2008). Der Abenteurer neuzeitlicher Prägung, wie er im Anschluss an Robinson Crusoe als literarische Figur auftritt und in der Abenteuerliteratur des 19. Jahrhunderts weiter ausgeprägt wird, gerät auch oft ohne sein Zutun in eine unbekannte und / oder gefährliche Situation; seine Reaktion aber ist aktiv. Nach Georg Simmel (1910) bringt das Abenteuer „die Allüre des Eroberers mit sich, das rasche Ergreifen der Chance" (Simmel 2001: 101), auf das der Abenteurer, wie Hans-Otto Hügel (2003: 93) betont, angewiesen sei, um eigene Kampf- und Lebensstrategien zu verwirklichen, nach eigenen Regeln in einer von ihm dominierten Welt zu leben, die ihm und der er zugleich fremd bleibe und die er sich durch Mimikry aneigne.

Der Protagonist des Films *Rango* handelt entsprechend. In Dirt angekommen passt er sich der Situation blitzschnell an und ergreift seine Chance, indem er sich einen klangvollen Namen gibt und eine adäquate Identität erfindet. Auf die Frage, wer er sei und wo er herkomme, antwortet er in aggressivem und Autorität erheischendem Habitus:

> Me? I'm from the West. Out there, beyond the horizon. Past the sunset. The Far West. Yeah, that's right, hombres. The place I come from, we kill a man before breakfast just to work up an appetite. Then we salt him, and we pepper him. Then we braise him in clarified butter. And then we eat him. […] Hell, I seen things make a grown man lose control of his glandular functions! […] It'll change a man. Oh, yeah. […] I am not from around these parts. You might say I'm from everywhere there's trouble brewing and hell waiting to be raised. You might say I'm what hell's already raised up. Name's Rango. (0:22:18–0:23:18)

Auch gibt sich der frisch getaufte Rango nun eine heroische Vergangenheit, als er sich großspurig zum Revolverhelden stilisiert, der die Banditenbrüder Jenkins – sieben auf einen Streich – mit nur einer Kugel getötet haben will, und sich damit einen Plot schreibt, „der darauf hinausläuft, dass die Hoffnung aus der Lüge kommt".[2] Denn die Geschichte wird ihm abgenommen und alle Hoffnung auf Rettung vor dem Verdursten in der korrupten Stadt fliegt ihm zu: „It's about time we had a hero around here" (0:32:42–0:32:44), heißt es in der Bevölkerung.

„Der Held ist der, der uns rettet", charakterisieren Hans-Otto Hügel und Jan Schönfelder (2004: Vorwort im Begleitheft) diese Denkfigur. Doch als Arminius bzw. Hermann der Cherusker zum Helden der Deutschen wurde, war er schon 1500 Jahre tot (vgl. Münkler 2009; Losemann 2008). Und als den Franzosen ein junges Mädchen als Retterin prophezeit wurde, war Jeanne d'Arc noch gar nicht geboren. Allerdings hat sie die mit Sehnsüchten der Bevölkerung aufgeladene Rolle alsbald übernommen (vgl. Trom 1998: 136–40; Tanz 2008), und hier wie auch bei anderen Helden und den wenigen Heldinnen lässt sich zeigen, wie diese

---

[2] Josef Haslinger am 9.9.2012 im Deutschlandfunk über den Roman *Jakob der Lügner* (1969) von Jurek Becker.

aufgrund von Projektionen nach dem Muster einer Heldenbiografie (vgl. Horn 1990; Segal 1990) konstruiert werden bzw. sich selbst entsprechend inszenieren (vgl. Freeman 2008; Rieger / Breithecker / Wodianka 2003; Flacke 1998; van Schlun / Neumann 2008; Fuchs / Neumann 2009). Wo immer möglich, so Eric Hobsbawm (1983), werde versucht, eine Verknüpfung mit einer passenden Epoche oder Person herzustellen bzw. an mythische Zeiten und Figuren anzuknüpfen, wobei die Kontinuität mit der historischen Vergangenheit, auf die Bezug genommen wird, weithin künstlich sei. So konstruierte schon Pompeius Magnus über seinen Beinamen eine Traditionslinie zu Alexander dem Großen. Napoleon ließ sich als Hannibal gleichender Bezwinger der Alpen (Jacques-Louis David, *Bonaparte franchissant le Grand-Saint-Bernard*, 1800) oder siegreicher römischer Feldherr (Pierre-Paul Prud'hon, *Triomphe de Bonaparte ou la Paix*, vor 1801) malen, Hitler als mittelalterlicher Ordensritter (Hubert Lanzinger, *Der Bannerträger*, 1934/36). Attestiert wird solchen Heldenfiguren eine charismatische Autorität im Sinne Max Webers (1922: Erster Teil, Kapitel III, § 10–12a, WG 140–148): Ihre neu gewonnene Autorität wird aus vergangenen bzw. vermeintlichen Heldentaten abgeleitet, und nicht aus der gegenwärtigen gesellschaftlich-politischen Struktur. Damit gehören solche Heldenkonstruktionen zu den „invented traditions", von denen Hobsbawm (1983) sagte, dass sie konsensuale und kollektive Identität erst schafften bzw. diese symbolisierten. Sie gehören zum „emotionalen Fundament" von Nationen, wie es Etienne François und Hagen Schulze (1998) untersucht haben – jenen „imagined communities", die Benedict Anderson (1983) beschrieben hat: Unabhängig von realer Ungleichheit und Ausbeutung erschienen diese Gemeinschaften als uneigennützig und könnten daher Opfer verlangen. Doch dazu gleich mehr.

Wenden wir uns nun wieder Rango zu, dessen Potential als Identifikationsfigur für die Bevölkerung der Bürgermeister klar erkennt:

> You see them, Mr. Rango? All my friends and neighbours? It's a hard life here. Very hard. Do you know how they make it through each and every day? They believe. They believe it's going to be better. […] They believe against all odds and all evidence that tomorrow will be better than today. People have to believe in something. Right now, they believe in you. […] Your destiny awaits. People have to believe in something. (0:34:56–0:35:41)

Und so wird Rango Sheriff von Dirt.

Nicht selten wird bei der Heldenkonstruktion die Auserwähltheit betont – die schicksalhafte oder göttliche Bestimmung, wie sie beispielsweise auf Darstellungen Jeanne d'Arcs zum Ausdruck kommt (vgl. Eugene Thirion, *Jeanne d'Arc*, 1876) –, die besondere Zeit, in der man sich befinde, die Chance, die es zu nutzen gelte, bestehende Missstände abzubauen oder zu beseitigen, wobei die Gemeinschaft beschworen und ihre Mithilfe erwartet wird, auch Opfer gelte es für das hehre Ziel zu erbringen. Das weiß auch der Bürgermeister, wenn er der Bevölkerung anlässlich einer vom ihm neu gestifteten Tradition – ein Wasserritual –, erklärt: „We have a newcomer amongst us today, my friends. A man I think needs little introduction to you, so bold has been his entry into our fair society. [...] The time has come, my friends. The time that was foretold!" Jeder seiner nun folgenden Sprüche wird von den Anwesenden mit einem lauten „Hallelujah! Hallelujah!" beantwortet: „The sacred time! [...] The time of destiny! [...] The time of deliverance!" Und schließlich erfolgt der Hinweis: „Times will be tough from now on. Sacrifices will have to be made" (0:40:27–0:41:34). Während einer populistischen Rede Rangos, bei der dieser auch die Einheit der Gemeinschaft beschwört, verweist der Bürgermeister – wie schon zuvor gegenüber Rango – abermals auf die Bedeutung der Hoffnung (0:42:21–0:43:50).

Helden sind mutige und entschlossene Kämpfer, die größte Herausforderungen bewältigen und denen dafür nahezu göttliche Verehrung zuteil wird. Hierfür sind Jeanne d'Arc und Napoleon gute Beispiele (vgl. z. B. das Jeanne d'Arc-Denkmal auf der Place du Parvis in Reims; François Pascal Simon Gérard, *La bataille d'Austerlitz*, 1810; Andrea Appiani, *Apoteosi di Napoleone*, 1807). Der frisch gebackene Held Rango sonnt sich in seiner neuen Rolle, und als die Situation in Dirt prekärer wird, zieht er mit einer Gruppe von Getreuen und mit dem Schlachtruf „Now we ride!" (0:46:51–0:46:53) aus, um das Wasserproblem zu lösen. Am Abend beim Feuer erzählt er ihnen vom Spirit of the West und verstrickt sich in eine neue Lüge, als er den bedrohlichen Feind der Stadt, Rattlesnake Jake, als seinen Bruder bezeichnet. Schließlich gibt er das Versprechen ab: „Don't you all worry about a thing. Come tomorrow, we'll locate that water and return to a hero's welcome" (0:55:49–0:55:54). Daraufhin spricht einer aus der Gefolgschaft für alle ein Gebet, womit er die Verbindung von Rango mit dem mythischen Spirit of the West vollzieht und ihn vollends zum göttlich gesandten Erlöser erhebt:

> Friends, before we bunk down I'd like us all to join hands for a moment, say a few words to the Spirit of the West. [...] Ain't always spoken rightly to you, Spirit of the West. But tonight I want to thank you for bringing Sheriff Rango into our lives. It's a hard life we got. Sometimes I don't know how we're gonna make it. But somehow, Sheriff Rango makes me think we will. We needed a brave man and you sent us one. Nice to have someone to believe in again. Thank you, Spirit of the West. Amen. (0:55:55–0:56:36)

Wenn die Erwartungen der Gefolgschaft dann jedoch enttäuscht werden, verliert der Held sein Charisma – wie es offensichtlich Napoleon in Paul Delaroches Gemälde *Napoléon abdiquant à Fontainebleau* (1840) ergangen ist. Rangos Mission endet erfolglos, und sein wiederholter Appell an die in ihn zu setzende Hoffnung versandet, als sein Lügengespinst von Rattlesnake Jake aufgedeckt wird:

> I hear you been telling about how you killed all them Jenkins brothers. With one bullet, wasn't it? Ha ha. Isn't that right? All these good folks here believe your

little stories, don't they? [...] Seems these folks trust you. They think you're gonna save their little town. They think you're gonna save their little souls! But we know better, don't we? So why don't you show your friends here what you're made of? Show them who you really are. [...] You didn't do any of them things you said, did you? You didn't kill them Jenkins brothers. You ain't even from the West! [...] All you've done is lie to these good people. You ain't nothing but a fake and a coward. (1:15:02–1:16:34)

Geschlagen verlässt Rango die Stadt. Doch bekommt er seine zweite Chance, denn in der Wüste hat er eine Begegnung mit einer weiteren Mentorenfigur (einem Man-With-No-Name-Clint-Eastwood-Verschnitt mit Golf Cart und Oscar-Figuren im Heck, den er für den mythischen Geist des Westens hält), die ihn angesichts seiner Desillusioniertheit an die Unabdingbarkeit von Taten gemahnt: „Doesn't matter what they call you. It's the deeds make the man" (1:21:55– 1:21:59). Rangos Einwand, seine Freunde hätten zwar an ihn geglaubt, bräuchten aber eine Art Helden, pariert er mit: „Then be a hero. [...] Don't you see? It's not about you. It's about them. [...] Don't know that you got a choice, son. No man can walk out on his own story" (1:22:07–1:22:37), und verweist damit nicht nur auf den geforderten Altruismus des Helden, sondern ebenfalls auf die Vorbestimmtheit seines Tuns.

Also entschließt Rango sich zur Rückkehr, entwickelt einen Plan, bringt mithilfe fantastischer, wandernder Yucca-Pflanzen das Wasser zurück, besiegt Jake und den Bürgermeister und rettet die vom Untergang bedrohte Stadt. Und so wird Rango zu der Heldenlegende, von der die dem Chor der antiken griechischen Tragödie nachempfundene Mariachi-Band noch heute singt:

And so the lizard completes his journey from humble beginnings to the legend we sing of today. And although he is certain to die, perhaps from a household accident, which account for 65% of all unnatural deaths, the people of the village will always remember the name of the one who saved them. – Rango! (1:36:24– 1:36:46)

Damit endet die Kinofassung des Films, der in den ersten Regierungsjahren von Barack Obama als Präsident der Vereinigten Staaten von Amerika entstand und auch als Kommentar zu diesem Präsidenten deutbar ist.

Um die amerikanische Bevölkerung auf sich einzuschwören, bediente sich Barack Obama in seinen berühmt gewordenen Reden am 8. Januar 2008 in New Hampshire und am 4. November desselben Jahres in Chicago einer Rhetorik, die davon zeugt, dass er (bzw. seine *speechwriter*) über die Konstruktion von Heldenfiguren Bescheid weiß. Zu den zivilreligiösen Motiven von Obamas Reden (vgl. Triendl 2008) zählen die Hoffnung, der Wille und das Vermögen zum Wandel, das Gebot der Stunde, der Einheit und Einigkeit sowie die Notwendigkeit von Entbehrung und Anstrengung. Dazu kommen die Verankerung seiner

Botschaft im Credo der amerikanischen Pionier- und Unabhängigkeitsgeschichte und die Selbststilisierung zum Erlöser:

> [...] if we [...] challenge ourselves to reach for something better, there is no problem we cannot solve, there is no destiny that we cannot fulfill. [...] Yes, we can, to justice and equality. Yes, we can, to opportunity and prosperity. Yes, we can heal this nation. Yes, we can repair this world. Yes, we can. [...] And, together, we will begin the next great chapter in the American story, with three words that will ring from coast to coast, from sea to shining sea: Yes, we can. (Obama 2008a)

Nach dem Wahlsieg klingt Obama selbstbewusst, aber auch fordernd:

> It's the answer that led those who've been told [...] to be [...] doubtful about what we can achieve to put their hands on the arc of history and bend it once more toward the hope of a better day. [...] change has come to America. [...] we know the challenges that tomorrow will bring are the greatest of our lifetime. [...] The road ahead will be long. Our climb will be steep. [...] I promise you, we as a people will get there. [...] It can't happen without you, without a new spirit of service, a new spirit of sacrifice. [...] This is our chance [...]. This is our moment. [...] this is our time [...] while we breathe, we hope. [...] we will respond with that timeless creed that sums up the spirit of a people: Yes, we can. (Obama 2008b)

Parallel zu diesen messianischen Botschaften zog Obama geschickt alle Register eines Politstars und sorgte für seine Vermarktung als Ikone im Merchandising, sei es auf T-Shirts oder Tassen (vgl. Givhan 2008). Die zentralen Slogans neben „Yes, we can" waren *The new Hope* (2008c) sowie „Change we can believe in" (2008d), verknüpft mit einer heroisierenden Bildsprache. Obamas Logo offenbart eine über den rot-weißen Streifen der US-amerikanischen Flagge aufgehende Sonne.

Als *Rango* im Jahr 2011 in die Kinos kam, hatte der Glanz Obamas bereits diverse Kratzer bekommen. Man warf ihm Aufschneiderei, Rattenfängerei und Betrug vor – ein Messias im Sinkflug, der sein Image mit Mühe aufrecht zu erhalten suche, um für den Wahlkampf um die Wiederwahl 2012 gerüstet zu sein. Eine Karikatur von Michael Augsten (2009) zeigt ihn gebeugt unter einer mit seinen zentralen Botschaften und Versprechungen gefüllten Sprechblase – „Hope", „Believe", „Repair this world", „End this war", „Free this nation", „Yes we can!" – und fordert ihn fett gedruckt mit seinem eigenen Wahlspruch auf: „Change!" „Then be a hero", riet ähnlich der Spirit of the West Rango am Tiefpunkt seiner Laufbahn, und fast ist es, als wollte dieser Film im vollen Verständnis dessen, wie Heldenkonstruktion funktioniert, Obama Mut machen, seine Ziele offensiver anzugehen und zu verwirklichen.

Im Verlauf ihrer „Gebrauchsgeschichte", und hier greife ich auf einen von Guy P. Marchal geprägten Begriff zurück, werden Helden „nach den aktuellsten

Bedürfnissen und verfolgten Zwecken immer neu akzentuiert und gedeutet" (2006: 13), diesen angepasst und schließlich so stark abstrahiert, dass ihr Abbild, ihr Name, ihr Leben oder auch eine ihrer zentralen Aussagen zu einer „leere[n], parasitäre[n] Form" mutieren, wie sie Roland Barthes für die Mythen des Alltags beschrieben hat (1980: 96f.). Als massentaugliches Zitat sind sie dann nahezu universell einsetzbar. Gandhi beispielsweise wurde in einem Abstraktionspro-zess, der gekennzeichnet ist durch Säkularisierung und Christianisierung, zu ei-ner global kompatiblen Ikone – ähnlich der sich auf Gandhi berufende Martin Luther King, dessen Diktum „I have a dream", entnommen seiner Rede vom 28. August 1963, weltweit für die Hoffnung auf eine bessere Zukunft – inzwischen nahezu jeglicher Art – verwendet wird (vgl. Hefner 2004; Markovits 2004). An-lässlich einer Fragestunde mit SchülerInnen im August 2009 stellt auch Obama sich in diese Tradition: „Gandhi, […]. He's somebody I find a lot of inspiration in. He inspired Dr. (Martin Luther) King […]. He ended up doing so much and changed the world just by the power of his ethics […]. […] a lot of people are counting on me" (Obama 2009).

Die „Regression vom Sinn zur Form" schaffe „unbestreitbare Bilder", schreibt Roland Barthes (1980: 97, 98). Ein solches ist Che Guevara, „the quin-tessential postmodern icon signifying anything to anyone and everything to eve-ryone", wie Michael Casey (2009, zitiert nach Kakutani 2009: C 1; vgl. auch Larson 2007; Lahrem 2008) es formulierte. Auch dieser Prozess wird in *Rango* reflektiert: Die DVD enthält unter den Special Features die ursprünglich vorge-sehene Schlussszene, die für die Kinoversion dann jedoch gestrichen wurde. Sie zeigt den saturierten Sheriff Rango in der nun prosperierenden, freizeit- und kon-sumorientierten Stadt Dirt der Gegenwart, der gerade aufbrechen will, um einen Vorfall nach Westernart zu klären. Seine Frau Beans verabschiedet ihn in aller Öffentlichkeit, wobei sie ihm erklärt, sie habe ihm Lunch eingepackt, er solle sein Nasenspray und die Feuchtigkeitslotion nicht vergessen, und ihn ermahnt: „Now, honey, you come back with all your digits. And don't go trying to be a hero." Peinlich berührt entgegnet er: „Beans, you are missing the point. I got an image to protect now." Die Wüstenspitzmaus kommentiert die Szene: „Well, in order to satisfy the needs of the collective, the hero must abandon the self and solidify his image as an icon that will forever be remembered" (0:10:09–0:10:46). Und nicht zuletzt mit diesem erläuternden Satz erweist sich *Rango* als ein kulturtheoretisch fundiertes und kulturelle Prozesse wie narrative Strukturen reflektierendes Produkt populärer Unterhaltung, das einmal mehr von deren Komplexität zeugt.

Lone Ranger als Dekonstruktion der Pionierzeit

Auch Verbinskis tragikomischer Realfilm *Lone Ranger* (2013) ist im US-ameri-kanischen Westen der Pionierzeit angesiedelt. Die Handlung beginnt jedoch

1933 in San Francisco, die Golden Gate Bridge ist erst als Gerippe zu sehen. Mit einer Tüte gerösteter Erdnüsse in der Hand spaziert ein etwa zehnjähriger Junge in eine Jahrmarktsattraktion: eine Westernschau. Mit seiner schwarzen Maske und seinem riesigen weißen Texas-Hut erkennt man ihn sofort als Fan des legendären Lone Ranger. Dieser idealistische Kämpfer für Recht und Ordnung im alten amerikanischen Westen des 19. Jahrhunderts war der fiktionale Held einer seit 1933 in den USA gesendeten Radio-Show. Während der Depressionszeit wurde er zu einer populären Ikone, trat ab 1938 in einer TV-Serie auf und erfreute später, in unterschiedlichen medialen Formen, weitere Generationen (vgl. von Holzen 2012). Doch das kann dieser Junge 1933 noch nicht wissen. Und so steht er in einer Art Manege und schaut sich die ihn umgebenden Dioramen zum Wilden Westen an. Er sieht den Büffel und den Grizzlybären und dann sieht er *ihn*: „The Noble Savage in his Natural Habitat" steht auf dem Schild dieser Großvitrine mit der Figur eines alten Mannes in traditionell erscheinender Indianerkleidung. Als die Figur unvermittelt plötzlich lebendig wird und den Jungen anspricht, mag dieser seinen Augen und Ohren kaum trauen, bis er schließlich merkt, dass es sich um Tonto handelt, den Gefährten des Lone Ranger. Staunend und dabei immer ein wenig misstrauisch hört er die bekannte Geschichte aus dem Mund des alten Mannes, der nun als Prototyp des Edlen Wilden hinter Glas ausgestellt wird.

Allein die Existenz einer solchen Rahmenhandlung mit einem solchen Setting deutet schon darauf hin, dass hier nicht einfach die Geschichte des Lone Ranger noch einmal verfilmt wird. Es ist auch kein Western, wie sie in den 1930er- bis 1960er-Jahren in den USA gedreht wurden. Mit der Erzählung des gealterten Komantschen Tonto aus dem Diorama wird eine Neuperspektivierung vorgenommen, die einer heutigen kritischeren Sicht entspricht. Es handelt sich um eine postkolonialistisch inspirierte Relektüre des alten Stoffes und um eine Revision der Geschichte des alten Westens überhaupt, angesiedelt 1869 in einem prototypischen Texas, das gegen alle geografischen und politischen Gegebenheiten alle Westernlandschaften in sich vereinigt.

Hatten Henry Hathaway, John Ford und George Marshall in dem Film *How the West Was Won* 1962 noch ungebrochen Fortschrittsoptimismus walten lassen und die Umwandlung des amerikanischen Westens von einer wüstenreichen Naturlandschaft in eine die urbanen Zentren verbindende Verkehrs- und Industrie-Infrastruktur gefeiert, zieht Gore Verbinskis *Lone Ranger* eine ziemlich düstere Bilanz der zivilisatorischen Leistung der sogenannten Pionierzeit und erzählt am Beispiel des Eisenbahnbaus und des Silberrauschs eher davon, wie der Westen verloren ging, weil er dem Imperialismus geopfert wurde: Blinder Fortschrittsglaube, Gier nach persönlichem materiellen Profit, Sucht nach globaler Ausdehnung der eigenen Wirtschaftsmacht, mangelndes Rechts- bzw. Schuldbewusstsein und Korruption auf allen Seiten führen zu Verrat und feindlichen Übernahmen und lassen die Menschen über Leichen gehen. Die ganze Wucht dieser Veränderungen findet ihren filmischen Ausdruck in einer sinnlich erfahrbaren Materialität der Eisenbahn. Im Kino sitzend spüre ich ihr ungeheures Gewicht, wenn sie die Landschaft durchpflügt und schließlich entgleist, ich fühle die Hitze des Metalls.

Vor der Gewalt dieses Eindrucks und vor diesem amoralischen Hintergrund wirkt ein weißer Texas-Ranger lächerlich, wenn er sich weigert, die Pistole zu benutzen, um statt dessen auf der Basis von John Lockes *Treatises of Government* (1689) gewaltlos zur Durchsetzung von Recht und Gesetz zu kommen. Vor diesem Hintergrund bekommt das Wort Zukunft, wenn es aus dem Mund des verbrecherischen Eisenbahnmanagers kommt, einen ganz schalen Klang. Vor dem Hintergrund der systematischen Ermordung der indigenen Stämme, an der die US-Armee sich aktiv beteiligt, ist es beißende Ironie, wenn der Ranger sie mit der Zivilisation gleichsetzt. Und vor diesem Hintergrund wird die ganze Tragik der Geschichte Tontos überdeutlich: Als Kind hatte er für eine silberne Taschenuhr zwei weißen Männern eine Silberader auf dem Gebiet seines Stammes gezeigt und damit nicht nur die bald folgende Zerstörung seines Dorfes, sondern das Ende des friedlichen Lebens seines Stammes besiegelt. Als fortan Ausgestoßener lebt er isoliert und zerbricht an seiner Schuld.

Tontos seelische Gebrochenheit sorgt ironischerweise für einen Großteil der komischen Elemente dieses Films, denn mit seinen Slapstick-Einlagen, seiner lakonischen Rhetorik und dem an Buster Keaton erinnernden starren Gesicht bei gleichzeitig blitzschneller Auffassungsgabe und Entscheidungskraft ist Tonto wirklich ein etwas schräger Vogel. Er schafft die den ganzen Film durchziehende Spannung von Tragödie und Burleske, die eine ausschließlich vergnügliche Popcorn-Kino-Unterhaltung eigentlich verunmöglicht.

Unterstützt werden Tonto und der Lone Ranger in ihrem Kampf gegen das Böse von einem gleichsam mythischen Pferd. Es scheint die Zukunft zu kennen und ist stets zur richtigen Zeit am richtigen Ort – auch wenn es mal auf einem Dach oder einem Baum steht. Die Natur sei eben aus dem Gleichgewicht geraten, befindet Tonto bei diesem Anblick, und verweist damit bereits auf die Signal- und Kommentarfunktion der in diesem Film eingesetzten fantastischen Elemente. Und noch eine weitere Szene deutet darauf hin: Als Spiegelbild der Verrohung des Menschen fällt bei einer fast idyllisch wirkenden Lagerfeuerszene mit Kaninchen am Spieß ein Rudel kannibalischer Kaninchen über das ihnen zugeworfene Fleisch ihres Artgenossen her.

Warum aber taucht die Erdnusstüte des kleinen Jungen plötzlich in Tontos Geschichte auf? Da sind wohl dem Regisseur oder den Drehbuchautoren die Pferde durchgegangen, könnte man meinen. Doch lässt diese Metalepse, diese Gleichzeitigkeit des Ungleichzeitigen auch noch andere Schlüsse zu. Denn wer erzählt eigentlich diesen Film? Aus wessen Perspektive nehmen wir die Ereignisse des 19. Jahrhunderts wahr? Wäre es wirklich allein Tontos Erzählung, gäbe es schon eine Reihe von Ungereimtheiten: Warum wird bei aller Political Correctness auf so viele Stereotypen zurückgegriffen? Warum gibt es immer wieder Brüche und klare Fiktionalitätsmarker in der Erzählung?

Der kleine Junge entlarvt den gealterten Tonto im Diorama als unzuverlässigen Erzähler. Dieser Junge kennt die Geschichte des Lone Ranger sicher aus der 1933 gestarteten Hörspielserie und hat sie so verinnerlicht, dass er sich wie der Titelheld gekleidet hat. Weil der Anblick des „Edlen Wilden" in der Western-Ausstellung ihn an die Geschichte aus der Radioshow erinnert, imaginiert er, dass Tonto, der Begleiter des Lone Ranger, ihm endlich *seine* Geschichte erzählt. Wir hören bzw. sehen sie also mit den Augen des auf Gerechtigkeit bedachten Jungen. Auch dieses unschuldige Kind ist ein unzuverlässiger Erzähler; wir haben teil an seiner durch die Populärkultur angeregten Neuinterpretation, die zahlreiche Versatzstücke des Westerns durcheinander wirbelt. Verbinski und sein Team demontieren den alten Western mit den Mitteln des Westerns und überwältigen durch Redundanz. Wir haben das alles schon oft gesehen, den Eisenbahnbau, die Silbermine, das gute und das böse Westernpersonal. Wir kennen das alles – nur nicht so!

Die Binnenerzählung endet damit, dass der Ranger und Tonto die Eisenbahnbrücke sprengen, auf die der Zug mit dem ganzen korrupten Gesindel gerade zurast. Zwar werden die Verbrecher dadurch getötet, doch dauert es nicht lange, da wird schon der nächste Streckenabschnitt gefeiert. Angesichts dieser Unaufhaltsamkeit des ‚fahrenden Zugs' Fortschritt beschließen der Ranger und Tonto, das Recht fürderhin als Gesetzlose zu verteidigen.

Am Ende der Rahmenerzählung hat der alte Tonto das Diorama verlassen und ist mit einem Anzug bekleidet und einem Koffer in der Hand allein in die Wüste zurückgekehrt. Als der kleine Junge aus dem Zelt mit der Westernschau heraustritt, ist die Golden Gate Bridge plötzlich fertig gebaut. Wie die Eisenbahn im 19. Jahrhundert den Osten mit dem Westen verband und den blutigen Grundstein für den Wohlstand des weißen Amerika legte, schließt die Brücke als erhabenes Symbol für die technischen Errungenschaften des 20. Jahrhunderts die Kluft zwischen Süden und Norden. So schön diese Brücke ist, weiß man doch nicht so recht, ob man sich darüber freuen soll. Fuhr die Kamera am Ende von *How the West Was Won* jedoch noch rasant unter der Brücke hindurch – auf zu neuen Ufern –, endet Verbinskis Film hier: Die Brücke ist nur von Weitem zu sehen. Der imperialistische Traum ist ausgeträumt. Das ist ein Fortschritt der anderen Art.

Fazit: Weltbezug durch Fantastik

Durch die komplexe Erzählperspektivierung sowie die sparsam eingesetzten, aber gut platzierten fantastischen Akzente tragen die Macher dieser Filme nicht nur dazu bei, dass das klassische Abenteuerkino im Zeitalter des technologisch geprägten Actionkinos erhalten bleibt. Die in diesem Beitrag behandelten, unter der Regie von Gore Verbinski entstandenen Filme thematisieren nichts weniger als die Welt und das Erzählen von ihr. Um amerikanische Geschichte und amerikanische Politik sowie die davon verbreiteten medialen Inszenierungen zu kommentieren und eine neue Sicht darauf zu ermöglichen, greifen sie auf ein narratives Repertoire zurück, das von der Tragödie zur Burleske reicht, vom klassischen Heldenmuster mit ursprünglich stabilisierender Funktion bis zur postmodernistischen Neuauflage zum Zweck der Verunsicherung über den eigenen Standort. Dafür bedienen sie sich – gleichsam als Neuauflage romantischer Ironie – immer wieder gekonnt fantastischer Elemente: In ihrer Differenz zur erfahrbaren Wirklichkeit schaffen diese auch Distanz zu überkommenen Bildern; selbstverständlich scheinende Vorstellungen und liebgewordene Erklärungen können so aufgebrochen und hinterfragt werden. In *Pirates of the Caribbean* verweist das Schwinden der übernatürlichen Welt und der weißen Flecken auf der Landkarte auf die brutale Übermacht des globalisierten Kapitalismus. Im fantastischen In- und Nebeneinander von Zeiten und Räumen orientiert sich die Eidechse in *Rango* zu oberflächlich und zu kalkuliert am klassischen Heldenmuster. Erst die Demontage durch den übermächtigen Bedroher des Ortes, erst die Weisungen der mythisch begründeten Mentorenfigur Spirit of the West und das Eingreifen der sich gegen geltende Naturgesetze bewegenden Pflanzen ermöglichen Rango den ‚wirklichen' Aufstieg zum Helden – bzw. dem Film den entsprechenden Appell an Obama. Es ist freilich nur ein punktueller Sieg, denn in der unmittelbaren Nachbarschaft des Pionierzeitortes ist, begünstigt durch Korruption, Betrug und Geschäftemacherei, gleichzeitig Las Vegas entstanden, das mit seinem Konsum- und Freizeitversprechen die Bewohner von Dirt nachhaltig verändert und Rango zu einer popkulturellen Ikone gefrieren lässt. In *Lone Ranger* schließlich ist es das fantastische Erwachen von Tonto, das die Neuschreibung der Pioniergeschichte veranlasst, sind es das mythische Pferd und die kannibalischen Kaninchen, die den Blick auf die Welt durch Verunsicherung zurecht rücken, während die aus der Zeit gefallene Erdnusstüte und die im Verlauf des Besuchs einer Westernschau erbaute Golden Gate Bridge die Unzuverlässigkeit der großen Erzählung vom Wilden Westen markieren.

Literaturverzeichnis

Benedict Anderson: *Imagined Communities: Reflections on the Origin and Spread of Nationalism*. London 1983.
Michael Augsten: Große Worte (KW04/2009) [Karikatur], 18 Jan. 2009.
    URL: http://karikatur.augsten.at/index.php (10.03.2015).
Roland Barthes: *Mythen des Alltags*. Frankfurt am Main 1980.
Hans Richard Brittnacher, Markus May (Hg.): *Phantastik. Ein interdisziplinäres Handbuch*. Stuttgart, Weimar 2013.
Joseph Campbell: *The Hero with a Thousand Faces*. New York 1949.
Monika Flacke (Hg.): *Mythen der Nationen. Ein europäisches Panorama*. Berlin 1998.

Etienne François u. Hagen Schulze: Das emotionale Fundament der Nationen. In: *Mythen der Nationen. Ein europäisches Panorama.* Hg. v. Monika Flacke. Berlin 1998, S. 17–32.

James A. Freeman: Joan of Arc: Soldier, Saint, Symbol – of What? In: Journal of Popular Culture 41 (2008), S. 601–634.

Harald Fricke: *Gesetz und Freiheit. Eine Philosophie der Kunst.* München 2000.

Brigitte Frizzoni: Shrek – ein postmodernes Märchen. In: *Erzählkulturen im Medienwandel.* Hg. v. Christoph Schmitt. Münster u. a. 2008, S. 187–202.

John Andreas Fuchs, Michael Neumann: *Mythen Europas. Schlüsselfiguren der Imagination. [Bd. 7:] Moderne.* Regensburg 2009.

Robin Givhan: Fashion Designers Hope to Stitch Up an Obama Win. In: Washington Post, 16. August 2008. URL: http://www.washingtonpost.com/wp-dyn/content/article/2008/08/15/AR2008081503972.html?hpid=topnews (18.11.2015).

F[ritz] Göttler: Der Held als Lakritz. In: Süddeutsche Zeitung, 3. März 2011 URL: http://www.sueddeutsche.de/kultur/im-kino-rango-der-held-als-lakritz-1.1067084 (10.03.2015).

Birgit Grein: Phantastik. In: *Metzler Lexikon Literatur- und Kulturtheorie. Ansätze – Personen – Grundbegriffe.* Hg. v. Ansgar Nünning. Stuttgart, Weimar 1995, S. 424.

Friederike Hausmann: *Garibaldi. Die Geschichte eines Abenteurers, der Italien zur Einheit verhalf.* Berlin 1985.

Friederike Hausmann: Erfindung und Selbstfindung eines Helden. Giuseppe Garibaldi als Mythos der Freiheit. In: *Mythen Europas. Schlüsselfiguren der Imagination. Das 19. Jahrhundert.* Hg. v. Betsy van Schlun u. Michael Neumann. Regensburg 2008, S. 80–97.

Philip Hefner: Spiritual Transformation and Nonviolent Action. Interpreting Mahatma Gandhi and Martin Luther King Jr. In: Currents in Theology and Mission 31:4 (2004), S. 264–273.

Eric Hobsbawm: Introduction: Inventing Traditions. In: *The Invention of Tradition.* Hg. v. Eric Hobsbawm u. Terence Ranger. Cambridge 1983, S. 1–15.

Aleta-Amirée von Holzen: Held und Rächer mit Moral. In: buch&maus 1 (2012), S. 14f.

Katalin Horn: Held, Heldin. In: *Enzyklopädie des Märchens. Bd. 6.* Hg. v. Rolf Wilhelm Brednich u. a. Berlin, New York 1990. Sp. 721–745.

Hans-Otto Hügel: Abenteurer. In: *Handbuch populäre Kultur. Begriffe, Theorien und Diskussionen.* Hg. v. Hans-Otto Hügel. Stuttgart, Weimar 2003, S. 91–98.

Hans-Otto Hügel, Jan Schönfelder: *Helden für Tag und Ewigkeit.* Hildesheim 2004. CD-ROM.

Michiko Kakutani: Brand Che: Revolutionary as Marketer's Dream. In: New York Times, 20.04.2009. NY URL: http://www.nytimes.com/2009/04/21/books/21kaku.html (10.03.2015).

Stephan Lahrem: Che: Eine globale Protestikone des 20. Jahrhunderts. In: *Das Jahrhundert der Bilder. 1949 bis heute.* Hg. v. Gerhard Paul. Göttingen 2008, S. 234–241.

Jeff A. Larson, Omar Lizardo: Generations, Identities, and the Collective Memory of Che Guevara. In: Sociological Forum 22:4 (2007), S. 425–451.

Volker Losemann: Arminius: Karriere eines Freiheitshelden. In: *Mythen Europas. Schlüsselfiguren der Imagination. Das 19. Jahrhundert.* Hg. v. Betsy van Schlun u. Michael Neumann. Regensburg 2008, S. 98–119.

Guy P. Marchal: *Schweizer Gebrauchsgeschichte. Geschichtsbilder, Mythenbildung und nationale Identität*. Basel 2006.

Claude Markovits: *The UnGandhian Gandhi: The Life and Afterlife of the Mahatma*. London 2004.

Ruth Mayer: Postmoderne/Postmodernismus. In: *Grundbegriffe der Kulturtheorie und Kulturwissenschaften*. Hg. v. Ansgar Nünning. Stuttgart, Weimar 2005, S. 183f.

Helmut Müller: Phantastische Erzählung. In: *Lexikon der Kinder- und Jugendliteratur, Bd. 3*. Hg. v. Klaus Doderer. Weinheim/Basel 1979, S. 37–40.

Herfried Münkler: „Als die Römer frech geworden ..." Arminius und die Schlacht im Teutoburger Wald. In: *Herfried Münkler: Die Deutschen und ihre Mythen*. Berlin 2009, S. 165–180.

Barack Obama's New Hampshire Primary Speech. In: The New York Times, 8. Januar 2008a. URL: http://www.nytimes.com/2008/01/08/us/politics/08text-obama.html (10.03.2015).

[Barack Obama:] The New Hope. 2008c. Poster.
URL:
http://obamamedia.files.wordpress.com/2008/03/obama_the_new_hope_redblue
_1024px.png (10.03.2015).

Obama's Victory Speech. In: The New York Times, 5. November 2008b.
URL: http://www.nytimes.com/2008/11/04/us/politics/04text-obama.html (10.03.2015).

[Barack Obama:] Change We Can Believe in. 2008d. Poster.
URL: http://thesituationist.files.wordpress.com/2008/11/change-we-can-believe-in.jpg (10.03.2015).

President Barack Obama Steers Clear of Politics in School Pep Talk. In: The Associated Press, 9. August 2009.
URL: http://www.nbcnews.com/id/32723625/ns/politics-white_house/t/obama-steers-clear-politics-school-pep-talk/ (10.03.2015).

Dietmar Rieger, Stephanie Breithecker u. Stephanie Wodianka: Heilige, Nationalheldin und Superwoman – die Gesichter der Jeanne d'Arc. Zum Platz eines alten Mythos in einer modernen Erinnerungskultur. In: Spiegel der Forschung 20:1/2 (2003), S. 146–153.

Betsy van Schlun u. Michael Neumann (Hg.): *Mythen Europas. Schlüsselfiguren der Imagination. Das 19. Jahrhundert*. Regensburg 2008.

Robert A. Segal (Hg.): *In Quest of the Hero*. Princeton 1990.

Georg Simmel: Philosophie des Abenteuers [1910]. In: Georg Simmel: *Aufsätze und Abhandlungen 1909–1918. Band I*. Hg. v. Rüdiger Kramme u. Angela Rammstedt. Frankfurt am Main 2001, S. 97–110.

Sabine Tanz: Jeanne d'Arc. Eine Frau entscheidet Frankreichs Schicksal. In: *Mythen Europas. Schlüsselfiguren der Imagination. Zwischen Mittelalter und Neuzeit*. Hg. v. Almut Schneider u. Michael Neumann. Regensburg 2008, S. 66–81.

Hunter S. Thompson: *Fear and Loathing in Las Vegas. A Savage Journey to the Heart of the American Dream*. New York 1971.

Tzvetan Todorov: *Einführung in die fantastische Literatur* [*Introduction à la littérature fantastique*, Paris 1970. Übers. von Karin Kersten u.a.]. München 1972.

Ingrid Tomkowiak: Postmodern Storytelling in Traditional Popular Genres. Gore Verbinski's Movies as Reflections on Narrative Patterns. In: Narrative Culture 1:2 (2014), S. 175–190.

Sarah Triendl: Obamessiah. Die Relevanz zivilreligiöser Terminologie in den Reden von Barack Obama für seine Inszenierung als politische Erlöserfigur. München 2008. URL: http://www.grin.com/de/e-book/112521/obamessiah-die-relevanz-zivilreligioeser-terminologie-in-den-reden (10.03.2015).

Danny Trom: Frankreich. Die gespaltene Erinnerung. In: *Mythen der Nationen. Ein europäisches Panorama*. Hg. v. Monika Flacke. Berlin 1998, S. 129–151.

Christopher Vogler: *The Writer's Journey. Mythic Structure for Screenwriters and Storytellers*. Studio City 1992.

Christopher Vogler: *The Writer's Journey: Mythic Structure for Writers*. Studio City 2007.

Max Weber: *Grundriß der Sozialökonomik. III. Abt.: Wirtschaft und Gesellschaft*. Tübingen 1922.

Filmquellen

Gore Verbinski (Regie) / Ted Elliott u. Terry Rossio (Drehbuch): *Pirates of the Caribbean: The Curse of the Black Pearl*. USA 2003.

Gore Verbinski (Regie) / Ted Elliott u. Terry Rossio (Drehbuch): *Pirates of the Caribbean: Dead Man's Chest*. USA 2006.

Gore Verbinski (Regie) / Ted Elliott u. Terry Rossio (Drehbuch): *Pirates of the Caribbean: At World's End*. USA 2007.

Gore Verbinski (Regie) / John Logan (Drehbuch): *Rango*. USA 2011.

Gore Verbinski (Regie) / Justin Haythe, Ted Elliot u. Terry Rossio (Drehbuch): *Lone Ranger*. USA 2013.

Meta-Fantastik – Ulrike Draesners Erzählung „Rosakäfer" (2011)

Anna Ertel und Tilmann Köppe (Freiburg i. Br. / Göttingen)

Ulrike Draesners 2011 publizierte Erzählung „Rosakäfer" liest sich als zeitgenössische Aktualisierung von Franz Kafkas 1912 entstandener Erzählung „Die Verwandlung".[1] Eine junge Frau, Rosa Maregg, erwacht eines Morgens als Käfer. Eltern und Bruder reagieren zunächst schockiert, wissen die Verwandlung dann jedoch zu nutzen, um mediale Aufmerksamkeit zu erzeugen. Im Zentrum des bald einsetzenden Hypes um den Käfer steht die Frage nach der Authentizität der von der Familie an die Öffentlichkeit gelieferten Story: Ist der Käfer wirklich Rosa? Handelt es sich tatsächlich um ein menschliches Wesen in Tiergestalt? „Rosakäfer" (R 241) wird zur Beantwortung dieser Fragen in Fernsehshows einer Reihe von Untersuchungen unterzogen, deren letzte ihren Tod herbeiführt.

Wie aus dieser knappen inhaltlichen Zusammenfassung bereits deutlich wird, handelt es sich bei Draesners Text um eine Kontrafaktur von Kafkas fast einhundert Jahre früher entstandenem Klassiker fantastischen Erzählens.[2] „Rosakäfer" thematisiert aber nicht nur seinen literarischen Prätext, sondern auch den Fantastik-Diskurs als solchen, wie er die Literaturwissenschaft bestimmt. In diesem – zweifachen – Sinne handelt es sich bei der Erzählung um ein Beispiel von *Meta-Fantastik*, wie wir im Folgenden zeigen möchten. Unser Beitrag gliedert sich dabei wie folgt: Zunächst beschreiben wir Draesners „Rosakäfer" als Kontrafaktur von Kafkas „Die Verwandlung" (1); anschließend erläutern wir, inwiefern Draesners Text auch den Fantastik-Diskurs zum Gegenstand hat (2).

1   Draesners „Rosakäfer" als Kontrafaktur von Kafkas „Die Verwandlung"

Dass in Draesners Erzählung eine intertextuelle Relation zum Kafka-Text aufgebaut und verhandelt wird, ist nicht zu übersehen.[3] Ausgangspunkt beider Texte

---

[1]   Draesner (2011), im Folgenden zitiert mit der Sigle „R". Kafkas Erzählung wird unter der Sigle „V" zitiert nach Kafka (2008).

[2]   Zur Kontrafaktur-These vgl. Braun (2014). Zur Zuordnung von „Die Verwandlung" zur fantastischen Literatur vgl. etwa Freund (1999: 174); Ruthner (2006: 13); kritisch diskutiert wird die Zuordnung in Durst ([2]2010: 290f.).

[3]   Vgl. auch Braun (2014); Brogi (2014).

ist die nächtliche Metamorphose der jeweiligen Hauptfigur in ein „Ungeziefer" (V 46) bzw. in einen „Käfer" (R 220), wobei sich in Draesners Text neben zahlreichen erzählstrukturellen sowie motivischen Anlehnungen auch einige wörtliche Übernahmen aus Kafkas Vorlage finden. Strukturell identisch ist zunächst der bereits einleitend charakterisierte Handlungsverlauf. Die Erzählungen beginnen *in medias res* mit dem Erwachen der Protagonisten und der Feststellung ihrer Verwandlung. Bereits die Eröffnungspassagen enthalten viele wörtliche Übereinstimmungen:

> Als Gregor Samsa eines Morgens aus unruhigen Träumen erwachte, fand er sich in seinem Bett zu einem ungeheuren Ungeziefer verwandelt. (V 46)

> Als Rosa Maregg am Morgen nach unruhigen Träumen erwachte, lag sie auf dem Rücken, fest in ihrem Bett, einem niedrigen Futon, und fand sich in der angenehmen Lage, sich leicht von einer Seite zur anderen schaukeln zu können. (R 217)

Auch Tempus sowie Erzählsituation und -perspektive gleichen sich: Erzählt wird im Präteritum und in der dritten Person aus der Perspektive der Protagonisten.[4] Mit fortschreitender Erzählung beginnen die Verwandelten, den eigenen (neuen) Körper kennenzulernen, und die Entfremdung von der Familie nimmt ihren Lauf. Das jeweilige Integrationsdrama endet mit dem Tod Gregors sowie auch Rosas.

Parallel konstruiert ist sodann auch die Figurenkonstellation, insbesondere die Rolle der Protagonisten innerhalb ihres Familiengefüges. Gregor Samsa und Rosa Maregg sind Versorger ihrer Familien, und so gilt ihr erster Gedanke nach dem Erwachen und einer kurzen Phase der Vergegenwärtigung und Orientierung bezeichnenderweise der Arbeit bzw. der Sorge, als Arbeitnehmer zu versagen: Gregor Samsa sollte bereits im Zug sitzen, Rosa Maregg längst „eingeloggt" (R 217) und in ihrem *home office* erreichbar sein. Beide werden kurze Zeit später auch tatsächlich von ihren Arbeitgebern aufgesucht,[5] wobei die Familienmitglieder den dadurch ausgeübten Druck noch verstärken. Die Verwandlung ist somit für beide Familien nicht zuletzt ein wirtschaftliches Problem. Während Gregor Samsas Eltern und Schwester sich angesichts der neuen Situation gezwungen sehen, an Gregors Stelle in Brot und Lohn zu gehen, hegt Rosas Familie dank des geschickt agierenden und medienaffinen Bruders Hoffnungen auf einen wahren Geldsegen; in beiden Fällen entlarvt die Verwandlung reichlich niedere Motive und Gepflogenheiten der Familien.

---

[4]   Bei Draesner wird die für beide Texte charakteristische interne Fokalisierung gleich anschließend durch erlebte Rede markiert: „Was hatte sie gestern Abend gegessen?" (R 217)

[5]   In Rosas Fall handelt es sich um einen Anruf aus dem Callcenter, für das sie arbeitet; bei Samsa erscheint der Prokurist persönlich.

Eine markante Variation zwischen den Texten betrifft das Geschlecht der Figuren. Aus dem Handelsreisenden *Gregor Samsa* wird (markiert durch anagrammatische Vertauschung der Buchstaben in den Namen) die Telearbeiterin *Rosa Maregg*; einzig verbleibender Hoffnungsträger der Familie ist nicht mehr Gregors Schwester, sondern Rosas Bruder; und die Samsa'schen „Zimmerherren" kehren in Gestalt dreier koreanischer Untermieterinnen wieder. Draesner katapultiert, wie die genannten Punkte bereits verdeutlichen, ihre Verwandlungsgeschichte zudem mitten in die Gegenwart, genauer: ins moderne Medien- und Internetzeitalter.

Abgesehen von den zahlreichen inhaltlich-strukturellen Parallelen enthält Draesners Text auch ein originelles Bildzitat, das den *Verfasser* des Prätextes direkt in Rosas Welt hineinprojiziert und so andeutet, dass „Rosakäfer" nicht nur eine intertextuelle Beziehung zu Kafkas Erzähl*welt*, sondern auch zum – von Kafka geschriebenen – Erzähl*text* unterhält.[6] Rosas angestrengte Versuche, sich aus der Rückenlage, in der sie als Käfer erwacht ist, zu befreien, führen nämlich dazu, dass der Bildschirmschoner ihres Rechners anspringt:

> Erschöpft starrte Rosa auf das Foto eines jungen Mannes, den ihr das Zufallsprogramm aus dem Netz gesogen hatte. Der in einen altmodischen Überzieher und Hut Gekleidete warf einen langen, nur wenig schrägen Schatten auf das ihn umgebende Kopfsteinpflaster. Das Haus hinter ihm zeigte altmodische Konturen, am unteren Rand der Aufnahme glänzte ein auffallend schwarzer, hoch aufgewölbter Schuh, der andere Fuß des Abgebildeten ragte ganz aus dem Bild. (R 218f.)

Abb. 1: Franz Kafka auf dem Altstädter Ringplatz, Prag, um 1922. Quelle/Copyright: Deutsches Literaturarchiv Marbach

---

[6] Vgl. dazu auch Brogi (2014: 54).

Der Beschreibung ist leicht zu entnehmen, dass es sich bei dem jungen Mann im „altmodischen Überzieher" um Franz Kafka handelt, dessen „Schatten" bis in die Gegenwart von Draesners Erzählung hineinreicht (vgl. Abb. 1).

Wir wenden uns damit dem Element des Fantastischen in Kafkas und Draesners Erzählungen zu, das in der Literaturwissenschaft meist im Anschluss an Tzvetan Todorov bestimmt wird:

> Das Fantastische verlangt die Erfüllung dreier Bedingungen. Zuerst einmal muß der Text den Leser zwingen, die Welt der handelnden Personen wie eine Welt lebender Personen zu betrachten, und ihn unschlüssig werden lassen angesichts der Frage, ob die evozierten Ereignisse einer natürlichen oder einer übernatürlichen Erklärung bedürfen. Des weiteren kann diese Unschlüssigkeit dann gleichfalls von einer handelnden Person empfunden werden; […]. Dann ist noch wichtig, daß der Leser in bezug auf den Text eine bestimmte Haltung einnimmt: er wird die allegorische Interpretation ebenso zurückweisen wie die ‚poetische' Interpretation.[7]

Todorovs erste von drei Bedingungen betrifft die leserseitige Einschätzung der Erzählwelt und zerfällt in zwei Teilbedingungen. Sowohl „Die Verwandlung" als auch „Rosakäfer" erfüllen die erste Teilbedingung – die Erzählwelt wird von *Personen* bevölkert.[8] Die zweite Teilbedingung betrifft die Erklärungen, die für die Besonderheiten der Erzählwelt herangezogen werden können.[9] Welche Elemente der Erzählungen einer besonderen Erklärung bedürfen, sollte in beiden Fällen unstrittig sein: Eine Person verwandelt sich augenscheinlich über Nacht in ein Wesen, das in der Erzählwelt eigentlich nicht vorkommen dürfte. Eine ‚natürliche Erklärung' würde sich hier etwa darauf berufen, dass die Ereignisse von den jeweiligen Protagonisten lediglich geträumt werden. Gregor und Rosa ver-

---

[7]   Todorov (1972 [1970]: 33). Zur neueren Diskussion (immer mit Bezugnahme auf Todorov) vgl. etwa Simonis (2005: 41–46); Scheffel (2006); Ruthner/Reber/May (2006); Durst (²2010); Kindt (2011); Kasbohm (2012).

[8]   Wichtig ist hier, dass diese Einschätzung leserseitig erfolgt. *Intra*-fiktional, d. h. innerhalb der fiktiven Welt, ist der Personenstatus von Gregor und Rosa aus der Sicht der anderen Personen kontrovers.

[9]   Wir sprechen von *Besonderheiten* der Erzählwelt (im Unterschied zur Erzählwelt *in toto*), weil schon Todorovs erste Teilbedingung andeutet, dass nicht alles in der Erzählwelt in der nachstehend präzisierten, besonderen Weise erklärt zu werden braucht. (Z. B. bedarf es keiner ungewöhnlichen Erklärung, dass es in der Erzählwelt Personen gibt.) Zu präzisieren wäre ferner, dass es hier um *intra*-fiktionale Erklärungen geht, d. h. Erklärungen auf der Ebene der fiktiven Welt. *Extra*-fiktionale Erklärungen sind dagegen Erklärungen, die Elemente der Erzählwelt auf reale Faktoren (etwa die Entscheidungen eines Autors, Genrekonventionen o. ä.) zurückführen (zur Unterscheidung vgl. Currie (2007)); solche Erklärungen sind nicht Teil der zweiten Bedingung Todorovs.

wandelten sich demnach (in der Erzählwelt) nicht tatsächlich.[10] Die oben skizzierten Anfänge der Erzählungen enthalten denn auch gewisse Signale, mit denen man eine solche Interpretation stützen könnte: Vom Träumen ist immerhin explizit die Rede,[11] und auch die dominante interne Fokalisierung kann man als Hinweis darauf verstehen, dass wir es durchgängig mit den Traumerfahrungen einer bestimmten Person zu tun haben.[12] Insbesondere hat diese Interpretation den nicht zu unterschätzenden Vorteil, dass sie eine *einheitliche* Interpretation aller fiktiven Geschehnisse erlaubt.[13] Gleichwohl ist auch eine ,übernatürliche' Erklärung der Ereignisse möglich. Die Erzählwelt ist demnach von der Welt, in der wir leben, insofern verschieden, als sie das Eintreten von Ereignissen erlaubt, die in unserer Welt unmöglich sind. In der Erzählwelt gelten mit anderen Worten Gesetzmäßigkeiten, die wir nicht kennen und die insofern ,übernatürlich' anmuten.[14] Dass Interpreten von „Die Verwandlung" und „Rosakäfer" nicht sofort und

---

[10] Zu dieser oft auch als ,Naturalisierung' bezeichneten Lektüreoption vgl. grundsätzlich Klauk/Köppe (2013). Zur These, Kafkas Text „gehorche insgesamt einer traumhaften Logik" vgl. etwa (zusammenfassend) Barbetta (2006: 218); zu einem anderen Beispiel fantastischer Literatur Scheffel (2006: 4).

[11] Und dies nicht nur am Erzählbeginn (s. o.), sondern auch am Erzählschluss: „Und es war ihnen wie eine Bestätigung ihrer neuen Träume und guten Absichten, als am Ziele ihrer Fahrt die Tochter als erste sich erhob und ihren jungen Körper dehnte.", heißt es bei Kafka (V 106). Und bei Draesner: „Und er, als spüre er ihre Träume, dehnte seinen Körper und streckte sich über den Kopf der Pilotin ein wenig nach vorn." (R 252) Anfang und Schluss einer Erzählung gelten gemeinhin als besonders wichtig; insofern kann diese Interpretation für sich verbuchen, besonders wichtige Textdaten in eine Erklärung einbinden zu können (vgl. Føllesdal et al. 2008). Zu berücksichtigen wäre hier freilich auch der Satz „Es war kein Traum." (V 46); mit der Traum-Hypothese vereinbar wäre etwa eine Lesart des Satzes als intern fokalisiert: Gregor träumt demnach lediglich, dass das Erlebte kein Traum ist.

[12] Als „Traum-Logik" bezeichnet Klaus Jeziorkowski die Eigentümlichkeit von Kafkas Texten, „daß die Elemente bekannt und vertraut sind, aber nicht an ihrem Platz" (Jeziorkowski 1992: 99).

[13] Auch dass die Geschichten nach dem Tod Gregors bzw. Rosas (wenngleich kurz) weitergehen, spricht nicht dagegen: Bekanntlich kann man sich im Traum auch ,von außen' sehen bzw. den eigenen Tod träumen. Zu Einheitlichkeit und Reichweite als Qualitätskriterien von Interpretationen vgl. erneut Føllesdal et al. (2008) u. Köppe (2008: 80f.).

[14] Wir sprechen von einer ,übernatürlich' *anmutenden* (*intra*-fiktionalen) Erklärung, weil eine solche Erklärung unter den *intra*-fiktional herrschenden Bedingungen eigentlich wohl als ,natürlich' charakterisiert werden müsste – mit anderen Worten: Wenn wir die Verwandlungen auf der Ebene der fiktiven Welt durch Gesetzmäßigkeiten erklären können, die Teil der Natur der fraglichen fiktiven Welt sind, dann sollte man diese Gesetzmäßigkeiten (wie gesagt: *intra*-fiktional) nicht als ,übernatürlich' bezeichnen (vgl. die Beobachtung in Meister (2012: 24)). ,Übernatürlich' muten die Erklärungen nur dann an, wenn man sie aus *extra*-fiktionaler Perspektive mit dem

mit fliegenden Fahnen zu Interpretationen diesen Typs Zuflucht nehmen, könnte zum einen damit zu tun haben, dass viele (bedeutende) Aspekte der Erzählwelten eben auch einer ‚natürlichen' Erklärung zugänglich sind. Denn sobald die jeweiligen Verwandlungen vollzogen sind (was bereits mit dem Einsetzen beider Erzählungen der Fall ist), scheint das Leben, *so gut es unter den Umständen der Verwandlung eben geht*, seinen gewohnten Gang zu gehen. Interpreten scheinen, allgemein gesprochen, konservativ zu sein, d. h. sie verabschieden die aus ihrer Kenntnis der Wirklichkeit stammenden Hintergrundnahmen (u. a. bezüglich der in ihr geltenden Gesetzmäßigkeiten) nur dann, wenn es wirklich erforderlich ist, um die Erzählwelt verständlich zu machen.[15] Zum anderen ist eine (‚Meta'-)Interpretation verfügbar, die Elemente des ‚natürlichen' und ‚übernatürlichen' Erklärens vereint. Kafkas und Draesners Erzählungen können demnach als fundamental *ambig* gelesen werden,[16] d. h. so, dass die Ereignisse der Erzählwelt (interpretationsrelativ) sowohl eine natürliche als auch eine übernatürliche Interpretation erlauben: Beide Gruppen von Interpretationen – also diejenigen, die auf ‚natürliche' Erklärungen fiktiver Ereignisse einerseits und diejenigen, die auf ‚übernatürliche' Erklärungen andererseits abzielen – sind möglich. Just dies ist es, was Todorovs erste Bedingung für ‚Fantastik' verlangt.

Todorovs zweite Bedingung für ‚Fantastik' räumt die Möglichkeit ein, dass die ‚Unschlüssigkeit' zwischen ‚natürlicher' unter ‚übernatürlicher' Erklärung auch von den Protagonisten erfahren wird.[17] Gregor stellt nach der nächtlichen

vergleicht, was wir über unsere Welt wissen (oder zu wissen meinen). – Und noch eine Bemerkung: Charakteristischerweise ist eine (*intra*-fiktionale) Erklärung *pro tanto* weniger umfassend als eine konkurrierende *intra*-fiktionale Erklärung, die sich der ‚Naturalisierungs'-Strategie bedient (s. o., Anm. 10), denn die auf ‚Übernatürliches' setzende *intra*-fiktionale Erklärung enthält viele ‚Leerstellen', i. e. mangels Zugriff auf die Gesetzmäßigkeiten unerklärte Aspekte der Erzählwelt. Die ‚übernatürliche' Erklärung ist auch mit dem Problem behaftet, dass wir uns nicht recht verständlich machen können, wie ‚natürliche' (i. e. bekannte) und ‚übernatürliche' (i. e. unbekannte) Ereignisse und die ihnen zugrunde liegenden Gesetzmäßigkeiten interagieren sollen. Ein amüsantes Beispiel dafür hat Nikolaus Heidelbach anhand von Nabokovs Interpretation von „Die Verwandlung" durchgespielt: Kafkas habe nämlich, so Nabokov, die Anatomie des verwandelten Gregor so angelegt, dass dieser ein *Käfer* sei und mithin *fliegen* könne. Und damit ergibt sich die Frage: Wenn das (‚übernatürliche') Ereignis der Verwandlung Gregors als Resultat einen (‚natürlichen') Käfer hervorbrachte – weshalb fliegt der dann nicht weg, wie es für Käfer natürlich wäre? Vgl. Heidelbach (2012: 14) sowie Nabokov (1991: insbes. 322f.).

15   Zum Konservativismus als wissenschaftstheoretischer Tugend im Kontext der Interpretation fiktiver Welten vgl. Köppe (2008: 79f.).

16   Zur grundsätzlichen Strategie einer Meta-Interpretation vgl. (am Beispiel von E.T.A. Hoffmanns „Der Sandmann") Detel (2016: Kap. 2).

17   Statt der ‚Unschlüssigkeit' des Lesers kann man wohl auch einfach von der Unentscheidbarkeit der Interpretationen sprechen. Denn dies ist, worauf die Unschlüssigkeit

Verwandlung explizit die Frage „Was ist mit mir geschehen?" (V 46) und sucht nach Erklärungen für seinen ‚Zustand'; seine merkwürdige Stimme deutet er z. B. als Anzeichen einer Erkältung (V 50), und zumindest anfangs hofft er noch darauf, dass sich seine seltsamen „Vorstellungen allmählich auflösen" (V 50) und die „wirklichen und selbstverständlichen Verhältnisse" (V 51) wiederkehren mögen.[18] Etwas anders gelagert sind Rosas Reaktionen auf ihre nächtliche Verwandlung. Angesichts der „angenehmen Lage, sich leicht von einer Seite zur anderen schaukeln zu können", stellt sich bei ihr anfänglich sogar ein Wohlgefühl ein: „Wie ein Kind im Wiegekorb schloss sie die Augen" (R 217). Es folgt ein rascher Wechsel von Amüsement (über den Anblick des voluminösen Käferleibs), Hysterie (angesichts ihrer dünnen Käferbeine) und abgeklärter Gelassenheit: „Das Leben hatte ihr beigebracht, nicht alles tragisch zu nehmen. ‚Opfer' war uncool. Entschieden riss sie die Lider auf" (R 218). Das Aufreißen der Augen kann als Versuch gelesen werden, die Dinge ‚im Licht' zu sehen, d. h. erklären zu können – oder aber den wie auch immer gearteten neuen ‚Tatsachen' ins Auge zu sehen, ohne nach weiteren Erklärungen dafür zu suchen.[19] Die Entschiedenheit, mit der Rosa die Augen aufreißt, ließe sich in diesem Sinne auch als ironischer Meta-Kommentar auf Todorovs Idee der Unentschiedenheit beziehen. Nicht zuletzt markieren die Unterschiede in den Reaktionen der Protagonisten aber auch zentrale Unterschiede zwischen den jeweiligen Erzählwelten: Rosas Welt ist durch mediale Inszenierungen geprägt,[20] die – so unsere im zweiten Teil noch näher auszuführende These – auch einen anderen Umgang mit dem Fantastischen nahelegen.

Todorovs dritte Bedingung für ‚Fantastik' verlangt die Zurückweisung ‚allegorischer' und ‚poetischer' Interpretationen. Diese Bedingung sollte wohl am besten so ausgelegt werden, dass die Konfrontation von ‚natürlicher' und ‚unnatürlicher' Erklärung fiktiver Ereignisse als Konfrontation oder nicht aufgelöster Konflikt *erfahren* werden soll. Leser sollen gewissermaßen weder mit der einen (‚natürlichen') noch mit der anderen (‚unnatürlichen') Erklärung der

des Lesers *beruht*, wenn sie denn für den hier in Rede stehenden Zusammenhang einschlägig ist. (Mit anderen Worten: Der relevante Typ von Unschlüssigkeit als leserseitige Einstellung wird anhand der textuell bedingten Unentscheidbarkeit identifiziert.) Vgl. dazu auch Krah (2002: 240).

[18] Gleichzeitig beschäftigt Gregor allerdings auch die Frage, ob nicht z. B. dem Prokuristen, der den säumigen Angestellten zuhause aufsucht, „etwas Ähnliches passieren könnte, wie heute ihm; die Möglichkeit dessen mußte man doch eigentlich zugeben." (V 53)

[19] Vgl. auch Braun (2014), der argumentiert, dass das „böse[] Erwachen" Samsas bei Draesner „zu einer grotesken Selbstverständlichkeit wird" (ebd.: 44). Aber auch Samsas Verwandlung wird schließlich zu einer Art Selbstverständlichkeit.

[20] Auch der skizzierte rasche Gefühlswechsel Rosas in der Aufwachszene trägt gewissermaßen *showhafte* Züge.

Erzählwelt ihren Frieden machen – sie sollen die Frage nach der richtigen Erklärung der Ereignisse im Hinblick auf den Text nicht für zweitrangig halten. Es bleibt vielmehr, sobald man sich mit einer der Interpretationen zufrieden geben möchte, das Gefühl, dass man der Sache nicht gerecht geworden ist – im Englischen wird ein solches Gefühl treffend als *uneasy* bezeichnet.[21] Todorovs dritte Bedingung bezeichnet damit im Kern eine affektive Wirkungsdisposition des Textes.[22] Deutlicher wird die Besonderheit dieser Wirkungsdisposition vielleicht durch einen Vergleich mit anderen Texten und deren Wirkung. Viele Tierfabeln legen es nahe, bestimmte Erzählweltelemente durch ‚natürliche' und andere Elemente durch ‚übernatürliche' Gesetzmäßigkeiten zu erklären: So können etwa Füchse in der Welt der Fabel sprechen – ein Umstand, der ‚übernatürlich' und auch so zu erklären ist –, aber Eifersüchtige verhalten sich auch in der Welt der Fabel so, wie sie dies üblicherweise in der Wirklichkeit tun. Gleichwohl zielen Fabeln nicht darauf, als interpretations-ambig aufgefasst zu werden: Leser sollen nicht durch die Konfrontation zweier Erklärungsmöglichkeiten verunsichert werden, sondern vielmehr möglichst rasch zur allegorischen Interpretation schreiten.[23] Anders im Fall von „Die Verwandlung" und „Rosakäfer". Die Möglichkeit bzw. die Konkurrenz beider Erklärungsstrategien gehört nicht zu den Nebensächlichkeiten der in Rede stehenden fiktiven Welten. Sie ist vielmehr

---

[21]   Nur spekulieren können wir hier über die Mechanismen dieses Gefühls. In der Psychologie weisen einschlägige Studien darauf hin, dass Personen generell das Bedürfnis haben, offene Fragen zu beantworten und so „closure" zu erzielen: „The need for closure is a desire for definite knowledge on some issue." (Kruglanski/Weber 1996: 263). Die Suche nach einer als passend empfundenen Interpretation könnte als kognitive Herausforderung in diesem Sinne angesehen werden, die Abwesenheit von „closure" als unangenehm, da ein Wunsch („desire") nicht erfüllt wird. – An dieser Stelle mag auch ein Hinweis angebracht sein, der alle unsere Aussagen über Rezeptionseffekte betrifft: Wir reden hier über so etwas wie die *ideale* Rezeption, ohne eine empirische Validierung der *De-facto*-Rezeptionsweisen bestimmter Leserinnen oder Leser vorgenommen zu haben und ohne damit Annahmen etwa über Autorintentionen zu verbinden.

[22]   Man sollte die Bedingung dagegen wohl nicht so verstehen, dass im Falle von ‚Fantastik' keine ‚allegorische' oder ‚poetische' Interpretation verfügbar ist. Bekanntlich kann man *alles* allegorisch lesen, und damit wäre diese Bedingung nie erfüllt (und also kein Text fantastisch). Die Explikation der Bedingung als affektive Wirkungsdisposition geht auch darüber hinaus, dass „eine Unbestimmtheit bezüglich des Status [...] zwischen ‚natürlich' und ‚übernatürlich' aufrechterhalten wird, deren innertextlich scheiternde Klärung die Deutungsarbeit der Textinterpreten stimuliert" (Lachmann 2002: 25). Entscheidend sind nicht bloß das Scheitern von ‚naturalisierenden' oder anderen Interpretationsbemühungen oder die Stimulation weiterer Versuche, sondern vielmehr die Gefühle, die das beim Leser auslöst.

[23]   Vgl. die analoge Beschreibung in Simonis (2005: 47), zum Märchen.

wichtig, fordert Beachtung und führt zu einer leserseitigen Verunsicherung. Auch die dritte Bedingung halten wir mithin für erfüllt.

Sowohl „Die Verwandlung" als auch „Rosakäfer" sind also im Todorov'schen Sinne als fantastisch zu bezeichnen. Allerdings – so unsere These – gilt für beide Erzählungen, dass die eigentlich verstörende Wirkung weder von der fantastischen Verwandlung (also vom ‚übernatürlichen' Element der Erzählwelt) noch von der besagten Konfrontation zweier Erklärungstypen ausgeht. Vielmehr liegt diese Wirkung im Umgang der Umwelt und insbesondere der Familienmitglieder mit den verwandelten Protagonisten begründet. Sowohl Gregor Samsa als auch Rosa Maregg werden nicht nur nach und nach aus dem „menschlichen Kreis" (R 231; V 58) ihrer Familien ausgeschlossen,[24] sondern von Seiten ihrer menschlichen Umwelt psychisch und physisch in solchem Maße versehrt, dass sie letztlich an den Folgen der erlittenen Verletzungen zugrunde gehen. Als unmittelbar tödlich wird also, *nota bene*, nicht jenes Ereignis vorgestellt, dass als ‚übernatürlich' qualifiziert ist, also die jeweilige Verwandlung, sondern tödlich sind die Handlungen der Familie, die einwandfrei ‚natürlichen' (mit Nietzsche möchte man sagen: menschlich-allzumenschlichen) Erklärungen zugänglich sind.[25] Bei Draesner wird dieses Moment satirisch auf die Spitze

---

[24] Bezeichnenderweise fühlen sich sowohl Gregor als auch Rosa ausgerechnet dann wieder „einbezogen in den menschlichen Kreis" (R 231; V 58), als ihre Familien ganz offensichtlich beginnen, den Verwandelten nach und nach menschliche Eigenschaften abzusprechen: Eine „Tierstimme" konstatieren Gregors Prokurist (V 57) und Rosas Vater (R 231) übereinstimmend, was Rosas Mutter zum verzweifelten Ausruf „Ein Monster!" (ebd.) veranlasst. Später spricht Rosas Vater gar von einem „Viech" (R 234). Gregor wiederum stirbt unmittelbar nach der Szene, in der seine Schwester ihn in seiner Käfergestalt als „Untier" (V 98) und „Tier" (V 99) bezeichnet, das mit ihrem Bruder Gregor nichts zu tun habe.

[25] Auch hier bleiben wir eine Erklärung schuldig, weshalb gerade *dies* verstörend sein sollte. Wir deuten aber immerhin eine Erklärung an: Schon in der Aristotelischen Tragödientheorie wird angedeutet (und in der Aristoteles-Auslegung dann immer wieder diskutiert), dass die affektive/emotionale Wirkung der Tragödie darauf beruhe, dass der Zuschauer (oder, moderner, Leser) eine *Ähnlichkeit* zwischen sich und dem Helden erkenne, was wiederum dazu führe, dass er sich von sich selbst vorstellen könne, sich in einer vergleichbaren Situation zu finden (für eine moderne These in dieser Richtung vgl. die Position von Weston in Radford/Weston 1975). Bezogen auf die Texte von Kafka und Draesner kann man folgern: Niemand von uns fürchtet, eines Morgens verwandelt aufzuwachen, aber viele von uns können sich vorstellen, wie fürchterlich es ist, aus dem Kreis der Mitmenschen (Verwandte, Freunde und alle anderen) ausgeschlossen zu werden. Diese Vorstellung mag, bewusst oder unbewusst, dazu führen, dass dieser Aspekt des Schicksals der verwandelten Figuren als besonders unangenehm erlebt wird. Man stellt sich vor, wie es für einen selbst wäre, in dieser Situation zu sein, und weiß daher, wie es für die Protagonisten ist. Für die Verwandlung selbst, wie gesagt, gibt es diese Vorstellung wohl eher nicht, auch wenn

getrieben: Als grotesk und grausam mutet weniger das fantastische Ereignis der Verwandlung einer jungen Frau in einen Käfer als vielmehr dessen medienwirksame Instrumentalisierung und Vermarktung durch die Familie an (dazu unten ausführlicher).

Beide Erzählungen scheinen subtile Hinweise auf eine solche Interpretation zu geben. In diesem Zusammenhang auffällig ist die Verwendung von Ausdrücken wie ‚wirklich', ‚tatsächlich' oder ‚wahrscheinlich'. In „Die Verwandlung" tauchen sie etwa in adverbieller Verwendung bezogen auf die Authentizität von Gregors Gefühl und Urteil auf: „Gregor fühlte sich *tatsächlich*, abgesehen von einer nach dem langen Schlaf *wirklich* überflüssigen Schläfrigkeit, ganz wohl und hatte sogar einen besonders kräftigen Hunger" (V 48, unsere Hervorhebungen). Da der zitierte Satz im Kontext erlebter Rede steht, ist nicht klar, ob das Gesagte tatsächlich der Fall ist (genauer: eine fiktive Tatsache darstellt), sondern wir müssen annehmen, dass „tatsächlich" und „wirklich" lediglich das Urteil Gregors ausdrücken.[26] An anderen Stellen vermittelt die gehäufte Verwendung der genannten Prädikate den Eindruck, als müssten die Protagonisten sich immer wieder ihrer Wahrnehmungen und Gefühle vergewissern, so etwa in der (zweifellos heiklen) Situation, als Schwester und Mutter Gregors Zimmer ausräumen und Gregor seine eigene, durch die Verwandlung in einen Käfer offensichtlich veränderte Bedürfnislage irritiert zur Kenntnis nimmt: „Hatte er *wirklich* Lust, das warme […] Zimmer in eine Höhle

---

dies zuweilen bestritten wird. Zdravko Radman beispielsweise meint offenbar, es ließen sich im Medium der Fiktion sogar nicht-menschliche ‚Weltsichten' zur Darstellung bringen: „Während Biologen vorsichtig und zurückhaltend darauf hinweisen, daß eine Fliege oder Möwe oder ein Regenwurm eigene Welten haben, stellen sich Schriftsteller die anspruchsvolle Aufgabe, sich in diese Welten einzuleben, in die Haut (oder Federn und Pelze) dieser Tiere hineinzuschlüpfen und selbst eine Fliege, eine Möwe oder ein Regenwurm zu sein. Kafka hat in seiner Verwandlung genau diese Möglichkeit verwirklicht. Wie hätten wir sonst je die Welt durch die Augen eines Insekts zu sehen bekommen?" (Radman 1996: 80). Wir selber halten es, das sollte aus dem Gesagten bereits deutlich geworden sein, in dieser Sache eher mit den „vorsichtig[en] und zurückhaltend[en]" Biologen: Nach der Lektüre von „Die Verwandlung" wissen wir so wenig über die ‚Weltsicht' eines Insekts wie vor der Lektüre. Bereichert freilich ist nach der Lektüre unser Vorstellungsvermögen über menschliche Abgründe: Wir lernen viel über so unterschiedliche Dinge wie die Schrecken des Missverstandenseins, häusliche Gewalt oder klaustrophobische Zustände, bekommen eine Ahnung davon, wie es sich anfühlt, in derlei Zuständen be- oder gefangen zu sein, und vielleicht sind wir zukünftig in der Lage, entsprechende Phänomene in der Wirklichkeit mit gesteigerter Sensibilität wahrzunehmen. Mit der ‚Weltsicht' von Insekten hat das aber vermutlich wenig zu tun.

[26]   Zu dieser Eigenart erlebter Rede vgl. etwa Maier (2014).

verwandeln zu lassen, in der er dann freilich nach allen Richtungen ungestört würde kriechen können [...]?" (V 79, Hervorhebung durch uns)[27]

In „Rosakäfer" werden Ausdrücke wie ‚(un-)wirklich' oder ‚(un-)wahrscheinlich' in auffallender Weise gerade nicht im Hinblick auf Rosas Verwandlung, sondern in Bezug auf Phänomene der Alltagswelt der Fiktion verwendet. Zwei Beispiele: Nachdem Rosa durch ihren Vater auf unsanfte Weise (und schwer verletzt) in ihr Zimmer zurückbefördert worden ist, nimmt sie ihre Umgebung wie folgt wahr: „Es dämmerte, *unwirklich* milde lag der erste Schein der Straßenlampen auf allen Gegenständen" (R 230f., Hervorhebung durch uns). Und als die Familie einige Zeit nach der Verwandlung drei Koreanerinnen als Untermieterinnen aufnimmt, die sich von Rosa derart begeistert zeigen, dass sie von ihr verlangen, sie möge ab sofort ihr Zimmer reinigen, wird die Zustimmung der Familie zu diesem Vorschlag (der dem Bruder zugleich neuen Stoff für seinen Blog „*Alle-lieben-Rosa*" liefern soll) mit den Worten beschrieben: „Und *wirklich*, das *Unwahrscheinliche* geschah" (R 241, Hervorhebungen durch uns).

Durch das Spiel mit solchen Zu- und Beschreibungen wird zugleich eine Metaebene eingeführt, auf der die Unterscheidungen von ‚Natürlichem' und ‚Übernatürlichem', ‚Wirklichen' und ‚Anscheinendem' etc. verhandelt werden. In Draesners „Rosakäfer", so haben wir einleitend bereits angekündigt, gibt es also nicht nur einen Bezug zu Kafkas Erzählung, sondern auch zum (literaturwissenschaftlichen) Fantastik-Diskurs. Der Erläuterung und Begründung dieser These wenden wir uns im folgenden Abschnitt zu.

2   Draesners Erzählung als Kommentar zum Fantastik-Diskurs

Unter dem ‚(literaturwissenschaftlichen) Fantastik-Diskurs' verstehen wir das Netz der Begrifflichkeiten, mit denen in der Literaturwissenschaft über bestimmte, nämlich eben als fantastisch bezeichnete Texte gesprochen wird. Eine *Thematisierung* des Fantastik-Diskurses, und damit unweigerlich auch ein *Kommentar* zum Fantastik-Diskurs, liegt demnach dann vor, wenn diese Begrifflichkeiten nicht nur aufgerufen, sondern auch zum Thema gemacht werden.[28] In Bezug auf Draesners Erzählung geschieht dies zunächst *intra*-fiktional und sodann auch auf thematischer Ebene.

[27]   Dieses Bedürfnis nach Selbstvergewisserung gilt auch für andere Figuren, etwa für die Schwester, über die es in der gleichen Szene heißt: „Es war *natürlich* nicht nur kindlicher Trotz [...], sie hatte doch auch *tatsächlich* beobachtet, daß Gregor viel Raum zum Kriechen brauchte" (V 79f., Hervorhebung durch uns).

[28]   Bloß aufgerufen werden diese Begriffe etwa dann, wenn es nahe liegt, die Erzählwelt oder sonstige Aspekte eines Textes mithilfe ihrer zu beschreiben. Zur Rolle ‚thematischer Begriffe' („thematic concepts") in der Interpretation vgl. etwa Olsen (1987: 176–195).

Zunächst zur *intra*-fiktionalen Thematisierung des Fantastik-Diskurses in „Rosakäfer". Wie bereits bemerkt, kreist der zweite Teil der Erzählung um die Versuche der Familie, den „Käfer" Rosa medial zu vermarkten; das geschieht zunächst im Rahmen eines Internet-Blogs und dann im Rahmen einer Fernsehshow. Dabei werden verschiedentlich jene Begriffsfelder ins Spiel gebracht, die den (literaturwissenschaftlichen) Fantastik-Diskurs im Anschluss an Todorov konstituieren: Erstens – mit der ersten Teilbedingung für das Fantastische – geht es um die Frage, ob die Erzählwelt von *Personen* bevölkert wird, genauer, ob es sich bei Rosa (noch) um eine Person handelt, und zweitens – mit der zweiten Teilbedingung für das Fantastische – um die Frage, ob die fiktiven Ereignisse, hier das Phänomen „Rosakäfer", einer ‚natürlichen' oder ‚übernatürlichen' Erklärung zugänglich sind.

Durch den Internet-Blog *„Alle-lieben-Rosa"* (R 238), auf dem der Bruder Rosas Verwandlung minutiös dokumentiert und kommentiert, wird Rosa zum Star einer virtuellen Fangemeinde. Gewissermaßen bleibt das Unwirkliche des Geschehens damit zunächst in einer Sphäre aufgehoben, die sich von der alltäglichen oder analogen – und in diesem Sinne ‚realen' im Unterschied zur ‚virtuellen' – Welt unterscheidet. Wird Rosas Identität im Internet noch bewusst geheim gehalten – schließlich möchte die Familie „nicht auch noch *Real*aufmerksamkeit auf sich ziehen" (R 242, unsere Hervorhebung) –, so gerät die Frage danach und damit zugleich nach dem Wirklichkeitsgehalt der Verwandlung mit zunehmenden Medieninteresse immer mehr in den Mittelpunkt des Geschehens. Diese Entwicklung kulminiert in einer Reihe von Fernsehshows, mit denen die Familie an die Öffentlichkeit tritt und die Rosas Identität endgültig klären sollen. Dass sich die Familie zu diesem Schritt entschließt, folgt ökonomischen Motiven: „Es wurde Herbst, die alten Modelle hatten versagt. So konnte es nicht weitergehen. Die Eltern riefen Reiner herbei. Seine Idee empörte sie. Seine Idee überraschte sie. Seine Idee erleichterte sie" (R 242). Auch Rosa nimmt wahr, dass sich etwas Außergewöhnliches ereignet (hat), die Mutter erscheint ihr nach dieser Familienentscheidung mit einem Mal „ganz *verwandelt*" (R 242, unsere Hervorhebung). Es folgen drei Fernsehshows, in denen Rosa einer Reihe von pseudo-wissenschaftlichen Untersuchungen unterzogen wird, um ihre ‚wahre' Identität festzustellen; der letzte dieser Versuche endet für Rosa tödlich.[29]

Die öffentlichen Auftritte der Familie Maregg sollen im Folgenden etwas genauer untersucht werden, wobei unser Augenmerk der Frage gilt, auf welche Weise bzw. mit welchen Mitteln das Begriffsfeld ‚Wahrheit, Echtheit, Realität vs. Lüge, Täuschung, Unwirklichkeit' verhandelt wird und welche Methoden herangezogen werden, um Beweise für bzw. gegen Rosas Käferidentität zu erbringen. Einschlägig ist in diesem Zusammenhang etwa die gehäufte Verwen-

---

[29]   Von dem anfänglichen Versprechen des Senders, dass „Rosa als Mensch behandelt werde, in Käfergestalt" (R 245), bleibt am Ende also nichts mehr übrig.

dung epistemischer Terme, die auf eine Erkenntnis des Wirklichen zielen. So kommt es beim ersten TV-Auftritt der Familie zu folgender, für die Erzählung insgesamt charakteristischer Szene:

> Die Eltern sagten, sie *begriffen* erst jetzt, welch unglaubliche Aufregung ihr Kind Reiner geschaffen hatte. Seit Wochen *rätselte* das Land, ob es den Käfer *wirklich* gab. Wo er lebte. Jetzt würde es *verraten*! In einer der größten Fernsehshows des Kontinents. […]
> […] Ein Zoologe wippte herein. Der Mann, frisch gekämmt, kleiner Bart, *versuchte* eine *Bestimmung* des Käfers. Das Publikum buhte. Nach einigen Minuten gab er auf. Die Größenverhältnisse *stimmten nicht*. Das Publikum lachte. ‚Wir würden Ihnen gern *glauben*, dass dieses Wesen Ihre Tochter ist‘, sagte der Moderator. Seine Zähne glitzerten.
> […]
> ‚Glaubenssehnsüchtig‘, flüsterte er, ‚glaubensbereit sind wir. Heiß darauf! Aber wie sollen wir zu diesem *Glauben* kommen?‘
> ‚Genprobe‘, sagte Thorsten ruhig. […]
> Eine *Genprobe* aus dem Käfer, eine aus ihm und seiner Frau. Es *schien* eine spontane Idee. Dann werde man die Verwandtschaft doch *sehen*! […] (R 244f., unsere Hervorhebungen)

Die zitierte Passage ist in vielerlei Hinsicht aufschlussreich und veranschaulicht, wie das Fantastische und die Frage nach seiner Erklärung und Deutung thematisiert und inszeniert werden. Ausgerechnet im Rahmen einer Fernseh*show* soll die *Wahrheit* über Rosa verkündet bzw. herausgefunden werden, ausgerechnet hier wird das Thema Authentizität verhandelt. Unterlaufen wird der suggerierte Anspruch auf Echtheit hingegen bereits in der Maske (vgl. R 243, 247, 249), in der nicht nur die Familienmitglieder für ihren Auftritt ‚verwandelt‘ werden und Rosa effekthalber auf Hochglanz poliert wird, sondern in der es auch erwähnenswert erscheint, dass alle „echte Brötchen" serviert bekommen (R 249). Und auch der erste Versuch, die Identität des Käfers mithilfe eines wissenschaftlichen ‚Experten‘ zu klären, dient weniger der Wahrheitsfindung als der Unterhaltung des Publikums, entlarvt also den eigentlichen Zweck des auf Quote und Unterhaltung abzielenden Unternehmens. Die wissenschaftlichen Autoritäten, auf die sich die Show beruft, entpuppen sich allesamt als Schein-Autoritäten, und auch die Art und Weise, wie es zur Idee und Umsetzung einer vergleichenden „Genprobe" kommt, ist nur im Kontext einer reichlich willkürlich anmutenden Eigenlogik des Mediensettings *Fernsehshow* nachzuvollziehen. Ob der „Rosakäfer" ein Mensch ist oder nicht, wird als Wette aufgefasst, und der Moderator stellt eine hohe Geldsumme in Aussicht für den Fall, dass die Familie die ‚Wette‘ gewinnt; die Frage nach Wahrheit und Echtheit wird mithin als *Spiel* gehandelt. Die Zeit bis zur nächsten Show, in der das Ergebnis verkündet werden soll, erlebt die Familie als beflügelnde und buchstäblich bereichernde Hochzeit; man kann sich vor lukrativen Angeboten verschiedener Medien kaum retten:

„Der Family Value war, wie von Reiner vorhergesagt, immens gestiegen."
(R 246) Umso größer fällt dann die Enttäuschung in der zweiten Show aus:

> Man plauderte, bis ein Laborexperte zur Runde stieß: Die *Zellproben* hatten
> *ergeben*, dass Rosa ein ganz normaler Käfer war. Weiblich, das *stimmte, sagte
> aber nichts*. Der Moderator blickte finster.
> Obwohl er doch die Wette gewonnen hatte.
> Aber er wollte nicht gewinnen, nicht, wenn er auf plumpeste Weise *betrogen*
> wurde.
> Das Publikum blieb vor Entsetzen still.
> [...]
> Die Mareggs waren jetzt aber unten durch. ‚Nationwide', wie man so sagte.
> (R 247f., unsere Hervorhebungen)

Mit diesem öffentlichen Debakel könnte der Fall erledigt sein. Der Moderator,
und mit ihm das Publikum, fühlt sich betrogen: ob um die Wahrheit oder um die
ausgebliebene Sensation, bleibt offen. Es folgt jedoch überraschend – und dem
Ergebnis der „Genprobe" gewissermaßen zum Trotz – eine dritte Einladung in
die Show. „Man hatte recherchiert. Die Angaben der Familie, bis auf jene zur
Käferidentität, hätten sich *bewahrheitet*. [...] Man wolle keinen Unschuldigen an
den Pranger stellen" (R 249f., unsere Hervorhebung). Man sei bereit, „der Ma-
reggschen Version nun *Glauben* zu schenken", sofern sich nur „etwas Menschliches in dem Käfer finden" lasse (R 250, unsere Hervorhebung). Die „Glaubens-
sehnsucht" – mit anderen Worten: der Wunsch nach einem ‚übernatürlichen'
Phänomen und einer ebensolchen Erklärung – erweisen sich mithin als stärker
als das Vertrauen in die vermeintlichen Autoritäten aus Medizin und Wissenschaft. Groteskerweise werden dann jedoch erneut *wissenschaftliche* Methoden
gewählt, um dem Phänomen „Rosakäfer" auf den Grund zu gehen, wobei die offensichtliche Willkür, die dabei an den Tag gelegt wird, wie schon in der oben
zitierten Passage aus der ersten Show jeden Anspruch auf wissenschaftliche Ob-
jektivität von vornherein unterläuft: Nachdem das Ganzkörper-Röntgenbild,
dessen Zweck völlig unklar bleibt, kein Ergebnis bringt („Die Strahlung war
nicht ausreichend stark durch den Panzer gedrungen.", R 250), zieht der Moderator („Moddi") das letzte Register:

> ‚Bleibt nur eines', sagte Moddi. [...]
> Wir machen den Herztest', sagte er.
> Hatte der Käfer ein Herz? Moddi meinte *real. In echt*. Man *glaubte*, Freude auf
> seinem Gesicht zu sehen, die man ihm *glaubte*. (R 250f., unsere Hervorhebungen)

Unklar bleibt, was der „Herztest", der gewissermaßen als letzte Autorität angeru-
fen wird, eigentlich beweisen soll (und wie). Dass der Käfer ein Herz hat: Was
soll das heißen oder belegen? Dass sich keine Apparatur dahinter verbirgt? Und
wenn man ein Herz findet: Was soll daran spezifisch menschlich sein? Oder geht

es um das ‚Herz' gerade nicht im realen, biologischen Wortverständnis, sondern um das, was wir im übertragenen Sinn als Sitz unserer Gefühle verstehen? Dass das krude Gerede und Vorgehen des Moderators auf Figurenebene nicht angezweifelt wird, erinnert an die bereits bei Kafka vorfindliche Tatsache, dass das Außergewöhnliche (in der fiktiven Welt) seltsam unerkannt bleibt, während um ein Scheinproblem großes Aufheben gemacht wird. Dieser bereits in der literarischen Vorlage erkennbare Befund wird in Draesners Erzählung durch den Medienkontext noch gesteigert bzw. satirisch auf die Spitze getrieben. Gewissermaßen erscheint das Unmögliche oder Fantastische vor dem Hintergrund der in „Rosakäfer" omnipräsenten Medien – Internet und Fernsehen als virtuelle Parallel- oder Scheinwelten – und ihrer skurrilen Auswüchse weniger unmöglich als noch in Kafkas Textwelt. Geläufige Kategorien wie ‚real vs. fantastisch', ‚echt vs. unecht', ‚Wahrheit vs. Lüge/Täuschung' werden vor diesem Hintergrund in Frage gestellt: Einerseits wird Rosas Verwandlung Gegenstand einer Fernseh*show* und ist in diesem Sinne nicht existentielles Drama einer Person, sondern bloß *Show*. Andererseits sind öffentlich erklärter Zweck und Legitimation just dieser Show, der Wahrheit auf den Grund zu gehen: Die *Show* soll klären, ob der Käfer *wirklich* ein Mensch ist. Interessanterweise – und damit letztlich wieder ganz genretypisch – bleibt die Ungewissheit über die zutreffende Erklärung der anscheinenden Verwandlung Rosas Mareggs in „Rosakäfer" sogar dann noch bestehen, als die ‚wissenschaftlichen' Ergebnisse des Gentests vorliegen und die Frage nach Rosas Identität mithin beantwortet sein sollte.

In Draesners Erzählung gibt es, so fassen wir zusammen, nicht nur eine fantastische Erzählwelt, in der sich eine junge Frau über Nacht in einen Käfer verwandelt, sondern der Text macht die Frage erstens nach dem Personenstatus des Verwandlungssubjekts (s. Todorovs erste Teilbedingung) und zweitens nach dem Wirklichkeits- oder Realitätsgehalt des Geschehens (s. Todorovs zweite Teilbedingung) zum zentralen Gegenstand der Handlungsebene. Will man diese Erzählwelt beschreiben, so stößt man unweigerlich auf jenes begriffliche Feld, das für die Definition des Fantastischen (nach Todorov) entscheidend ist. Und nicht nur das: Die Protagonisten bedienen sich der fraglichen Begrifflichkeiten in einem institutionalisierten Rahmen (nämlich dem der Medien) in einer Weise, die die auf das Verwandlungssubjekt bezogenen Beschreibungs- und Erklärungsversuche absurd erscheinen lassen.[30] Es gibt somit einen doppelten Zusam-

---

[30] Man mag sich hier auch der Diagnose Stefanie Kreuzers anschließen wollen, die in der „Postmoderne" eine „neue, ironisch-spielerische und *selbstreflexive* Variante des Phantastischen" erkennt (Kreuzer 2007: 17, unsere Hervorhebung). Das Kind mit dem Bade wird dagegen ausgeschüttet von Robert Stockhammer, der in Bezug auf das 20. Jahrhundert meint: „Wo die Wirklichkeit selbst so phantastisch geworden ist [sc. wie Benjamin es in Bezug auf Kafkas Erzählungen konstatiert], bricht die Grundlage für eine Unterscheidung zwischen ‚Phantastischem', ‚Wunderbarem' und ‚Seltsamem', ja

menhang zwischen Fantastik und Medienthematik. Einerseits dient das Fantastische dem Zweck der Mediensatire. Die Art und Weise, wie im Rahmen einer Fernsehshow vorgeblich nach einer Erklärung des Fantastischen gefahndet wird, führt nicht zur Wahrheitsfindung, sondern zur Entlarvung des fantastischen Medienzirkus an sich.[31] Andererseits unterstützt das mediale Setting die Profilierung der Meta-Fantastik: Denn der Medienkontext, den Draesner für ihre Verwandlungs-Geschichte wählt, scheint besonders geeignet, um die für die Fantastik einschlägige Unterscheidung von ‚real vs. fantastisch‘, ‚echt vs. unecht‘, ‚Wahrheit vs. Lüge/Täuschung‘ zu illustrieren.

Literaturverzeichnis

María Cecilia Barbetta: Wie die phantastische Hand neo-phantastisch wird. Eine Einführung in die Poetik des Neo-Phantastischen. In: *Nach Todorov. Beiträge zu einer Definition des Phantastischen in der Literatur*. Hg. v. Clemens Ruthner, Ursula Reber u. Markus May. Tübingen 2006, S. 209–225.

Michael Braun: Intertextueller Zauber im Zoo. Ulrike Draesners Poetik der Verwandlung. In: *Ulrike Draesner*. Hg. v. Susanna Brogi, Anna Ertel u. Evi Zemanek. München 2014, S. 37–47.

Susanna Brogi: ‚Kein richtiges Liegen im falschen‘: die Sexualisierung der Arbeitswelt und die Ökonomisierung der Beziehungswelt in den Erzählungen Ulrike Draesners. In: *Ulrike Draesner*. Hg. v. Susanna Brogi, Anna Ertel u. Evi Zemanek. München 2014, S. 48–56.

Gregory Currie: Both Sides of the Story: Explaining Events in a Narrative. In: Philosophical Studies 135 (2007), S. 49–63.

Wolfgang Detel: *Hermeneutik der Literatur und Theorie des Geistes. Exemplarische Interpretationen poetischer Texte*. Frankfurt am Main 2016.

Ulrike Draesner: Rosakäfer. In: Ulrike Draesner: *Richtig liegen. Geschichten in Paaren*. München 2011, S. 217–252.

Uwe Durst: *Theorie der phantastischen Literatur. Aktualisierte, korrigierte u. erweiterte Neuausgabe*. Münster [2]2010.

Dagfinn Føllesdal, Lars Walløe u. Jon Elster: Die hypothetisch-deduktive Methode in der Literaturinterpretation. In: *Moderne Interpretationstheorien*. Hg. v. Tom Kindt u. Tilmann Köppe. Göttingen 2008, S. 70–78.

Winfried Freund: *Deutsche Phantastik. Die phantastische deutschsprachige Literatur von Goethe bis zur Gegenwart*. München 1999.

Nikolaus Heidelbach: Fünf kleine Anmerkungen zur Illustration. In: Das Magazin der 5 plus 1/2012, S. 14f.

zwischen ‚phantastischer‘ und ‚realistischer‘ Literatur, in sich zusammen" (Stockhammer 2000: 25).

[31] *En passant*: Im Grunde handelt es sich nicht nur um Medien-, sondern auch um Wissenschaftssatire, da wissenschaftliche Verfahren als medial instrumentalisiert und wirkungslos bloßgestellt werden.

Klaus Jeziorkowski: Das Bett. In: *Nach erneuter Lektüre: Franz Kafkas* Der Proceß. Hg. v. Hans Dieter Zimmermann. Würzburg 1992, S. 95–107.

Franz Kafka: Die Verwandlung. In: Franz Kafka: *Die Erzählungen. Drucke zu Lebzeiten. Aus dem Nachlaß.* Hg. v. Dieter Lamping in Zusammenarbeit mit Sandra Poppe. Düsseldorf 2008, S. 45–106.

Henning Kasbohm: Die Unordnung der Räume. Beitrag zur Diskussion um einen operationalisierbaren Phantastikbegriff. In: *Fremde Welten. Wege und Räume der Fantastik im 21. Jahrhundert.* Hg. v. Lars Schmeink u. Hans-Harald Müller. Berlin, Boston 2012, S. 37–55.

Tom Kindt: ‚Das Unmögliche, das dennoch geschieht‘. Zum Begriff der literarischen Phantastik am Beispiel von Werken Thomas Manns. In: Thomas Mann Jahrbuch 24 (2011), S. 43–56.

Tobias Klauk u. Tilmann Köppe: Reassessing Unnatural Narratology: Problems and Prospects. In: Storyworlds 5 (2013), S. 77–100.

Tilmann Köppe: *Literatur und Erkenntnis. Studien zur kognitiven Signifikanz fiktionaler literarischer Werke.* Paderborn 2008.

Hans Krah: *Fantastisches* Erzählen – Fantastisches *Erzählen*: Die Romane Leo Perutz’ und ihr Verhältnis zur fantastischen Literatur der Frühen Moderne. In: *Weltentwürfe in Literatur und Medien. Phantastische Wirklichkeiten – realistische Imaginationen.* Hg. v. Hans Krah u. Claus-Michael Ort. Kiel 2002, S. 235–257.

Stefanie Kreuzer: *Literarische Phantastik in der Postmoderne. Klaus Hoffers Methoden der Verwirrung.* Heidelberg 2007.

Arie W. Kruglanski u. Donna M. Webster: Motivated Closing of the Mind: ‚Seizing‘ and ‚Freezing‘. In: Psychological Review 103 (1996), S. 263–283.

Renate Lachmann: *Erzählte Phantastik. Zu Phantasiegeschichte und Semantik phantastischer Texte.* Frankfurt a. M. 2002.

Emar Maier: Language Shifts in Free Indirect Discourse. In: Journal of Literary Semantics 43 (2014), S. 143–167.

Jan Christoph Meister: ‘It’s not what you see – it’s how you see what you see’. The Fantastic as an Epistemological Concept. In: *Collision of Realities. Establishing Research on the Fantastic in Europe.* Hg. v. Lars Schmeink u. Astrid Böger. Berlin, Boston 2012, S. 21–28.

Vladimir Nabokov: Franz Kafka: *Die Verwandlung* [engl. 1980]. In: Vladimir Nabokov, *Die Kunst des Lesens. Meisterwerke der europäischen Literatur.* Hg. v. Fredson Bowers. Frankfurt am Main 1991, S. 313–352.

Stein Haugom Olsen: *The End of Literary Theory.* Cambridge u. a. 1987.

Colin Radford u. Michael Weston: How Can We Be Moved by the Fate of Anna Karenina? In: Proceedings of the Aristotelian Society, Supplementary Volumes 49 (1975), S. 67–93.

Zdravko Radman: Vom Umgang mit dem Unmöglichen oder ‚The Place of Fiction in the World of Facts‘. In: *Philosophie in Literatur.* Hg. v. Christiane Schildknecht u. Dieter Teichert. Frankfurt am Main 1996, S. 69–86.

Clemens Ruthner: Im Schlagschatten der ‚Vernunft‘. Eine präliminare Sondierung des Phantastischen. In: *Nach Todorov. Beiträge zu einer Definition des Phantastischen in der Literatur.* Hg. v. Clemens Ruthner, Ursula Reber u. Markus May. Tübingen 2006, S. 7–14.

Clemens Ruthner, Ursula Reber u. Markus May (Hg.): *Nach Todorov. Beiträge zu einer Definition des Phantastischen in der Literatur*. Tübingen 2006.

Michael Scheffel: Was ist Phantastik? Überlegungen zur Bestimmung eines literarischen Genres. In: *Fremde Wirklichkeiten. Literarische Phantastik und antike Literatur*. Hg. v. Nicola Hömke u. Manuel Baumbach. Heidelberg 2006, S. 1–17.

Annette Simonis: *Grenzüberschreitungen in der phantastischen Literatur. Einführung in die Theorie und Geschichte eines narrativen Genres*. Heidelberg 2005.

Robert Stockhammer: ‚Phantastische Genauigkeit': Status und Verfahren der literarischen Phantasie im 20. Jahrhundert. In: *Möglichkeitssinn. Phantasie und Phantastik in der Erzählliteratur des 20. Jahrhunderts*. Hg. v. Gerhard Bauer u. Robert Stockhammer. Wiesbaden 2000, S. 21–35.

Tzvetan Todorov: *Einführung in die fantastische Literatur* [*Introduction à la littérature fantastique*, Paris 1970. Übers. von Karin Kersten u.a.]. München 1972.

Verzeichnis der Autorinnen und Autoren

Adrian Brauneis ist Doktorassistent an der Universität Fribourg/CH. Seine Dissertation zum Werk von Ernst Weiß ist 2016 unter dem Titel *Sozioanalyse als ,epische Methode'* erschienen. Forschungsinteressen liegen im Bereich der Erzähl- und Interpretationstheorie. Derzeit arbeitet er an einem Habilitationsprojekt zur Rhetorik literarischer Mimesis.

Matei Chihaia, Professor für romanistische Literaturwissenschaft an der Bergischen Universität Wuppertal, ist Mitherausgeber der Zeitschrift DIEGESIS – Interdisciplinary E-Journal for Narrative Research. Zu seinen Forschungsschwerpunkten gehören das Verständnis von Fiktion im 20. Jahrhundert und das Werk von Julio Cortázar.

Anna Ertel ist Referentin am Freiburg Institute for Advanced Studies (FRIAS). Ihre Forschungsinteressen liegen im Bereich der Gegenwartsliteratur. Dissertation zu Ulrike Draesner und Durs Grünbein (Berlin, New York 2011).

Tom Kindt ist Ordentlicher Professor für Allgemeine und Germanistische Literaturwissenschaft an der Universität Fribourg/CH. Seine Arbeitsschwerpunkte sind Komik- und Erzählforschung, Literatur der Moderne und Geschichte der Germanistik. Zurzeit arbeitet er an einer Untersuchung zur Transformation von Selbst- und Literaturkonzepten seit dem 18. Jahrhundert und an einem Buch über Brechts Berliner Jahre.

Sonja Klimek war bis vor kurzem Doktorassistentin an der Universität Fribourg/CH und ist jetzt Oberassistentin an der Universität Bern. Ihre Arbeitsschwerpunkte sind Narratologie, Lyriktheorie und transmediale Fantastikforschung. Die Dissertation zur Metalepse in der fantastischen Literatur erschien 2010. Zurzeit arbeitet sie an einem Habilitationsprojekt über Strategien der Autorinszenierung in der Lyrik um 1700.

Tilmann Köppe ist Leiter der Nachwuchsforschergruppe „Analytische Literaturwissenschaft" am Courant Forschungszentrum „Textstrukturen" der Universität Göttingen. Seine Forschungsinteressen liegen in den Bereichen der Literaturtheorie, der philosophischen Ästhetik sowie der Geschichte des Romans.

Tobias Lambrecht ist Doktorassistent an der Universität Fribourg/CH. Seine Forschungsschwerpunkte sind Narratologie, Moderne, Postmoderne und Gegenwartsliteratur sowie Literatur und Theater. Dissertation zu Helmut Krausser. Derzeit arbeitet er an einem Habilitationsprojekt zur Theaterkritik im 18. Jahrhundert.

Torsten W. Leine war zuletzt Wissenschaftlicher Mitarbeiter an der Universität Konstanz. Seine Forschungsschwerpunkte sind Verfahren des literarischen Realismus, Kultur- und Literaturtheorie sowie Literatur im Spannungsfeld von Religion und Politik. Dissertation zur Literatur des Magischen Realismus.

Daniel Lüthi wurde an der Universität Basel mit einer Arbeit über Terry Pratchetts Scheibenweltromane promoviert. Derzeit bereitet er die Veröffentlichung seiner Dissertation vor. Seine Forschungsschwerpunkte umfassen Gothic Novels, Narratologie, Raumtheorie, Literaturgeografie und Fantasyliteratur.

Keyvan Sarkhosh, Dr. phil., ist Wissenschaftlicher Mitarbeiter am Max-Planck-Institut für empirische Ästhetik in Frankfurt am Main. Seine Forschungsgebiete umfassen die Geschichte und Ästhetik des Films, empirische Filmwissenschaft sowie Formen und Theorien der Populärkultur. Zuletzt erschienen: Enjoying trash films: Underlying features, viewing stances, and experiential response dimensions. In: Poetics 57 (2016), S. 40–54 (mit Winfried Menninghaus).

Annette Simonis ist Professorin für Allgemeine und Vergleichende Literaturwissenschaft an der Justus-Liebig-Universität Gießen. Neuere Mitherausgeberschaften beinhalten die Bände *Figures of Antiquity and their Reception in Art, Literature and Music* (2016), *Kulturen des Vergleichs* (2016) und *Mythos und Film. Mediale Adaption und Wechselwirkung* (2016).

Ingrid Tomkowiak ist Professorin für Populäre Literaturen und Medien an der Universität Zürich. Ihr Forschungsschwerpunkt sind Kinder- und Jugendmedien. Derzeit arbeitet sie zu Aspekten der Materialität, Klassikeradaptionen, Biopics und Animationsfilmen; zudem interessieren sie Bestseller und Blockbuster.